U0908970

"十四五"职业教育国家规划教材

高等职业教育旅游类专业系列教材

旅游管理基础

（第三版）增订版

主　编　许　凌

副主编　傅远柏　王璇璇

曹海霞　陶　然

科学出版社

北　京

内 容 简 介

本书针对高职教育的特点，结合旅游管理活动的实际需求，本着“理论够用、注重能力”的原则，探索管理理论在旅游管理实践中的应用。全书共分为三大部分，分别介绍旅游管理基础理论、旅游过程管理及旅游管理实践。

本书结构有别于传统的章节设置，以学习任务统领教学过程的实施，以案例导入、阅读小品、管理游戏、问题讨论等形式，体现“教、学、做”融为一体的教学要求与特点，引导学生运用所学旅游管理知识分析、解决实际问题。

本书既可作为高等职业院校旅游类专业学生的学习用书，也可作为相关经济管理类专业的教学参考书，以及旅游行业从业人员的培训教材。

图书在版编目（CIP）数据

旅游管理基础 / 许凌主编．—3 版．—北京：科学出版社，2019.11
（“十四五”职业教育国家规划教材·高等职业教育旅游类专业系列教材）
ISBN 978-7-03-063419-1

Ⅰ．①旅…　Ⅱ．①许…　Ⅲ．①旅游经济-经济管理-高等职业教育-教材　Ⅳ．①F590

中国版本图书馆 CIP 数据核字（2019）第 255566 号

责任编辑：纪晓芬 / 责任校对：赵丽杰
责任印制：吕春珉 / 封面设计：东方人华平面设计部

科学出版社 出版
北京东黄城根北街 16 号
邮政编码：100717
http://www.sciencep.com

三河市骏杰印刷有限公司印刷
科学出版社发行　各地新华书店经销

*

2007 年 2 月第 一 版　2023 年 8 月第十八次印刷
2016 年 3 月第 二 版　开本：787×1092 1/16
2019 年 11 月第 三 版　印张：17 1/4
2022 年 12 月第三版增订版　字数：397 000

定价：56.00 元

（如有印装质量问题，我社负责调换〈骏杰〉）
销售部电话 010-62136230　编辑部电话 010-62135397-2021（VF02）

第三版增订版前言

管理学是一门系统研究管理活动的基本理论、基本规律和基本方法的科学，如何将管理学理论运用到旅游管理活动过程中，是新时代旅游业高质量发展的重要命题。

《旅游管理基础》教材第一版自 2007 年出版以来，承蒙广大院校旅游管理专业教师与学生的厚爱。近年来，随着旅游产业的迅速发展，新的业态不断呈现，高职旅游管理教育的理念不断提升，“旅游管理”课程教材的适时更新与不断完善也势在必行。本次修订坚持以新时代中国特色社会主义思想为指引，立足新发展阶段、贯彻新发展理念、服务和融入新发展格局，坚定文化自信，推进文化铸魂、发挥文化赋能作用，坚持以文塑旅、以旅彰文，推进文化和旅游深度融合发展，为建成社会主义文化强国、建设社会主义现代化国家作出新的更大贡献。本书始终本着“理论够用、注重能力”的原则，在尽量保持原教材的“特色、组织结构和内容体系”不变的前提下，努力在旅游行业案例、教学资料等内容的时效性方面有所更新和充实。

根据本课程性质，以管理学原理作为重要的知识结构，在修订过程中，其学术思想及内容主要体现为以下几方面。

1）内容范围以“必需、够用”为度，强调管理学理论与旅游活动的契合性。

2）融入旅游管理的前沿理念，凸显新时代旅游高质量发展的新问题。

3）考虑到高职学生的高等数学程度，编写过程中尽量不引用涉及高等数学内容的理论及计算。

根据课程特点及专业应用要求，在修订过程中，其结构体系及独到之处体现为以下几方面。

1）对传统的章节设置进行改革，通过学习任务将理论知识与课堂的“教、学、做”融为一体。

2）在每一单元学习目标中提出了学习的知识目标、能力目标和素质目标，学习目的性更强。

3）每一学习任务通过案例引入板块，适应教师精讲、学生多练的教学需要。

4）重要知识点增加了案例分析、阅读小品、管理游戏、练习与实践等板块，使理论学习与实际管理过程有机结合，利于培养学生分析问题、解决问题的能力，同时课后的练习与实践有助于学生巩固知识。

5）本教材在与苏州乐游旅拓国际旅行社有限公司合作的基础上，深度调研其业务案例及经营管理模式，为教材提供了一手的丰富案例。

6）本书配有教学课件和教案，请联系出版社索取或登录科学出版社网站下载。

本书由许凌（苏州经贸职业技术学院）任主编并对全书进行统稿，傅远柏（宁波城市职业技术学院）、王璇璇（苏州经贸职业技术学院）、曹海霞（四川工程职业技术学院）、陶然（苏州经贸职业技术学院）任副主编。编写分工为：许凌编写单元一、单元十、单元十一，曹海霞编写单元二、单元三，傅远柏编写单元四、单元九，陶然编写单元五、单元六，王璇璇编写单元七、单元八。

教育是国之大计、党之大计。教育、科技、人才是全面建设社会主义现代化国家的基础性、战略性支撑。高等教育人才培养要树立质量意识、抓好质量建设、全面提高人才自主培养质量。为保证教材编写的与时俱进及高质量内容，在编写过程中，我们参阅了国内多位专家、学者的管理类著作，也参考了同行的相关教材和网络案例资料，在此对他们表示衷心的感谢！特别是宁波城市职业技术学院章平老师，在教材第一、二版的工作积累，为第三版的修订出版奠定了坚实的基础，在此对章老师的工作付出表示衷心的感谢！

本教材的编写得到苏州乐游旅拓国际旅行社有限公司的全力合作，总经理张国扬、部门经理林方玉为教材的编写提供了一线管理经验及实践案例，是苏州经贸职业技术学院与苏州乐游旅拓国际旅行社有限公司的深度校企合作的成果之一。但由于作者水平有限，加上时间仓促，书中错漏和不妥之处在所难免，恳请专家、同行和读者批评指正。

第一版前言

21世纪，随着我国旅游业的蓬勃兴旺，旅游教育事业以惊人的速度发展，目前全国有开设旅游类专业的高职院校达400多所。“旅游管理基础”是旅游类专业的专业基础必修课程，但由于无合适教材，许多学校在课程制定过程中大多采用管理学原理课程。为此，我们结合多年的理论教学经验和旅游管理实际情况，对本书进行了科学的构思，力求给学生一个全面的、系统的旅游管理基本知识。本书以中国旅游管理实践为主，对旅游管理的一般理论和基本原理以及主要技术和管理实务进行了阐释和论述。

《旅游管理基础》讲授为36～54学时，共计12章，共分三大部分。第一部分为旅游管理理论基础部分，主要介绍旅游管理的基本概念及旅游管理所必需的基本理论及当今旅游业管理中的最新理念；第二部分为旅游过程管理，从管理职能角度分析旅游管理的全过程，并通过一定案例分析旅游管理过程中所需应用的基本原理；第三部分为旅游管理实践，从行业管理及旅游企业管理两大方面讨论实践过程中如何将管理基础理论运用于本行业的特殊管理方法，同时针对服务业特性，研究服务质量管理的有效措施，具有很强的实战性。

根据本课程性质，以管理学原理作为重要的知识结构，在写作过程中，其学术思想及内容主要体现以下几方面。

1）内容范围以必需、够用为度，强调其基本原理性。

2）突出与旅游管理相关的管理理论介绍。

3）融入最新的旅游管理理念。

4）为适应不同学校的教学时数的差别，在基本内容基础上增加阅读材料。

5）考虑到高职学生的高等数学程度，编写过程尽量不引用需高等数学内容的理论及计算。

根据课程特点及专业应用要求，其写作结构体系及独到之处体现以下几方面。

1）强调案例分析，突破原管理原理的理论教学编写模式。

2）根据专业所需能力分析，设计从基本管理原理到旅游常用管理理论到旅游管理实践作为主线进行编写。

3）根据旅游类教学计划的课程设置，具体部门的管理内容应有后期专业课涉足，因此在旅游管理实践的内容编排上只划分为旅游行业管理及旅游企业管理两大部分，同时对旅游服务业最难管理的质量问题归入本部分内容。

本书由章平（宁波城市职业技术学院）任主编，许凌（苏州经贸职业技术学院）、李晓光（宁波城市职业技术学院）任副主编。编写分工为章平（第1章）、许凌（第2章、第3章、第11章、第12章）、李晓光（第9章）、能国鸣（第4章）、沈蓓芬（第6章、第7章）、傅远柏（第5章、第10章）、梁金兰（第8章）。

由于时间和水平有限，挂一漏万在所难免，敬请读者不吝赐教。

目　录

第一篇　基础理论篇

第二篇　过程管理篇

第三篇　管理实践篇

第一篇　基础理论篇

感悟旅游管理

学习目标

◇知识目标：充分理解旅游管理的基本概念、特点，了解管理的基本属性，理解旅游管理与环境的依赖关系，掌握管理职能、管理者的基本分类。

◇能力目标：能运用管理知识分析旅游管理问题，能初步运用旅游管理的基本方法。

◇素质目标：理解旅游管理者的工作，并能配合、协助其工作，以旅游管理者的角度思考问题。

学习任务一　了解旅游管理的概念

【案例导入】

以一幅《清明上河图》为蓝本，全国建设了十多个“宋城”主题公园，但其中最成功的，莫过于杭州宋城。宋城集团是中国最大的民营旅游投资集团之一，然而在企业迅速成长的过程中，作为企业的高层管理者，必须冷静地审视企业的过去，准确定位企业的现在与未来。经过宋城集团管理层多次研讨、分析、碰撞及思考后，形成了以“主题公园+旅游文化演艺”为主营模式，成功打造了以“宋城千古情”为核心的中国最成功的宋文化主题公园——宋城景区和华东地区最受欢迎的游乐主题公园——杭州乐园，构建了“西湖观光，宋城怀古，杭州乐园度假游”的杭州主流旅游线路。

在经营管理过程中，由于企业发展过快，由原来只有宋城一个景区发展到空间上分散的六大景区，出现了管理混乱的局面，游客多次在景区游玩过程中被偷钱包，人员严重不足，连总经理助理、秘书也都派到了第一线上去，集团内外繁杂的事务常常使总经理感到分身乏术，每个月至少有一次连续三天三夜不睡觉的时候。然而在不断积累管理经验的基础上，宋城集团逐步走上了专业化管理道路，将主题公园和旅游文化演艺这两类原本相对独立的细分板块业务进行全方位、多层次的深度融合，有效地解决了传统单一化经营模式的缺陷，同时也预示着企业由幼小期到迅速成长期的转型过程中企业与企业家所面临的蜕变。

（资料来源：http://www.ahlydc.com/2012/0525/18892_3.html，有改动。）

启示：

宋城集团的成功告诉我们，企业的成功离不开管理，管理是企业运行的核心；管理的内容极为丰富，方法多种多样；旅游企业从事管理的人员较多，不同管理者承担着不同的管理职能。

一、管理的基本概念

管理是一个含义非常广泛的概念，从不同的角度去理解，往往会得出不同的认识和概括。因此，人们对管理一词所下的定义也就不同，其中有代表性的有以下几种。

古典管理理论的代表人物法约尔（Henri Fayol）认为，管理是由计划、组织、指挥、协调及控制等职能为要素的组织活动过程。这一定义已经成为从管理职能角度定义管理的典范，并成为现代众多管理定义的基础。

管理是一种以绩效责任为基础的专业职能。这是美国哈佛大学教授德鲁克（Peter F. Drucker）提出的观点。这一概念包含三层含义：第一，管理是专业性的工作，与其他技术性工作一样，有自己专有的技能、方法、工具和技术；第二，管理人员是一个专业的管理阶层；第三，管理的本质和基础是执行任务的责任。

决策理论学派的代表人物西蒙（Herbert A. Simon）认为管理就是决策。他认为，决策贯穿组织的始终，任何工作都必须经过一系列的决策才能完成。

美国数学家、管理数理学派的代表人物布法（Elwood S. Buffa）认为，管理就是用数学模式与程序来表示计划、组织、控制、决策等合乎逻辑的程序，求出最优解答，达到企业的目标。

美国管理学家唐纳利（Donnelly）认为，管理就是由一个或更多的人来协调他人的活动，以便收到个人单独活动所不能收到的效果而进行的各种活动。

以上这些关于管理概念的观点，从不同角度描绘了管理的面貌，它们各有真知灼见，也各有不足之处。总的来说，管理活动作为一种行为，一般应具备以下四个基本要素。

1）管理主体。回答由谁管的问题。

2）管理客体。回答管什么的问题。

3）组织目的。回答为何而管的问题。

4）组织环境或条件。回答在什么情况下管的问题。

根据上述管理要素在实际管理活动中的作用和地位及它们之间的内在逻辑联系，我们可以从一般意义上来概括管理，即管理是社会组织中，为实现预期的目标，以人为中心进行的协调活动。

这一定义有以下五层含义。

第一，管理的目的是为了实现预期目标。世界上既不存在无目标的管理，也不可能实现无管理的目标。

第二，管理的本质是协调。协调就是使个人的努力与集体的预期目标一致，每一项管理职能、每一次管理决策都需要进行协调。

第三，协调必定产生在社会组织之中。当个人无法实现预期目标时，就要寻求别人的合作，形成各种社会组织，原来个人的预期目标也就必须改变为社会组织全体成员的共同目标。个人与集体之间，以及各成员之间必然会出现意见和行动的不一致，这就使协调成为社会组织必不可少的活动。

第四，协调的中心是人。在任何组织中都同时存在人与人、人与物的关系，但人与物的关系最终仍表现为人与人的关系，任何资源的分配也都是以人为中心的。由于人不仅有物质的需要还有精神的需要，因此，社会文化背景、历史传统、社会制度、人的价值观、人的物质利益、人的精神状态、人的素质、人的信仰，都会对协调活动产生重大的影响。

第五，协调的方法是多样的，需要定性的理论和实践，也需要定量的专门技术。计算机的应用与管理信息系统的发展，将促进协调活动发生质的飞跃。

【案例分析】

新的考核制度

李强是瑞宏大酒店的人力资源部经理，这几天，他一直为酒店内部的一些事情感到闷闷不乐。原因是最近他制定了一项新的考核制度，并得到酒店总经理的批准。但是该项制度出台后，马上遭到了其他部门的不满和抵制，餐饮部经理说："这项新制度太不合理了，不适合餐饮部的实际情况。"前厅部经理则认为这项新制度在短时间内不会被酒店员工迅速接受，也不利于调动大家的工作积极性。

由于大家对新制度有意见，因此各部门经理和李强的隔阂越来越大。但是李强认为，这项新制度完全是从提高工作效率出发，在制定过程中，也参考了其他酒店的做法，所以新制度不应该存在大的问题。为了使新制度能够顺利实施，李强不断和各部门经理及员工进行交流，对不合理的部分进行了修改，在此基础上，通过总经理召开相应会议，对大家较难接受的做法进行了说明。大家对李强的看法慢慢地改变了，新制度也得到了实施。

（资料来源：http://blog.sina.com.cn/s/blog_6656b99c01019mnl.htm，有改动。）

点评：

沟通是协调的前提。本案例中，人力资源部制定的新制度不能顺利实施是因为各部门对此没有统一的认识，不能理解新制度的出发点，因此需要人力资源部和各部门进行沟通。

沟通主要表现为以下几个方面。①感情沟通：能消除隔阂，行动上达到协调配合。②意见沟通：引向思想深层，可增强合作的愿望，达到协调。③文化沟通：可增强凝聚力，达到协调。

二、旅游管理的基本含义

旅游管理从学科范围上属于管理学的二级学科，或可称为部门管理学，即对旅游活动这一经济行为而进行的计划、组织、指挥、协调及控制的活动过程。由于旅游是一项综合性的社会经济活动，它涉及政治、经济、文化、历史、地理、法律等多社会领域，因此旅游管理也相应具有丰富的内涵。

旅游管理是指为了以最有效的方式实现旅游活动的目标，综合运用管理职能的作用，对旅游活动所涉及的各种关系和现象进行管理的活动与过程。从组织层面可以将旅游管理分为宏观旅游管理和微观旅游管理。

宏观旅游管理是指政府部门从促进国家旅游产业发展的角度来管理旅游活动，其主要的功能是发挥政府职能，培育和完善旅游市场。具体来讲，一是通过制定旅游政策、法规和行政手段，对涉及国家和地方旅游业发展的重大问题和横向协调等问题进行一系列组织管理工作，保证国家和地方旅游业协调发展；二是对旅游市场进行宏观调控，以达到获得优良宏观经济效益和社会效益的目的；三是提高我国旅游业声誉和国际影响。

微观旅游管理是指旅游服务企业的经营管理活动。旅游服务企业为旅游活动提供必需的服务，是旅游活动的重要环节，做好旅游企业管理是旅游管理的重要任务之一。在现代旅游企业管理中就要求管理者运用现代管理理论和方法，对旅游企业所能支配的人、财、物、信息、能源等有形资产及无形资产进行有效的计划、组织、指挥、协调和控制，使各项要素得以合理配置，以求达到旅游企业所预期的目标。因此，当前中国的旅游企业应加快改革步伐，建立现代企业制度，学习和吸收国际先进的管理理论和方法，结合本企业实际情况，建立科学的企业管理体制，提高管理水平。

【阅读小品】

桂林“嚣张导游”被吊销导游证

2019 年 6 月 12 日，桂林市文化广电和旅游局公布对“这个导游好嚣张”视频涉事责任者处理意见。处理意见包括：责成涉事导游员赵某某向游客赔礼道歉；对涉事导游员赵某某作出吊销导游证的行政处罚，并纳入旅游经营服务不良信息；对涉事相关经营者做进一步调查处理，如涉及外省相关将依法办处。

2019 年 6 月 10 日晚，一则“这个导游好嚣张”的视频在相关媒体传播并引发关注。视频中，一位女导游员强制要求游客马上下车消费，语气强硬，态度蛮横。桂林市文化广电和旅游局高度重视，第一时间组织旅游执法人员组成调查专案组，迅速展开了调查。经初步调查核实，视频中反映的涉事导游员赵某某言行基本属实。该旅游团是由湖南到桂林的汽车四晚五天旅游团（共 55 人），旅游时间为 5 月 30 日至 6 月 2 日。

桂林市文化广电和旅游局工作人员表示，将继续保持桂林旅游市场文明规范，强化市场监管，加强旅游经营者诚信合法经营和游客理性消费的教育引导力度。

桂林市文化广电和旅游局提醒游客，选择合法、诚信的旅行社并签订合同，在合同中明确约定购物和自费项目等事项。切勿选择明显低于游览价格的项目，自觉抵制“不合理低价游”，避免上当受骗。旅游途中如遇纠纷，可拨打桂林旅游投诉电话和消费者投诉电话，或在桂林旅游政务网旅游投诉平台投诉。

［资料来源：邝伟楠，2019-06-13. 桂林“嚣张导游”被吊销导游证[N]. 中国旅游报，(2).］

三、管理者及其素质

（一）管理者

任何组织都是由一群人组成的，管理者则是那些在组织中指挥他人完成具体任务的人，他们是组织的心脏，其主要职责是指挥下属工作。管理者的一个显著特点就是管理者有下属向其汇报工作。

一般来说，旅游组织中从事管理工作的人员可能有很多，可以将这些管理者按所处的组织层次和所从事的管理工作领域不同进行分类。

1. 基层管理者

基层管理者处于作业层之上的管理层次中，负责管理操作人员及其工作，是监督组织运作的低层管理者。他们的主要职责是给下属操作人员分派具体工作任务，直接指挥和监督现场作业活动，保证各项任务的有效完成。在旅游组织中，基层管理者一般被称为领班、主管。

2. 中层管理者

中层管理者位于组织层级的高层管理者和基层管理者之间。他们的主要职责是贯彻执行高层管理者所制定的重大决策，监督和协调基层管理者的工作，他们的管理对象是基层管理者。中层管理者接受高层管理者制订的总目标和计划，并将其分解为具体目标给各基层部门，他们注重的是日常管理工作，在组织中起承上启下的作用。在旅游组织中，中层管理者一般被称为部门经理或部门总监。

3. 高层管理者

高层管理者是一个组织的高级执行者并负责全面的管理。他们的主要职责是制定组织的总目标、总战略，掌握组织的大政方针并评价整个组织的绩效。他们关注的是组织的长期问题，如组织的生存、成长和总体有效性。他们不仅要把组织看作一个整体，还要把组织与外部环境联系起来，并在对外交往中代表组织以“官方”的身份出现。

无论是哪个层次的管理者，其工作的性质和内容基本都是一样的，都包括计划、组织、领导和控制等方面，其差别在于高层管理人员在计划、组织和控制职能上的时间要比基层管理人员多一些，而基层管理人员则在领导职能上所花的时间要比高层管理者更多一些。例如，就计划工作而言，高层管理人员关心的是组织整体的长期战略规划，中层管理人员偏重的是中期的、内部的管理性计划，基层管理人员则更侧重短期的业务和作业计划。

（二）管理者素质

管理者素质的优劣，关系到他所管辖的组织效能的高低。管理实践中的无数事实证明，一个有着优良素质的管理者，将对一个组织起到至关重要的作用。

一般地说，管理者的素质包括以下内容。

1. 职业道德

作为管理者至少应具备以下职业道德。一是强烈的事业心和高度的责任感。职业责任心是个人对现实职业责任所持的态度，这种态度源于人们对道德责任的认识，有了强烈的事业心和责任感，管理者才能勇于克服困难，锐意进取。二是公道正派，与人为善。管理者在各项业务管理中，要公道正派，按原则办事，不徇私情，特别在用人上，要努力做到任人唯贤，不搞小帮派。三是以身作则，清正廉洁。管理者的模范带头作用是至关重要的，管理者威信的建立，固然离不开言谈，但更重要的是行动。要言行一致，表里如一，少说空话，多干实事，严于律己，清正廉洁。

2. 知识素质

由于管理是一门综合性的学科，管理活动是涉及政治、经济、技术、文化等社会各个方面的复杂活动，这就要求管理者必须具有广博的知识。对于不同层次的管理者在知识方面的要求是不同的。高层管理者的知识面要宽，低层管理者可相对窄一些。就旅游管理者来说，应具备自然科学、社会科学及旅游行业专业知识。只有这样才能做到视野开阔、信息灵通、思维敏捷、举一反三，妥善处理各种复杂问题，以适应现代化管理的要求。

3. 能力素质

作为管理者所应具备的能力素质，并不是指某一学科或某一技术领域的专业能力，而主要是指管理能力。具体包括以下几点。

1）科学决策的能力。决策是管理的重要职能，也是作为一个管理者所从事的主要工作。一个具有较强科学决策能力的决策者，首先表现在对于问题的综合分析能力和较强的预见性，能够在复杂的情况下抓住主要矛盾，提出决策问题；其次是具有丰富的经验，掌握科学的决策方法，能够博采众长、择优决断，做出正确的决策。

2）知人善任的能力。用人是管理中的一个核心问题。所谓知人，就是善于发现人才，对人有真正的了解；所谓善任，就是能够把恰当的人安排在恰当的岗位上，使其充分发挥聪明才智，即人尽其才。

3）组织协调的能力。组织协调是管理中要做的重要工作，因此要求管理者要有较强的组织协调能力。在管理中进行组织协调，要处理好管理系统内外的各种关系，尤其要处理好人际关系。为此，管理者要做好组织协调工作，必须要有协调人际关系的技能，要在管理中懂得尊重人、关心人、团结人、理解人。只有这样，才能组织和调动一切积极因素，使管理不断达到预定目标。

4）开拓创新的能力。管理是一种创新的劳动，因此作为一个管理者必须具备创新精神和勇于开拓的能力。在现代社会，经济和科学技术的发展日新月异，市场需求千变万化，作为一个管理者只有不断解放思想，努力学习，善于接受新事物，才能不断提高创新和开拓的能力，以适应不断变化的形势。否则，墨守成规，故步自封，就不能发挥管理的效能。

4. 身心素质

健康的身体、良好的心理状态，始终保持精力充沛，是满足繁重管理工作的基本要求。身心素质中心理素质是核心，是形成独特管理风格的决定因素，也是选择管理者的重要标准。心理素质包括意志、情感等。

总之，管理者应当是具有良好的职业素养、健康的身心、广博的知识前提下的能力型人才。

【管理游戏】

传　球

目的：发挥管理者的创造力，体会如何协调不同意见以达到最佳效果。

道具：每组一个小球。

时间：10 分钟。

程序：

1）每组 6～8 人，培训师每组发一个小球。

2）小球在组内传递，球不能传给自己紧邻的组员，每个组员至少接到一次球，球最后传回发球者手中。

3）记录完成一次传递的时间，最短时间内完成的小组获胜。

讨论：

1）在传球方案设计过程中，有人发挥领导作用吗？这点重要吗？

2）你们是怎样协调不同意见，并找出最佳方案的？

3）当第一次比赛结束后，如果知道别的小组获胜，你有何感想？

（资料来源：刘永中，金才兵，何乔，2008. 管理培训游戏全案[M]. 广州：广东经济出版社.）

四、旅游管理的职能与基本属性

（一）旅游管理的职能

所谓管理的职能，是指管理活动的职责和功能。随着旅游管理理论和实践的不断发展，旅游管理职能按照旅游管理的特点、目的和作用一般可分为计划职能、组织职能、领导职能和控制职能四项。

1. 计划职能

计划是对旅游组织在未来一段时间内的目标和实现目标途径的策划与安排。因此，计划是解决管理中干什么的问题。计划管理是一项专业技术性较强的工作，是旅游发展方针和经营目标的具体体现，它直接决定着旅游业发展的资金安排、设备物资消耗和业务经营活动的开展，影响着旅游业经济效益。

计划职能还包括对将来趋势的预测，根据预测的结果建立目标，然后再制订各种方案、政策以及达到目标的具体步骤，以保证组织目标的实现。对于旅游企业来讲，计划形式要多样化，既要编制综合的经营计划，又要编制各项专业活动的具体计划，并把计划指标层层分解落实。为使计划制订得科学合理，必须对企业的内外环境进行严格的科学分析。要通过调查研究，全面分析、认清当前存在的机会和威胁，做好综合平衡，从而保证计划的科学性和预见性，使企业的工作有条不紊地进行。

2. 组织职能

计划的实施要靠其他人的合作。在旅游管理活动中，组织管理是计划管理的继续。旅游管理的组织职能，就是按照旅游发展计划目标的要求，在全体成员之间分工合作进行管理。因此，组织职能是解决管理中谁去干的问题。根据工作的要求与人员的特点设计岗位，通过授权和分工，将适当的人员安排在适当的岗位上，用制度规定各个成员的职责和上下左右的相互关系，形成一个有机的组织结构，使整个组织协调地运转，产生比个体总和更大的力量、更高的效率，这就是旅游组织职能的主要内容。

一个组织的目标决定着组织结构的具体形式和特点。例如，饭店、旅行社、旅游景区、旅游协会、旅游行政部门等组织由于各自的目标不同，其组织结构形式也各不相同，并显示出各自的特点。反过来，组织工作的状况又在很大程度上决定着这些旅游组织各自的工作效率和活力。在每一项管理业务中，都要做大量的组织工作，组织工作的优劣同样在很大程度上决定着这些决策、计划和管理活动的成败。任何社会组织是否具有自适应机制、自组织机制、自激励机制和自约束机制，在很大程度上也取决于该组织的组织结构状态。因此，组织职能是管理活动的根本职能，是其他一切管理活动的保证和依托。

3. 领导职能

我们已经知道计划是旅游管理的首要职能，组织是实现计划目标的重要内容，但光靠这两方面也不一定能保证组织目标的实现，因为组织目标的实现要依靠组织全体成员的努力。配备在组织机构各种岗位上的人员，由于各自的个人目标、需求、偏好、性格、气质、价值观及工作职责和掌握信息量等方面存在很大差异，在相互合作中必然会产生各种矛盾和冲突。因此就需要有权威的领导者进行领导，指导人们的行为，沟通人们之间的信息，增强相互的了解，统一人们的思想和行动，激励每个成员自觉地为实现组织目标共同努力。领导职能是解决旅游管理中如何干的问题。

旅游管理的领导职能是一门非常奥妙的艺术，在实践中重点要注意以下几点：第一，领导必须有权威性，以保证各项规定及指令得到贯彻执行；第二，必须保证正确性，要防止因领导决策失误造成下级管理的混乱或经济损失；第三，必须坚持逐级领导的原则，即工作指令逐级下达，不越级指挥，以达到命令统一的管理状况。

4. 控制职能

人们在执行计划过程中，由于受到各种因素的干扰，常常使实践活动偏离原来的计划。为了保证目标及为此而制订的计划得以实现，就需要有控制。旅游管理的控制职能就是按照计划标准衡量计划的完成情况和纠正计划执行中的偏差，以确保计划目标实现的一系列活动。可见控制职能关键是在管理过程中发现问题、解决问题，管理者必须及时取得计划执行情况的信息，并将有关信息与计划进行比较，发现实践活动中存在的问题，分析原因，及时采取有效的纠正措施。

计划职能、组织职能、领导职能和控制职能都是管理活动中不可缺少的。计划职能是管理的首要职能，它把组织的目标进行分解，规定出管理的具体目标和行动规划，使组织成员明确奋斗的目标和方向，解决组织干什么的问题；组织职能规定组织成员在实现管理目标过程中的地位、作用以及所拥有的权力和责任，规定了组织成员中各方面的关系，包括分工、协作、上下级等关系，这是实现管理目标的组织保证，解决组织中谁去干的问题；领导职能是为保证组织实现计划目标而采取各种措施以发挥和调动员工积极性、主动性和创造性，解决组织如何干的问题；控制职能与计划职能密不可分，控制职能具有预测和纠正在执行计划、指令的过程中偏离目标的功能。可见，各种职能之间是相辅相成的关系，缺一不可。

（二）旅游管理的基本属性

任何管理都是在特定环境下，对特定组织进行的。因此，旅游管理是一个既具有一般性，又具有特殊性和差异性的社会活动，其基本属性包括自然属性和社会属性两方面。

1. 旅游管理的自然属性

旅游管理的自然属性是指旅游管理在不同的社会制度和意识形态中所表现出来的共性。旅游管理的自然属性表现在“指挥劳动”上，即旅游业一切管理活动都是通过特定的“技术性”手段、措施、方法来执行“指挥劳动”的职能。具体体现：从人的身心发展规律出发开展旅游管理活动；按照管理规律组织旅游业管理实践活动；采用和现代生产相适应的方式与手段管理旅游企业。旅游管理的自然属性为我们学习、借鉴发达国家先进的管理经验和方法提供了理论依据，使我们可以大胆地引进和吸收国外成熟的经验，来迅速提高我国的旅游管理水平。

2. 旅游管理的社会属性

旅游管理是为了达到预期的目的所进行的具有特殊职能的活动，这一活动必然体现管理的“为谁服务”的问题。马克思认为，在人类漫长的历史中，管理从来就是为统治阶级、为生产资料的占有者服务的。

旅游管理的社会属性是指在管理过程中要正确处理人与人之间的关系。旅游管理同样会受一定生产关系、政治制度和意识形态的影响和制约，如旅游企业的组织目标、群体价值观、旅游企业文化、旅游管理理念、旅游环境、社会制度、地方风俗等的影响。因此，在旅游管理过程中，不能照搬其他行业的管理方法，需要根据本行业的特殊性进行处理。

3. 旅游管理自然属性与社会属性的辩证关系

旅游管理的两重性是相互联系、相互制约的。一方面，旅游管理的自然属性不可能孤立存在，它总是在一定的社会形式、社会生产关系条件下发挥作用；同时，旅游管理的社会属性也不可能脱离其自然属性而存在，否则，旅游管理的社会属性就会成为没有内容的形式。另一方面，旅游管理的两重性又是相互制约的。自然属性要求具有一定的社会属性的组织形式和生产关系与其相适应；同样，社会属性也必然对旅游管理的科学技术等方面发生影响或制约作用。因此，认识和掌握旅游管理两重性的原理，才能分清不同制度下旅游管理的共性和个性，正确地处理批判与继承、学习与独创、吸收国外管理经验与结合中国实际之间的关系，实事求是地研究和借鉴国外先进管理中有益的东西，做到兼收并蓄，洋为中用。

【问题讨论】

根据 5A 级旅游景区年度复核结果，文化和旅游部 2019 年 7 月 31 日通过其官方网站公告，文化和旅游部对复核检查严重不达标或存在严重问题的 7 家 5A 级旅游景区给予处理，其中，给予山西省晋中市乔家大院景区取消旅游景区质量等级处理。

那么，乔家大院景区究竟存在哪些问题？根据调查报告显示，景区存在旅游产品类型单一、过度商业化、交通游览方面不足、安全卫生投入不够、景区综合管理有待提高和资源保护有缺陷六个方面的问题。

（资料来源：https://www.360kuai.com/pc/902c764e376ed63cb?cota=3&kuai_so=1&sign=360_57c3bbd1&refer_scene=so_1，有改动。）

讨论：

1）本事件政府承担了何种管理职能？

2）通过对本事件的讨论，你得到了哪些启示？

五、旅游管理的特点

（一）普遍性

管理学的许多原理之所以能够被运用于旅游行业组织管理过程，是因为旅游业作为经济管理的一个分支，同样反映了各种管理活动过程中所具有的共同规律性，是对包含了各种复杂因素和复杂关系的管理活动客观规律的描绘。管理实践中的大量事例，证明了管理原理的普遍性。

（二）综合性

由于旅游业自身具有的产业特点，其旅游经济活动是集吃、住、行、游、购、娱于一体的综合性经济活动，涉及的部门和单位既多又广，不但涉及旅游行业内的组织，同时更多地涉及旅游相关行业，如交通、文化、文物、环保、工商、卫生、公安、工业、农业、商业、林业、水利等部门，这样旅游管理的对象就要涉及众多性质完全不同的行业。管理过程的复杂性、动态性和管理对象的多样化决定了管理所要借助的知识、方法和手段的多样化。旅游管理的实质是针对旅游经济活动的各要素而进行的综合性管理，旅游管理具有很强的综合性。

（三）脆弱性

旅游管理的脆弱性是由旅游业本身的特殊性所决定的。首先，旅游产业的综合性使旅游部门有了综合部门的性质，但没有综合部门的权威；旅游部门是一个专业经济管理部门，但是又没有专业管理部门的管理体系（垂直管理体系）；政府作为职能部门存在，但没有职能部门的管理手段。旅游部门面临的这种状况使得旅游行业管理的难度非常大，其管理基础十分脆弱。其次，旅游企业经营管理过程中所受到的外部环境的影响要比一般企业来得更为直接，一个国家或地区的政治、经济、外交及汇率的变动、恐怖事件、自然灾害、疾病流行等多种因素，都会对旅游企业经营活动带来极大的风险。旅游管理的脆弱性要求旅游管理者必须具有战略眼光，及时了解经营环境的变化，预见可能出现的危机与风险，不断提高应变能力。

（四）适度超前性

适度超前性是我国旅游经济发展所采取的发展战略。我国旅游业是伴随着对外开放的实施而发展起来的一个新兴行业，从产业运行环境来看，这种产业是建立在较弱的经济基础上的，要使旅游业在短期内形成较强的产业体系，就必须采用国际旅游向国内旅游推进的模式，即先开发国际接待旅游，再发展国内旅游，随着社会经济的发展和人们生活水平的提高，然后再发展出国旅游，最终形成以国内旅游为主、国内旅游与国际旅游协调发展的模式。采用这一模式，就需要服务水平、技术水平、接待设施水平等达到经济发达国家同等水平，从而客观上也要求旅游管理在组织形式、管理方式和管理目标等方面体现适度超前发展的要求。

（五）创新性

实践证明，管理不仅是进行共同劳动和社会化大生产的必要条件，而且它本身就是一种劳动。这种劳动不但参与创造价值，而且能够推动社会生产力的发展。但是，管理的创新性特点远不只表现于此，它的真正含义在于管理本身也是一种不断变革、不断创新的社会活动。通过管理的变革，不但能推动社会和经济的发展，在一定的条件下，还可以创造新的生产力。旅游业虽然具有一定的垄断性，但同时具有很明显的竞争性，而作为旅游产品，存在着差异化程度较低的现象，如饭店的硬件及软件均具有同质化倾向。所以，创新成为旅游管理，特别是旅游企业管理的一个重要特点。深圳旅游业做大做强的秘密，正是靠着锐意创新、敢为天下先的勇气，以锦绣中华、世界之窗等人造景观带动深圳成为全国的旅游强市，这一事例充分体现了管理的创新性。认识到旅游管理的这一特征，有助于克服我们当前尚存在的重生产、轻经营，重技术、轻管理的倾向，真正把技术和管理看作是经济起飞的两个轮子。

【案例分析】

开放式景区管理的“西湖模式”

目前，国内大多数旅游景区经营收入主要依赖“门票经济”，但门票涨价后，加重了游客旅游支出负担，迫使游客减少停留时间和其他支出，导致旅游收入单一，难以促进本地旅游经济的可持续发展。

2002 年开始，杭州西湖主要景点全面开放，采用“免费为主、收费为补”的经营模式，相继取消了 130 多个景点的门票，占景点总数的 80%以上。在商业运作上采取“免费和周边消费”模式，使杭州市餐饮、旅馆、零售、交通等服务行业都获得了新的发展空间，促进了城市的整体经济发展。

“西湖模式”受到广大市民和游客的拥护，带动了杭州市“大旅游”产业的发展，极大地提升了杭州的城市声誉和西湖的美誉度。2002 年以后，杭州先后获得“联合国人居奖”“国际花园城市”“中国十大最具经济活力城市”“东方休闲之都”“中国最佳旅游城市”等称号，并连续蝉联“中国最具幸福感城市”。西湖当选为“中国最美的五大湖”之一，杭州西湖文化景观被成功列入《世界遗产名录》。

（资料来源：https://www.davost.com/seo/detail/3312-40896dbffc.html，有改动。）

点评：

“西湖模式”的成功，具有较强的创新示范效应，可对国内其他景区的免费开放和管理有所裨益。但借鉴“西湖模式”仍需坚持因地制宜，应综合考虑景区在国内外的知名度、相应的配套设施和服务、有效的市场运作能力和完善的城市发展规划，避免机械复制。

学习任务二　旅游管理的环境

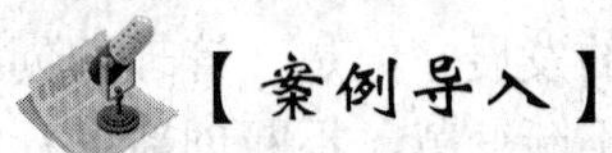

不要小看“入乡随俗”的重要性

1973 年 9 月，香港市场的肯德基公司突然宣布多家家乡鸡快餐店停业，只剩下 4 家还在勉强支持。到 1975 年 2 月，首批进入香港的美国肯德基连锁店全军覆没。

为了取得肯德基家乡鸡首次在香港推出的成功，肯德基公司配合了声势浩大的宣传攻势，在新闻媒体上大做广告，采用该公司的世界性宣传口号“好味到舔手指”。

凭着广告攻势和新鲜劲儿，肯德基家乡鸡还是红火了一阵子，很多人都乐于一试，一时间也门庭若市。可惜好景不长，3 个月后，就“门前冷落鞍马稀”了。

在世界各地拥有数千家连锁店的肯德基为什么唯独在香港遭受如此厄运呢？经过认真总结经验教训，发现是中国人固有的文化观念决定了肯德基的惨败。

首先，在世界其他地方行得通的广告词“好味到舔手指”在中国人的观念里不容易被接受。人们甚至对这种广告起了反感。

其次，家乡鸡的味道和价格不容易被接受。鸡是采用当地鸡种，但其喂养方式仍是美国式的。用鱼肉喂养出来的鸡破坏了中国鸡的特有口味。另外家乡鸡的价格对于一般市民来说还有点承受不了，因而抑制了需求量。

此外，美国式服务难以吸引回头客。在美国，顾客一般是驾车到快餐店，买了食物回家吃。因此，在店内通常是不设座的。而中国人通常喜欢一群人或三三两两在店内边吃边聊，不设座位的服务方式难寻回头客。

十年后，肯德基带着对中国文化的一定了解卷土重来，并大幅度调整了营销策略。广告宣传方面低调，市场定价符合当地消费水平，市场定位于16～39岁的人。1986年，肯德基家乡鸡新老分店的总数在香港为716家，占世界各地分店总数的1/3，在香港快餐业中与麦当劳、汉堡王皇堡、必胜客薄饼并称四大快餐连锁店。

肯德基公司20世纪70年代为什么会在香港全军覆没？80年代该公司为什么又能取得辉煌的成绩？

（资料来源：https://www.dyhzdl.cn/k/doc/ba878d452b160b4e767fcfe5.html，有改动。）

启示：

企业的经营管理活动并非企业自身独立的活动，必然与周围环境发生各种各样的联系，各种环境的变化决定或影响着企业的经营管理。企业必须关注、监测和预测其周围市场营销环境的发展变化，并善于分析和识别由于环境变化而造成的主要市场机会和威胁，及时采取适当的措施和对策，使其经营管理与市场营销环境的发展变化相适应。

本案例中，肯德基公司在20世纪70年代因为忽视了香港的社会文化环境，忽视了中国人固有的文化观念，忽视了中国人的消费习惯和购买行为特点，导致其产品在香港市场全军覆没。

20世纪80年代，肯德基公司总结上次开拓市场的经验，吸取上次失败的教训，着重对市场营销环境的研究，采取富有针对性的营销策略，因此取得了辉煌的成绩。

肯德基在香港市场上的沉浮深刻地说明了：市场犹如一匹烈马，只有了解它才能更好地驾驭它。

旅游管理环境是指存在于旅游行业组织内部或外部的，影响旅游管理实施和旅游管理功效的各种力量、条件和因素的总和。构成旅游管理环境的客观因素很多，小到一个员工的生理、心理状况，大到一个国家的政治、经济、文化、宗教等，甚至整个世界的宏观环境。具体地讲，旅游管理的环境可以是有形的，如旅游资源的地理位置、景区的面积大小等；有的是无形的，如一个地区的民俗文化、道德价值观等；有的是物质的，如建筑、交通等；有的是精神的，如管理思想和管理理论；有的是社会环境的因素，如国家制度、旅游业政策等；有的是自然环境的因素，如资源、物产等。

根据各种因素与旅游活动的关系及它们对旅游业影响的表现形式和程度的不同，旅游管理的环境可以分为外部环境和内部环境。外部环境是指旅游组织外部的各种自然和社会条件与因素。内部环境主要指旅游组织履行基本职能所需的各种内容的资源与条件。

一、旅游管理的外部环境

作为旅游管理系统，无论是酒店、旅行社还是景区、景点，都处在一定的外部环境之中，它需要从外部环境中获得物质、能量、信息，也要向外部环境输出自己的物质、能量、信息。因此，外部环境是旅游管理系统存在、发展的条件。同时，外部环境还是旅游管理系统显示功能、做出贡献的场所和舞台。例如，市场为旅游企业提供了活动的场所，市场就是旅游企业的主要外部环境。

旅游管理的外部环境是一个十分复杂的系统，包含着众多的因素。具体来说，可以划分为以下几个方面：自然环境、经济环境、政治和法律环境、社会与文化及心理环境、技术环境、竞争环境等各方面要素。

（一）自然环境

这里所指的自然环境是指影响旅游业存在和发展的各种自然要素。其主要以地理位置、气候条件、自然资源及灾害、环境污染程度及控制方式等方面表现出来。

自然环境对旅游业而言是一把双刃剑，在不同的时间和空间，自然环境有可能成为旅游业谋取利益或造成阻碍的因素，因此它与管理活动有着密切的关系。首先，自然环境作为影响人类社会生存和发展的复杂的多重因素，是旅游组织管理活动不可缺少的条件。其次，旅游业的发展，在很大程度上取决于环境资源的支撑能力。自然环境的差异，造成了不同国家、不同地区、不同民族的物质生产方式和文化类型的差异；同时，也影响着他们的生活方式、思维方式，并在一定程度上影响着人们的风俗习惯，对旅游管理产生了深刻影响，这就要求管理活动要适应这些特点。再次，旅游管理活动改变着人类赖以生存的自然环境，这种改变表现为两种趋势：一是改善自然环境，二是破坏自然环境。例如，自然生态资源的合理开发，可以丰富和满足人们对旅游项目求新的欲望，但过度开发必然影响生态质量及环境氛围，甚至危及人类的生存和可持续发展。这就要求旅游管理活动必须为实现人类的可持续发展保持与自然环境的协调与平衡。

（二）经济环境

经济环境是指影响旅游行业或企业所在地区的总体经济状况。它是影响管理活动的诸多因素中最重要、最基本的因素，包括利率、通货膨胀、失业和经济增长等。

景气的经济环境使旅游企业更易取得资源，同时也使消费者更加富裕，旅游企业出售自己的产品和服务的机会大大增加；与此相反，恶化的经济环境会给旅游企业带来威胁，因为恶化的经济限制了管理者获取企业所需资源的能力，企业的现实顾客会大量减少，潜在顾客的开发难度增加，管理者不仅要在削减各部门人员的同时激发保留下来的员工的积极性和主动性，同时还要获取和确定更加有效地利用资源的方法。成功的管理者会充分意识到经济环境对企业影响的重要性，密切关注整个经济的变化，以便未雨绸缪，及时做出适当的应对。例如，随着我国社会主义市场经济体制的建立和旅游行政管理体制的改革，政府与旅游企业、旅游企业之间、旅游企业与社会、旅游企业与员工等一系列关系都发生了很大的变化。国有旅游企业逐步向自主经营、自负盈亏、自我约束、自我发展的独立经营者转变。旅游企业的投资主体进一步多元化，形成多种所有制的旅游企业在市场上平等竞争的局面。

（三）政治和法律环境

政治和法律环境包括组织所在地区的政治制度、政治形势，执政党的路线、方针、政策和国家法令等因素，这些都会对旅游行业及组织产生重大影响。政治和法律环境主要表现在地区的稳定性和政府对各类组织或活动的态度上。地区稳定性是旅游组织在制定其长期发展战略时所必须考虑的，而政府对各类组织和活动的态度则决定了各个旅游组织可以做什么、不可以做什么。

（四）社会与文化及心理环境

社会与文化及心理环境主要由组织所在地的人口、家庭文化教育水平、传统风俗习惯及人们的道德和价值观念等因素构成。由于社会组织是由人组成的，而且人既是管理者又是管理对象，这就决定了组织及其管理离不开人与人之间的关系，离不开人们的社会心理因素。社会上的特种文化环境及心理氛围，必然对旅游组织的成员及管理产生广泛而深刻的影响。例如，旅游服务中的支付小费现象在许多西方国家是一种惯例，而在中国由于对旅游服务理解上与西方的差异，支付小费还属于少数现象。因此，我国旅游企业的员工管理就不能照搬西方国家的管理模式。管理者必须高度重视这些社会与文化及心理环境的影响，并能主动地适应这种环境的变化。

（五）技术环境

“技术”通常指人们做某种事情的知识的总和。它包括发明创造、技能方法。所谓技术环境，主要指组织所在国家或地区的技术进步状况，以及相应的技术条件、技术政策和技术发展的动向与潜力等。一个组织拥有的技术先进与否，对组织的生存和发展影响极大。当今世界，获得突飞猛进发展的旅游集团，都是以先进技术取得优势的。技术环境已成为旅游业组织环境中的关键因素，当代旅游业管理制度的建立、发展和完善，许多都是为了适应新的科学技术发展的要求。

（六）竞争环境

与其他环境相比，竞争环境对组织的影响更为直接和具体。每一个组织都处在不同的竞争环境中，其竞争因素主要包括竞争对手、潜在竞争对手、服务对象、资源供应者和社会特殊利益代表组织。在这些因素中，有效的竞争活动是最关键的因素。没有一个组织在管理中可以忽视竞争环境，竞争环境是管理者必须对其有所了解并及时做出反应的一个重要环境因素。

这些因素相互作用，共同影响和制约着管理活动，对任何管理理论和方法而言，任何的外部环境变化总存在着对管理活动有利的机会和不利的威胁。外部环境是特定旅游组织的管理者所无法影响和控制的，因此在旅游管理活动中，要充分分析外部环境的各类因素，要尽量利用机会，避免威胁，并制定相应的战略。

二、旅游管理的内部环境

管理环境除了外部环境，还包括组织内部环境。内部环境通常是组织运行环境和组织文化环境。管理者应分析研究本组织的内部环境，根据本组织的实际情况，制定相应的组织目标和发展战略。

（一）组织运行环境

旅游组织的活动需要拥有一定的组织运行环境，利用一定的资源，包括组织的结构、组织制度、组织领导作风、组织人力资源、资金实力、科研能力、社会声誉等。这些因素不仅与外部环境因素一样，将影响一个组织目标的制定和实现，而且还将直接影响该组织管理者的管理行为。

（二）组织文化环境

组织文化环境是处于一定经济社会文化背景下的组织，在长期的发展过程中逐步形成和发展起来的日趋稳定的、独特的价值观，以及以此为核心而形成的行为规范、道德准则、群体意识、风俗习惯等。

组织文化环境实际上是指组织的共同观念系统，是一种存在于组织成员之中的共同理解。因此，组织中不同背景和地位的人在描述其组织文化时基本上用的是相同的语言。在每一个组织中，有各种不断发展着的价值观、仪式、规章、习惯等，这些观念一旦为全体员工所接受，就变成了组织的共同观念，亦即成为组织文化的一部分。而组织文化一旦形成，就会在很大程度上对管理者的思维和决策施加影响。

【阅读小品】

九寨沟景区的环境保护与管理

九寨沟景区被誉为“世界最佳生态旅游目的地之一”，其成功的景区管理经验值得其他旅游景区学习和借鉴。为了贯彻生态旅游的理念，从2001年4月30日起，九寨沟景区关闭了景区内的所有宾馆，成功实现了“沟内游、沟外住”的构想；2003～2004年大规模拆除景区经营性房屋建筑和违章建筑面积达12万平方米，恢复植被面积达2万余平方米，有效遏制了景区城市化现象。

九寨沟在景区管理中形成了居民参与景区保护的管理新模式，将居民纳入环境保护的体系之中，组建了以居民为主要力量的“3队10站”：护林防火专职消防队、环境卫生队、保护区道路养护队，长海、日则、诺日朗等七个保护站及生物病虫害监测站、环境监测站、泥石流监测站，从而使保护任务落到实处。组织景区居民入股，建设并运营诺日朗旅游服务中心，优先安排沟内居民从事保护、环卫和相关旅游服务工作，有效地解决了“保景”与“富民”的世界性难题。

同时，九寨沟引入国际标准化管理，确立“绿色旅游”的新理念，通过“限量旅游”政策、开通绿色环保观光车、引入智能型全自动免水冲环保生态厕所和环保型车载式流动厕所等措施，保护了九寨沟生态旅游资源的原始性和真实性。

［资料来源：陈菲，2009. 九寨沟景区的生态旅游管理探析[J]. 哈尔滨：经济研究导刊，(21)：147-148.］

学习任务三 旅游管理的基本方法

【案例导入】

某酒店新总经理上任后发现，该酒店员工在服务规范、仪容仪表等方面存在着较大问题，严重影响了酒店的服务质量，并发现酒店在该方面规章制度较不完善，为此，总经理要求人力资源部经理重新修订规章制度，并将新的制度公布，要求各部门贯彻落实。总经理通过例会宣布新制度公布三天后进行专项检查，若发现违规者，扣发当月奖金。三天后，总经理亲自带队进行检查，结果发现各部门超过50%的员工均未能按新制度执行，如此多的员工违规，很难进行处罚，难倒了总经理。第二天总经理召开部门经理会议进行研究分析，大家认为制度本身没问题，但要员工在如此短的时间内改变恶习不现实，对违规者扣发奖金会影响整个员工队伍。最后会议得出结论：一是由于总经理下达的命令缺乏可操作性，总经理本人扣发当月奖金；二是制度本身合理，继续实施，但先试行一个月，在试行期开展定期检查，若发现违规者进行批评教育，一个月后正式实行，若违规坚决扣发当月奖金。该酒店通过一系列的管理措施使服务质量得到了明显提升。

（资料来源：根据网络资料整理）

启示：

上述案例包含了法规方法、经济方法、行政命令、宣传教育等多种管理方法，合理运用不同的管理方法对旅游企业特别是服务型行业的服务质量提升具有十分重要的意义。

旅游业作为一个独立的行业有着自身的管理要求和管理方法，旅游经济活动不同于工业、农业等物质生产活动，它不创造物质产品；旅游经济活动也不同于商业、贸易等经济活动，它主要不是组织商品的流通。旅游经济活动主要借助一定的旅游资源、旅游设施和旅游条件，通过提供服务性劳动，直接满足人们的物质和精神方面的需要。因此，旅游管理的方法具有其行业的特殊性，必须运用科学的方法来探索旅游经济运行的规律，以指导旅游管理实践。

一、经济方法

经济方法是指以人们的物质利益的需要为基础，按照客观经济规律的要求，运用各种物质利益手段来执行旅游管理职能，实现管理目标的方法。与其他管理方法相比较，经济方法具有如下特点。一是利益性。经济方法主要利用人们对经济利益，主要是物质利益的追求来引导被管理者。二是交换性。经济方法实际上是一种以一定的交换为前提的。管理者运用一定的报酬手段，使被管理者去完成所承担的任务。三是关联性。经济方法使用的范围十分广泛，影响面宽，与各个方面都有着直接或者是间接的联系。

经济方法是当前旅游管理中最基本的管理方法，其他方法只能在此基础上才能发挥有效的作用。这是因为即使在经济发展到一个较高水平的国家里，物质利益仍然是人们的基本利益，对物质利益的追求是决定人们行为取向的最重要的动力。在我国这样一个生产力不够发达，人民收入水平还不高，物质利益还是主要影响人们行为因素的国家，运用好经济方法更是有着重要的意义。

经济方法有多种表现形式，如员工与旅游企业签订的劳动合同、工资制度、职位晋升等。要注意的是，经济方法虽然具有多方面的积极意义，但是也有一定的局限性。因为人们的需求不可能仅仅只有物质利益，决定人们行为积极性的也并非只有对经济利益的追求。在一些具体的环境中就更要注意这一点，否则会导致“一切向钱看”的倾向。

二、法规方法

法规方法是指通过政策、法令、规章制度等手段来执行旅游管理职能的一种方法。它是目前旅游行业中使用最广泛的一种管理方法。

这种方法有以下三个特点。一是强制性。它是每一组织及员工必须遵守的行为准则。二是稳定性。它在同样情况下始终适用，不因人或事而异。三是可预测性和先导性。每一个组织及个人可以事先判断具体的行为是否符合法规法令，其行为的后果如何，将会得到何种奖励或惩罚。

这种方法的优点是具有事先指导和调节作用，通常适用于有规律可循的日常工作，如酒店、旅行社的日常管理工作等。

这种方法的缺点是缺乏灵活性。由于旅游管理更多的是对人的服务，实际情况千变万化，新问题又层出不穷，过于死板的执行法规方法往往无法适合特殊情况的管理，影响管理效率。因此在运用法规管理时既要考虑其原则性，同时又必须考虑其可行性及艺术性。

三、行政方法

行政方法是指在一定的旅游组织内部，以组织的行政权力为依据，运用行政手段（如行政命令、指示、规定），按照行政隶属关系来执行管理职能，实施管理的一种方法。

行政方法的特点如下。第一，具有一定的强制性。以组织的行政权力为基础，以下级服从上级为原则。因此，行政方法的时效性很强，见效快。第二，行政方法还具有明确的范围，即它只能在行政权力所能够管辖的范围内起作用。第三，无偿性。行政管理方法以组织的权力为基础，以服从为天职，上级对下级发出的命令，下级在执行中不能以利益或者是其他方面的要求为代价。

这种方法经常表现为工作会议、电话通知等形式，其优点是具有较强的灵活性，可以及时正确处理新问题，布置新任务。因此，它适合于无规律可循的需要一事一议的工作任务。运用行政方法，也必须注意按照客观规律办事，切忌长官意志；运用行政方法特别要注意从实际出发，注意与其他方法相结合。

四、教育方法

教育是按照一定的目的、要求对受教育者从德、智、体诸方面施加影响，使受教育者改变行为的一种有计划的活动。教育是管理的基本方法之一。与其他的管理方法相比，教育方法具有如下特点。第一，教育是以转变人的思想、价值观为特征，以提高人的素质为目的的，是一个较缓慢的过程。虽然教育产生作用所需的时间较长，但是产生了作用之后，所维持的时间要比其他方法持久得多。第二，教育是一个互动过程。在教育的过程中，授教者和受教育者都在提高，是一个相互学习，相互影响的活动。因此，教育不是教训、不是灌输。教育要起作用，授教者必须以身作则、身体力行。否则，教育方法是无效的，至少会是低效的。第三，教育的形式是多样的。教育的具体方法很多，如思想政治工作、企业文化建设、工作岗位培训、对员工的感情投资等都是行之有效的教育方法。管理的发展史表明，虽然教育的方法不是万能的，但是缺少教育的管理也是不能的。因为人们在任何一个社会组织中，除了谋求一定的物质利益、社会归属、自我价值的实现等追求之外，还包括自身的成长，自我的完善。这些方面的要求是报酬、职位所不能满足的。对员工进行教育，就成为提高管理效率、增强组织的凝聚力、调动员工积极性的重要方法。

在旅游管理中实施教育方法，一定要注意必须从实际出发，采取合适的具体方式，将教育的内容融汇在各种员工喜闻乐见，愿意接受并积极参加的健康活泼的形式中，避免形式主义、教条主义的做法。

【阅读小品】

管理和领导

在现代社会中，领导这一现象随处可见：每个国家都离不开执政党和政府机构的领导，企业离不开董事长、总裁、总经理和部门经理等各级领导者的领导，军队离不开各级军官的领导，即使是在非正式组织中，也存在一个相对权威的人领导着组织内的成员。

在现实生活中，不少人认为管理与领导是同一个概念，它们之间没有什么不同，似乎领导过程就是管理过程，二者之间没有明确的界限。实际上，管理和领导是两个不同的概念，二者既有联系又有区别。

管理学家认为领导是率领下属实现组织目标的过程。管理与领导的目的都是为了实现组织目的，但二者的区别却是显著的。

第一，领导和管理并不完全属于同一范畴。

领导是管理的一个职能，一般称为领导职能，但管理的其他职能，则不属于领导。比如，组织中的参谋人员所从事的工作是管理工作，但不是领导工作。管理是指管理行为，而领导工作既包括管理行为，也包括业务行为，如作为企业的领导者会见重要人物，参与谈判，出席一些公共活动。

领导与管理的范畴既有包含的部分，又有互相区别的部分，但一般而言领导主要是对人的领导，主要是处理人与人的关系，特别是上下级关系，这是管理活动中的核心问题；除对人的管理之外，管理的对象还包括财、物，管理不仅要处理人与人之间的关系，还要处理财与物、物与人、人与财的关系。管理涉及的范围比领导要广泛得多。

第二，领导和管理相互区别，但密切相关。

领导和管理属于两个不同的行为层次，但是它们密切相关，难以分离。领导活动的重点在于做出决策，确立奋斗目标、规划，以及制定相应的政策，为本地区本部门本单位的工作指引前进的方向等。领导从整体发展的目标出发，着重于争取赢得良好的外部环境；而管理是为了保证领导确定的目标，着重于维护和加强组织的正常秩序。

（资料来源：http://abc.wm23.com/huzhi/91788.html，有改动。）

了解管理理论

学习目标

◇知识目标：能熟悉并掌握古典管理理论的产生及各个主要派别的理论观点、代表人物；能熟悉激励理论、需要层次理论，掌握人际关系学说的主要内容；能了解现代管理理论的发展。

◇能力目标：能运用古典管理理论、行为科学理论和现代管理理论分析与处理实际管理问题，并提升自身的管理理念；能用现代管理的视角评判一个企业管理的好坏。

◇素质目标：获得管理学基本理论素养；养成勤于思考的习惯，获得分析旅游管理问题的思维方式；熟悉管理者的基本素质和工作性质。

学习任务一 古典管理理论

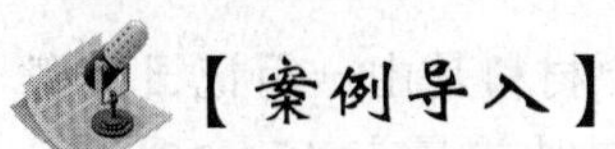

美国联合包裹速递服务公司

美国联合包裹速递服务公司（UPS）雇用了15万员工，平均每天将900万件包裹发送到美国各地和180个国家。UPS的工业工程师们对每一位司机的行驶路线都进行了时间研究，并对运货、暂停和取货活动都设立了标准。这些工程师记录了红灯、通行、按门铃、穿过院子、上楼梯、中间休息喝咖啡的时间，甚至上厕所的时间，将这些数据输入计算机中，从而给出每一位司机每天工作的详细时间标准。

为了完成每天取送130件包裹的目标，司机们必须严格遵循工程师设计的程序。当他们接近发送站时，他们松开安全带，按喇叭，关发动机，拉起紧急制动，把变速器推到 1 挡上，为送货完毕的启动离开做好准备，这一系列动作严丝合缝。然后，司机从驾驶室到地面上，右臂夹着文件夹，左手拿着包裹，右手拿着车钥匙。他们看一眼包裹上的地址把它记在脑子里，然后以每秒钟 3 英尺（1 英尺＝0.3048 米）的速度快步走到顾客的门前，先敲一下门以免浪费时间找门铃。送货完毕后，他们在回到卡车途中完成登录工作。

（资料来源：http://www.doc88.com/p-773492737506.html，有改动。）

启示：

这种刻板的时间表看起来有点烦琐，但它真能带来高效率。生产率专家公认，UPS 是世界上效率最高的公司之一。举例来说，美国联邦捷运公司平均每人每天不过取送包裹 80 件，而 UPS 却是 130 件。在提高效率方面的不懈努力对 UPS 的净利润产生了积极的影响。

在 20 世纪初，由泰勒发起的科学管理革命导致了古典管理理论的产生。古典管理理论代表人物泰勒、法约尔、韦伯从三个不同角度，即车间工人、办公室总经理和组织来解决企业和社会组织的管理问题，为当时的社会解决企业组织中的劳资关系、管理原理和原则、生产效率等方面的问题提供了管理思想的指导和科学理论方法。

一、泰勒的科学管理理论

科学管理理论的创始人是弗雷德里克 · 温斯洛 · 泰勒（F. W. Taylor），1881～1898 年他分别在米德维尔钢铁公司和伯利恒钢铁公司进行劳动时间和工作方法的研究，并首次提出了科学管理的概念，1911 年出版了《科学管理原理》一书，被世人公认为“科学管理之父”。

（一）泰勒的三大实验

泰勒在工作期间，深切感到工人劳动效率不高。他认为原因在于两个方面，一是工人消极怠工，普遍存在磨洋工和偷懒现象；二是工人缺少培训，没有正确的操作方法和合适的工具，影响生产率的提高。基于上述观点，泰勒从 1898 年起，着手进行了一系列著名的科学实验，具体如下。

1. 搬运铁块实验

1898 年，泰勒从伯利恒钢铁公司开始他的实验。这个公司的原材料是由一组记日工搬运的，工人每天挣 1.15 美元，这在当时是标准工资，每天搬运的铁块重量有 12～13 吨，对工人的奖励和惩罚的方法就是找工人谈话或者开除，有时也可以选拔一些较好的工人到车间里做等级工，并且可得到略高的工资。后来，泰勒观察研究了 75 名工人，从中挑出了 4 人，又对这 4 人进行了研究，调查了他们的背景、习惯和抱负，最后挑了一个名为施密特的人，这个人非常爱财并且很小气。泰勒要求这个人按照新的要求工作，每天给他 3.85 美元的报酬。通过仔细地研究，使其转换各种工作因素，来观察它们对生产效率的影响。例如，有时工人弯腰搬运，有时他们又直腰搬运，后来他又观察了行走的速度，持握的位置和其他的变量。通过长时间的观察实验，并把劳动时间和休息时间很好地搭配起来，工人每天的工作量可以提高到 47 吨，同时并不会感到太疲劳。他也采用了计件工资制，工人每天搬运量达到 47 吨后，工资也升到 3.85 美元（如表 2.1 所示）。这样施密特开始工作后，第一天很早就搬完了 47.5 吨，拿到了 3.85 美元的工资。于是其他工人也渐渐按照这种方法来搬运，劳动生产率提高了很多。

表 2.1 搬运铁块实验结果

序号	项目	实验前	实验后
1	每个工人每天的搬运量	12 吨	47.5 吨
2	每个工人每天工资	1.15 美元	3.85 美元

2. 铁锹实验

铁锹实验是在伯利恒钢铁公司的堆料场进行的。泰勒首先系统地研究了“铲”这一动作的操作活动，铲一锹特定种类的原料，最适宜的负载量是多少？当时每名工人都有自己的铁锹，但铲煤时，每一锹的重量是 3.5 磅（1 磅=0.454 千克），而用同样的铁锹去铲铁矿石，每一锹的负载量则为 38 磅。泰勒挑选 10 多名工人进行了连续几周的观察，结果发现：一个头等工人在平均每铲荷载 21 磅左右时，才能达到最大的日工作量。运用这一结果，泰勒改变了过去只允许每个铲运工人拥有自己的专用铁锹的做法，代之以提供 8～10 种规格不同的铁锹，并使铁锹的形状、性能可以适合装载不同物料的需要，以保证每铲可以达到 21 磅的要求。同时也研究了铲各种原料的最好的方法，如铲铁矿石和烟煤的最好方法是利用身体的重量握紧锹把来铲，这种方法比仅用胳臂的力量要省力。经过实验，工人们的工作效率得到了极大的提高，每人每日铲装量从 16 吨提高到 59 吨，工人的日工资从 1.15 美元提高到 1.88 美元（如表 2.2 所示）。在此期间，泰勒还采用了周密的派工制度，每一个工人都有自己的分类价格，里面放着两张卡：一张指明他应该使用的工具和应该在什么地方工作；另一张指明他上一天的产量和工资。

表 2.2 铁锹实验结果

序号	项目	实验前	实验后
1	堆料场的劳动力	400～600 人	140 人
2	每个工人每天的操作量	16 吨	59 吨
3	每吨的操作成本	7.2 美分	3.3 美分
4	每个工人每天工资	1.15 美元	1.88 美元

3. 金属切削实验

为了解决工人的怠工问题，1881 年泰勒在米德维尔钢铁公司进行了金属切削实验。他自己具备一些金属切削的作业知识，于是他对车床的效率问题进行了研究，开始了预期 6 个月的实验。在用车床、钻床、刨床等工作时，要决定用什么样的刀具、多大的速度等来获得最佳的加工效率。这项实验非常复杂和困难，原来预定为 6 个月实际却用了 26 年，花费了巨额资金，耗费了 80 多万吨钢材，总共耗费约 15 万美元。最后在巴斯和怀特等十几名专家的帮助下，取得了重大的进展。这项实验还发现了能大大提高金属切削机工产量的高速工具钢，并取得了各种机床适当的转速和进刀量以及切削用量标准等资料，取得了专利。

（二）泰勒的管理思想

科学管理是以工厂管理为对象，以提高工人的劳动生产率为目标，在对工人的工作和任务进行研究的基础上制定出标准的操作方法，并用此法对工人进行指导、训练来提高劳动生产率。科学理论并非泰勒一人的发明，而是把 19 世纪在英、美等国发展起来的东西加以综合而成的一套思想。泰勒的理论和实践，是管理工作的一场革命，对当时企业管理从单凭经验到走向科学化的道路起到了重要作用。他所推行的一套制度和方法被称为“泰勒制”。

1. 工作定额原理

这是整个定额制度的基础。泰勒把每一个工作都分成尽可能多的简单的基本动作，把其中没用的动作去掉，同时选择最适用的工具、机器，然后通过对最熟练工人每一个操作动作的观察，选择出每一个基本动作的最快和最好的方法，把时间记录下来，再加上必要的休息时间和其他延误的时间，得到完成这些操作的标准时间。这就是“合理的日工作量”，它构成了每个工作日标准定额的基础。这样的标准定额是对工作进行管理的依据。

【管理案例】

富士康的劳动定额管理

富士康的测速部门和生产管理部门以秒来计算工人完成每道工序的时间，并以此安排工人的生产量。尽管生产量不断增加，但定额管理却未曾改善，产量指标依旧不合理。在富士康龙华园区的一条生产线上，工人的工作是从流水线上取下电脑主板、扫描商标、装进静电袋、贴上标签，最后重新放入流水线，每个动作被设定为 2 秒钟，每 10 秒钟完成 5 个动作，工人每天要完成 20 000 个动作。在制定劳动标准时，为了保证机器 24 小时运转，富士康实行“黑白两班倒”，白班工人的工作时间是 8:00～20:00，夜班工人的工作时间是 20:00～次日 8:00。此外，8 小时以外的加班时间的工作定额以小时计算，在一定程度上防止了由于长时间劳作所带来的工作效率的降低，较单一定额生产更能提高劳动生产率。

（资料来源：刘浩然，姜倩，朱双英，2011. 从劳动定额管理角度浅析富士康事件的原因[J]. 中国市场，(45)：67-68.）

2. 标准化原理

泰勒认为，在科学管理的情况下，要想用科学知识代替个人经验，一个很重要的措施就是实行工具标准化、操作标准化、劳动动作标准化、劳动环境标准化等标准化管理。这是因为，只有实行标准化，才能使工人使用更有效的工具，采用更有效的工作方法，从而达到提高劳动生产率的目的；只有实现标准化，才能使工人在标准设备、标准条件下工作，才能对其工作成绩进行公正、合理的衡量。

【阅读小品】

众所周知，肯德基和麦当劳遍及世界各地，其生命力之强、“繁衍”速度之快，时至今日没有任何一家快餐店可以与之匹敌。研究其生命力的核心，服务经营的标准化建设无疑占据了主要地位。

麦当劳仅标准化操作手册就有几百本，仅炸薯条这一道工序，标准操作的程序文件就达到 600 多页。还有其他服务和品质的标准化规范，如保证顾客的排队不超过 2 分钟，服务人员上食品在 1 分钟内完成，服务员对一个顾客说的问候语总耗时保持在 32 秒，汉堡包超过了 10 分钟、炸薯条超过了 7 分钟还未售出，就必须丢弃……

正是各项服务和操作的标准化规程，确保了肯德基和麦当劳在全世界“口味一致、享受的优质服务一致”，进而树立了优质服务的品牌和迅速发展的内涵。

观察一下我们身边的优秀服务企业，似乎都有这样的特点：它们都有自己的标准化管理手册，都是靠科学、标准化的管理建立企业强大的营销能力。但在我国旅游业，标准化导游服务手册、标准化计调工作手册、标准化景区市场营销手册却很难见到。

3. 差别计件工资制

泰勒认为，工人磨洋工的一个重要原因是报酬制度不合理。计时工资不能体现劳动的数量，计件工资虽能体现劳动的数量，但工人担心劳动效率提高后雇主会降低工资率，从而等同于劳动强度的加大。针对这种情况，泰勒提出了一种新的报酬制度——差别计件工资制。其内容如下：

1）通过时间和动作研究来制定有科学依据的工作定额。

2）实行差别计件工资制来鼓励工人完成或超额完成工作定额。所谓差别计件工资制是指计件工资率随完成定额的程度而上下浮动。如果工人完成或超额完成定额，则定额内的部分连同超额部分都按比正常单价高 25%计酬；如果工人完不成定额，则按比正常单价低 20%计酬。

3）工资支付的对象是工人而不是职位，即根据工人的实际工作表现而不是根据工作类别来支付工资。它意味着同一岗位甚至同一级别的工人，都将得到不同的工资。泰勒认为，实行差别计件工资制会大大提高工人的积极性，从而大大提高劳动生产率。

【管理案例】

某项工作定额是 10 件，每件完成给 0.1 元。又规定该项工作完成定额工资率为 125%，未完成定额工资率为 80%。那么，如果完成定额，可得工资为 10×0.1×125%＝1.25（元）；如未完成定额，如哪怕完成了 9 件，可得工资也只能为 9×0.1×80%＝0.72（元）。

（资料来源：http://toutiao.manqian.cn/wz_abbmpWw4BT.html，有改动。）

4. 职能工长制

泰勒认为，在军队式组织的企业里，工业机构的指令是从经理经过厂长、车间主任、工段长、班组长再传达到工人。为了事先规定好工人的全部作业过程，必须使指导工人干活的工长具有特殊的素质。因此，为了使工长职能有效地发挥，就要进行更进一步细分，使每个工长只承担一种管理的职能。为此，泰勒设计出 8 种职能工长，来代替原来的一个工长。这 8 个工长 4 个在车间、4 个在计划部门，在其职责范围内，每个工长可以直接向工人发布命令。在这种情况下，工人不再听一个工长的指挥，而是每天从 8 个不同工长那里接受指示和帮助。为了提高劳动生产率，每一个职位都要安排第一流的工人。其标准是在不损害健康的情况下，他完全胜任该职务的工作；他有工作积极性并愿意从事该项工作；具有坚强的意志力。每个岗位的定额，都是按头等工人安排确定的，而非头等工人则要进行调换。管理部门的任务就是要为每个雇员寻找最合适的工作，使之成为第一流的工人。职能工长制如图 2.1 所示。

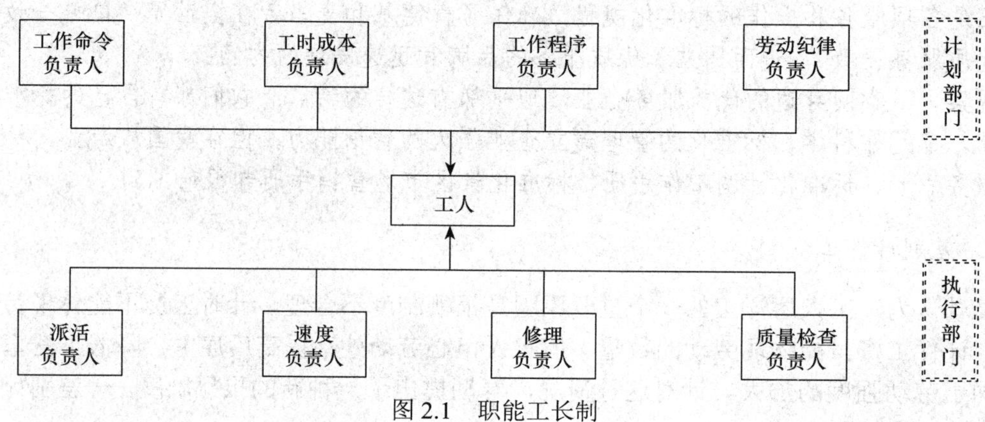

图 2.1　职能工长制

5. 计划职能与执行职能相分离

泰勒认为，在先前的管理中，所有工作程序都由工人凭他个人或师傅的经验去干，工作效率由工人自己决定。由于这与工人的熟练程度和个人的心态有关，即使工人能十分适应科学数据的使用，但要他同时在机器和写字台上工作，实际是不可能的。在绝大多数情况下，需要一部分人先做出计划，由另一部分人去执行。因此，泰勒主张："由资方按科学规律去办事，要均分资方和工人之间的工作和职责"，要把计划职能与执行职能分开并在企业设立专门的计划机构。泰勒把计划的职能和执行的职能分开，改变了凭经验工作的方法，而代之以科学的工作方法，即找出标准，制定标准，然后按标准办事。要确保管理任务的完成，应由专门的计划部门来承担找出和制定标准的工作。从事计划职能的人称为管理者，负责执行计划职能的人称为劳动者。

6. 例外原则

泰勒认为，规模较大的企业不能只依据职能原则来组织和管理，而必须应用例外原则。所谓例外原则，是指企业的高级管理人员把一般的日常事务授权给下级管理人员去负责处理，而自己只保留对例外事项、重要事项的决策和监督权，如重大的企业战略问题和重要的人员更替问题等。泰勒在《工厂管理》一书中曾指出："经理只接受有关超常规或标准的所有例外情况的，特别好和特别坏的例外情况，概括性的、压缩的及比较的报告，以便使他得以有时间考虑大政方针并研究他手下的重要人员的性格和合适性。”

泰勒提出的这种以例外原则为依据的管理控制方式，后来发展为管理上授权原则、分权化原则和实行事业部制等管理体制，至今仍然是管理中极为重要的原则之一。

【案例分析】

汉代曾经有这样一则小故事，宰相丙吉外出巡视，遇到一宗杀人案和一头牛在路旁气喘吁吁。他不理会前者而去过问“牛喘气”。随从困惑不解，这位宰相解释说，杀人案自有地方官吏去管，而牛喘气异常，可能关涉到牛瘟和其他民生疾苦，这方面地方官吏往往不大注意，因此必须查问清楚。

[资料来源：张锐，2005.“丙吉问喘”[J]. 投资与营销，(02)：5.]

点评：

这就是管理学上有名的“例外管理”。丙吉对“杀人事件”置之不理，也就是将流程内事件的处置权按流程赋予了地方官吏，自己不做无谓的干预，既体现出对下属的放权，又体现出对下属的信任，这对于一个成功的领导者来说，也是很重要的。

7. 协作管理原理

泰勒在《科学管理原理》一书中指出：“资方和工人的紧密、亲切和个人之间的合作，是现代科学或责任管理的精髓。”他认为，没有劳资双方的密切合作，任何科学管理的制度和方法都难以实施，难以发挥作用。

那么，怎样才能实现劳资双方的密切合作呢？泰勒指出，必须使劳资双方实行“一次完全的思想革命”和“观念上的伟大转变”。也就是说，要使劳资双方进行密切合作，关键不在于制定什么制度和方法，而是要实行劳资双方在思想和观念上的根本转变。如果劳资双方都把注意力放在提高劳动生产率上，劳动生产率提高了，不仅工人可以多拿工资，而且资本家也可以多拿利润，从而可以实现双方“最大限度的富裕”。

（三）对科学管理理论的评价

1. 科学管理理论的贡献

泰勒的科学管理理论是管理思想发展史上的一个里程碑，它使管理成为科学的一次质的飞跃。作为一个较为完整的管理思想体系，科学管理理论对人类社会的发展做出了自己独特的贡献。

1）科学管理理论的创立者弗雷德里克·温斯洛·泰勒是一位西方古典管理思想发展的集大成者。正如英国管理学家厄威克所说：“泰勒所做的工作并不是发明某种全新的东西，而是把整个 19 世纪在英、美两国产生、发展起来的东西加以综合而形成的一整套思想，他使一系列无条理的首创事物和实验有了一个哲学的体系，称之为科学管理。”

2）科学管理理论在管理哲学上取得了重要的突破，泰勒堪称管理哲学大师。正如美国管理学家德鲁克指出的：“科学管理只不过是一种关于工人和工作系统的哲学，总的来说它可能是自联邦主义文献以后，美国对西方思想做出的最特殊的贡献。”

3）泰勒将科学引入管理领域，提高了管理理论的科学性。泰勒等人做了大量的科学实验，并在此基础上提出了系统的理论和一整套的方法措施，为管理理论的系统形成奠定了基础。从本质上讲，科学管理理论突破了工业革命以来一直延续的传统的经验管理方法，是将人从小农意识、小生产的思维方式转变为现代社会化大工业生产的思维方式的一场革命。

4）实现了劳动与管理的分离。科学管理理论提出的有科学依据的作业管理、管理者同工人之间的职能分工、劳资双方的心理革命等，为作业方法和作业定额提供了客观依据，使得劳资双方有可能通过提高劳动生产率、扩大生产成果来协调双方的利害关系，从而推动了生产力的发展，劳动生产率有了大幅度的提高。

5）科学管理运动加强了社会公众对消除浪费和提高效率的关心，促进了经营管理的科学研究。其后的运筹学、成本核算、准时生产制等，都是在科学管理理论的启发下产生的。

2. 科学管理理论的局限性

1）“经济人”假设。在泰勒和他的追随者看来，人最为关心的是自己的经济利益，企业家的目的是获取最大限度的利润，工人的目的是获取最大限度的工资收入，只要使人获得经济利益，他就愿意配合管理者挖掘出他自身最大的潜能。这种人性假设是片面的，因为人的动机是多方面的，既有经济动机，也有许多社会和心理方面的动机。

2）诸项原理并没有得到很好的贯彻。科学管理的本意是应用动作研究和工时研究的方法来进行分析，以便发现和应用提高劳动生产率的规律，但很多企业的工时研究没有建立在科学的基础上，往往受到企业主和研究人员主观判断的影响，由此确定的作业标准反映了企业主追求利润的意图，为工人确定的工资率也是不公正的。此外，泰勒主张的职能工长制和差别计件工资制也没有得到广泛地应用。

3）泰勒对工会采取怀疑和排斥态度。在泰勒看来，工会的哲理和科学管理的哲理是水火不容的，工会通过使工人和管理部门不和，加紧进行对抗和鼓励对抗，而科学管理则鼓励提倡利益的一致性。所以泰勒认为，如果工人参加工会，组织起来，就容易发生怠工的情况。但实际上，在通过工时研究和动作研究来确定作业标准和定额以及工资时，如果没有工会的参与，很难建立起真正协调的劳资关系。

尽管泰勒的科学管理理论存在局限性，但有一点是没有疑问的，泰勒确实是管理思想演进过程中一个重要时代的领路人，正如丹尼尔·雷恩所说：“科学管理反映了时代精神，科学管理为今后的发展铺下了光明大道”。

二、法约尔的一般管理理论

亨利·法约尔，法国人，是管理过程学派的创始人，他对组织管理进行了系统地、独创地研究，1925 年出版了《工业管理与一般管理》一书，标志着一般管理理论的形成，被后人称为“管理过程之父”。

（一）一般管理理论的主要内容

1. 区别经营和管理

法约尔区别了经营和管理，他认为这是两个不同的概念，管理包括在经营之中。通过对企业全部活动的分析，法约尔将管理活动从经营职能中提炼处理，成为经营的六项职能。企业的全部经营活动可以分为以下六种，如图 2.2 所示。

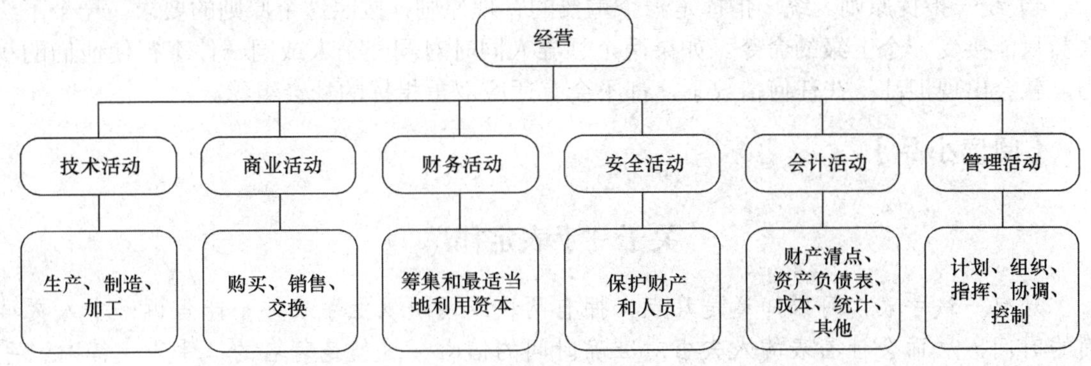

图 2.2　经营的六项职能

法约尔认为，所有的组织成员都应具备上述六种活动能力，但对不同层次和不同组织的人员来说，这些能力的相对重要性不同。首先，愈往高层，管理能力的重要性增加，技术能力的重要性减弱；愈往低层，管理能力的重要性减弱，技术能力的重要性增强。其次，不同规模组织的领导人员，各种能力的相对重要性不同。组织的规模越大，领导人员的管理能力的重要性增加，技术能力的重要性减弱；组织规模越小，领导人员的技术能力的重要性增加，管理能力的重要性减弱。

2. 管理的职能

法约尔指出："管理，就是实行计划、组织、指挥、协调和控制；计划，就是探索未来、制订行动计划；组织，就是建立企业的物质和社会的双重结构；指挥，就是使其人员发挥作用；协调，就是连接、联合、调和所有的活动及力量；控制，就是注意是否一切都按已制定的规章和下达的命令进行。"

3. 提出 14 项管理的一般原则

为了使管理者能很好地履行各种管理职能，法约尔提出了 14 项管理的一般原则。

1）劳动分工原则。法约尔认为，劳动分工属于自然规律。劳动分工不只适用于技术工作，而且也适用于管理工作，应该通过分工来提高管理工作的效率。但是，法约尔又认为："劳动分工有一定的限度，经验与尺度感告诉我们不应超越这些限度"。

2）权力与责任原则。有权力的地方，就有责任。责任是权力的孪生物，是权力的当然结果和必要补充，这就是著名的权力与责任相符的原则。法约尔认为，要贯彻权力与责任相符的原则，就应该有有效的奖励和惩罚制度，即"应该鼓励有益的行动而制止与其相反行动"。实际上，这就是现在我们讲的权、责、利相结合的原则。

3）纪律原则。法约尔认为纪律是一个企业兴旺发达的关键，没有纪律，任何一个企业都不能兴旺繁荣。他认为纪律应包括两个方面，即企业与下属人员之间的协定和人们对这个协定的态度及其对协定遵守的情况。制定和维持纪律最有效的办法是：对协定进行详细说明，使协定明确而公正；各级领导要称职；在纪律被破坏时，要采取惩罚措施，但制裁要公正。

4）统一指挥原则。统一指挥是一个重要的管理原则，按照这个原则的要求，一个下级人员只能接受一个上级的命令。如果两个领导人同时对同一个人或同一件事行使他们的权力，就会出现混乱。在任何情况下，都不会有适应双重指挥的社会组织。

【阅读小品】

关于“手表定律”

只有一块手表，可以知道是几点，拥有两块或两块以上手表并不能告诉一个人更准确的时间，反而会让看表的人失去对准确时间的信心，这就是著名的“手表定律”。“手表定律”带给我们一种非常直观的启发：对于任何一件事情，不能同时设置两个不同的目标，否则将使这件事情无法完成；对于一个人，也不能同时选择两种不同的价值观，否则他的行为将陷于混乱。一个人不能由两个以上的人来同时指挥，否则将使这个人无所适从；而对于一个企业，更是不能同时采用两种不同的管理方法，否则将使这个企业无法发展。美国在线与时代华纳的合并就是一个典型的失败案例。美国在线是一个年轻的互联网公司，企业文化强调操作灵活、决策迅速，要求一切为快速抢占市场的目标服务。而时代华纳的企业文化则强调在长时间的发展过程中建立起诚信之道和创新精神。两家企业合并后，企业高级管理层并没有很好地解决两种价值标准的冲突，导致企业员工完全搞不清状况。

（资料来源：根据网络资料整理）

5）统一领导原则。一个集体是为了同样一个目的，因而集体内所有成员的行为，只能有一个领导、一个计划。这是统一行动、协调配合、集中力量的重要条件。

6）个人利益服从整体利益的原则。法约尔认为，整体利益大于个人利益的总和。一个组织谋求实现总目标比实现个人目标更为重要。协调这两个方面利益的关键是领导阶层要有坚定性和做出良好的榜样。协调要尽可能公正，并经常进行监督。

7）人员的报酬原则。法约尔认为，人员的报酬首先要考虑的是维持职工的最低生活消费和企业的基本经营状况，这是确定人员报酬的一个基本出发点。在此基础上，再考虑根据职工的劳动贡献来决定采用适当的报酬方式。对于各种报酬方式，法约尔认为不管采用什么报酬方式，都应该能做到以下几点：它能保证报酬公平；它能奖励有益的努力和激发热情；它不应导致超过合理限度的过多的报酬。

8）集中的原则。法约尔指的是组织权力的集中与分散的问题。法约尔认为，集中或分散的问题是一个简单的尺度问题，问题在于找到适合于该企业的最适度。分权意味着提高下属的重要性，集权意味着降低下属的重要性。集权与分权作为两种管理方法，并没有严格的界限，也无所谓哪个好或哪个坏。采用集权或者分权的管理方法，这要与组织的环境有关，随着组织的目标、条件、环境、人员等因素的变化而变化。

9）等级制度原则。等级制度原则是指在管理机构中，最高一级到最低一级应该建立关系明确的职权等级系列，这既是执行权力的线路，也是信息传递的渠道。一般情况下不要轻易地违反它。但在特殊情况下，为了克服由于统一指挥而产生的信息传递延误，法约尔设计出一种“跳板”，也叫“法约尔桥”（Fayol Bridge），如图 2.3 所示。利用这种跳板可以进行横向的信息交流，但只有在各方面都同意而上级又始终知情的情况下才能这样做。

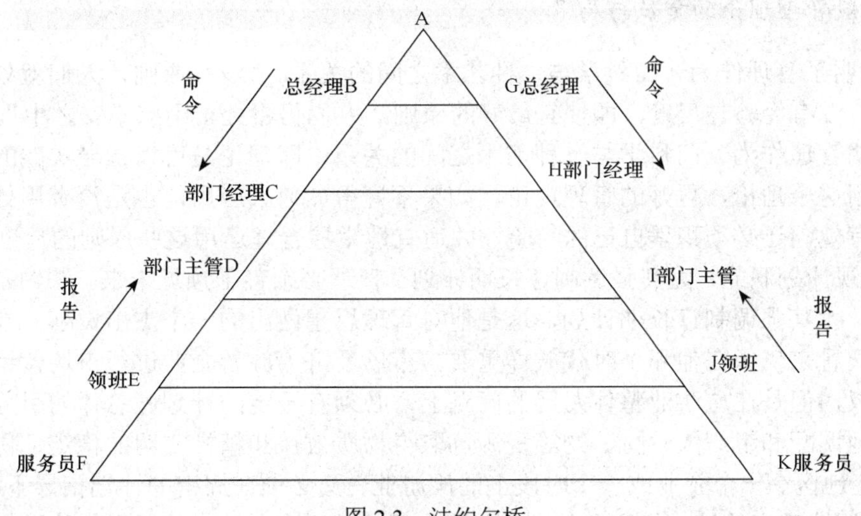

图 2.3　法约尔桥

例如，在酒店管理层中，总裁代表这个组织的最高领导，往下依次为总经理、部门经理、部门主管、领班、服务员。按照组织系统，传统的信息沟通是遵循严格的等级制，如果服务员之间发生了必须两者协议才能解决的问题，必须将问题向领班报告，领班再报告给部门主管，如此层层上报到最高决策层，当最高决策层作出研讨意见后，则由总经理经部门经理、部门主管依次下达，最后由领班传达给服务员，这样既费时又误事。法约尔提出一个信息沟通的跳板，使领班可以直接商议解决问题，再分头上报。

10）秩序原则。所谓秩序，是指“凡事各有其位”。法约尔认为这一原则既适用于物质资源，也适用于人力资源，合理的秩序是按照事物的内在联系确定的。

11）公平原则。主管人员对其下属仁慈、公平，就可能使其下属对上级表现出热心和忠诚。当然，在贯彻“公平”原则时，还要求管理者不能“忽视任何原则，不忘掉总体利益”。

12）人员的稳定原则。法约尔认为，一个人要适应他的新职位，并做到能很好地完成他的工作，这需要时间，这就是“人员的稳定原则”。按照“人员的稳定原则”，要使一个人的能力得到充分的发挥，就要使他在一个工作岗位上相对稳定地工作一段时间，使他能有一段时间来熟悉自己的工作，了解自己的工作环境，并取得别人对自己的信任。但是人员的稳定是相对的，而人员的流动是绝对的。对于企业来说，就要掌握人员的稳定和流动的合适的度，以利于企业中成员能力得到充分的发挥。“像其他所有的原则一样，稳定的原则也是一个尺度问题”。

13）首创精神。首创精神是创立和推行一项计划的动力。领导者不仅自己要有首创精神，还要鼓励组织内的全体成员发挥他们的首创精神。法约尔还指出，纪律原则、统一指挥原则和统一领导原则等的贯彻，会使得组织中人们的首创精神的发挥受到限制。

14）集体精神。一个组织内集体精神的强弱取决于组织内成员之间的团结、和谐与协作的氛围，因此保持组织内人与人之间融洽的沟通十分重要。

（二）对一般管理理论的评价

1. 一般管理理论的贡献与局限

1）阐明了管理作为一门科学与一种艺术之间的关系。“没有原则，人们就处于黑暗和混乱之中；没有经验与尺度，即使有最好的原则，人们仍将处于困惑不安之中”。在这里，法约尔阐明管理作为一门科学与一种艺术之间的关系，即理论是可以指导实践的，问题在于如何应用这个理论，再好的管理理论，如果不懂得如何去应用，也是没有用处的。要使管理真正有效，还必须积累自己的经验，并适宜地掌握合理运用这些原则的尺度。

2）重视计划职能，尤其强调制订长期计划。管理必须善于预见未来。法约尔十分重视计划职能，尤其强调制订长期计划，这是他对管理思想做出的一个杰出贡献。他的这一主张，在今天看来仍像在他那个时代一样重要。市场经济为旅游企业进行市场营销提供了充分的自主权，但是在旅游业整体发展的问题上，必须有一定的计划做总体的引导，从而合理、有效地调配和组织人、财、物等资源，取得物质效益和精神文明的稳定、协调发展。同时，一个地区、一个企业或一个时段上的旅游业，又必须在周密的计划指导下协调发展。

3）强调管理中的统一指挥和统一领导。在现代旅游条件下，旅游者的旅游活动复杂多样，千变万化。大到全旅游行业，小到一个景区，一次活动，一次接团，都必须有一个统一的、高效的、有权威的指挥系统，运用组织职责和权力，通过下达指示、指令和其他手段，使上通下达，左右协调，令行禁止。

4）提出了“管理能力可以通过教育来获得”的思想。旅游业发展过程中，企业的很多领导者信奉“经验至上主义”，认为“实践和经验是取得管理资格的唯一途径”，在企业运营中，他们推崇经验管理，墨守成规，轻视管理培训，最终导致在企业快速成长阶段，管理能力不足和管理人才匮乏并存的局面。通过管理教育，可以迅速提升管理层的管理能力，也可以迅速造就急需的管理人才，这是世界级大企业的公认准则。企业的所有管理人员均应该接受必要的管理培训，这也是企业得以良性发展的重要基准。

“向管理要效益”已逐渐成为企业的共识。计划、组织和控制等术语已被众多的管理者所熟知，但理应记住，管理职能绝不是在真空中起作用的，而是在实践中得到运用和强化的。将法约尔的这些朴素的管理原则和职能落到实处才是企业走向成功的基石。

相比泰勒的管理思想，法约尔管理思想的系统性和理论性更强，后人根据他建立的构架，建立了管理学并把它引入了课堂。另外，法约尔提出的管理原则，经过多年的研究和实践证明，总的来说仍然是正确的，这些原则过去曾经给实际管理人员巨大的帮助，现在仍然为许多人所推崇。

法约尔一般管理理论的主要不足之处是他的管理原则缺乏弹性，以至于有时实际管理工作者无法完全遵守。

2. 法约尔的研究与泰勒的研究的不同之处

泰勒的研究是从工厂管理的一端——“车床前的工人”开始实施，着重于车间、工厂的生产管理研究，从中归纳出科学的一般结论，重点内容是企业内部具体工作的效率；而法约尔则是从总经理的办公桌旁，以企业整体作为研究对象，创立了他的一般管理理论。法约尔认为经营和管理是两个不同的概念，经营并不等于管理。经营是引导一个组织趋向某一既定目标，它的内涵中包括了管理。而管理理论是“指有关管理的、得到普遍承认的理论，是经过普遍经验并得到论证的一套有关原则、标准、方法、程序等内容的完整体系；有关管理的理论和方法不仅适用于公、私企业，也适用于军政机关和社会团体”。这正是其一般管理理论基石。

三、韦伯的行政组织理论

马克斯·韦伯（Max Weber），德国的社会学家、经济学家和管理学家，着重于组织理论的研究，提出了“理想的行政组织体系”理论。他的理论是对泰勒和法约尔理论的一种补充，对后世的管理学家，尤其是组织理论学家有重大影响，因而在管理思想发展史上被人们称为“组织理论之父”。

（一）韦伯行政组织理论的主要内容

1. 理想的行政组织体系

韦伯的理想行政组织体系又被称为科层制、官僚政治或官僚主义（Bureaucratic Model），与汉语不同，它并不带有贬义。韦伯的原意是通过职务或职位而不是通过个人或世袭地位来管理。要使行政组织发挥作用，管理应以知识为依据进行控制，管理者应有胜任工作的能力，应该依据客观事实而不是凭主观意志来领导，因而这是一个有关集体活动理性化的社会学概念。

韦伯指出，所谓“理想”，是指这种体系并不是最合乎需要的，而是组织的“纯粹的”形态。韦伯的理想行政组织结构可分为三层，其中最高领导层相当于组织的高级管理阶层，行政官员相当于中级管理阶层，一般工作人员相当于基层管理阶层。企业无论采用何种组织结构，都具有这三层基本的原始框架。它的主要特征可归纳如下。

1）组织中的人员应有固定和正式的职责并依法行使职权。组织是根据合法程序成立的，应有其明确目标，并靠着这一套完整的法规制度，组织与规范成员的行为，以期有效地追求与达到组织的目标。

2）组织的结构是一层层控制的体系。在组织内，按照地位的高低规定成员间命令与服从的关系。

3）人与工作的关系。成员间的关系只有对事的关系而无对人的关系。

4）成员的选用与保障。每一职位根据其资格限制（如资历或学历），按自由契约原则，经公开考试合格予以使用，务求人尽其才。

5）专业分工与技术训练。对成员进行合理分工并明确每人的工作范围及权责，然后通过技术培训来提高工作效率。

6）成员的工资及升迁。按职位支付薪金，并建立奖惩与升迁制度，使成员安心工作，培养其事业心。

韦伯认为，凡具有上述六项特征的组织，可使组织表现出高度的理性化，其成员的工作行为也能达到预期的效果，组织目标也能顺利地实现。韦伯对理想的官僚组织模式的描绘，为行政组织指明了一条制度化的组织准则，这是他在管理思想上的最大贡献。

2. 权力论

韦伯认为，任何组织都必须以某种形式的权力作为基础，没有某种形式的权力，任何组织都不能实现自己的目标。人类社会存在三种为社会所接受的权力，即传统权力、超凡权力、法定权力。

1）传统权力（traditional authority）。这是传统的权威，由历史沿袭下来的惯例、习俗而规定的权力，它是以对古老传统的不可侵犯性、按传统执行权力的人的地位的正统性、对过去传统的尊崇为基础的。对于传统权力，韦伯认为，人们对其服从是因为领袖人物占据着传统所支持的权力地位，同时，领袖人物也受着传统的制约。但是，人们对传统权力的服从并不是以与个人无关的秩序为依据，而是在习惯义务领域内的个人忠诚。领导人的作用似乎只为了维护传统，因而效率较低，不宜作为行政组织体系的基础。

2）超凡权力（charisma authority）。这是"神授"的权威，它是以某人的特殊和超凡的神圣、英雄主义模范品质的崇拜，以及对先知启示和超人智慧的迷信为基础的。而超凡权力的合法性，完全依靠对于领袖人物的信仰，他必须不断地以奇迹和英雄之举赢得追随者，超凡权力过于带有感情色彩并且是非理性的，不是依据规章制度，而是依据神秘的启示。所以，超凡权力形式也不宜作为行政组织体系的基础。

3）法定权力（legal authority）。这是合理合法的权威，它以对法律确立的职位或地位权力的服从为基础。

韦伯认为，凭借前两种权威建立的组织并不是科学的理想组织，只有法定权力才能作为行政组织体系的基础，其最根本的特征在于它提供了慎重的公正。原因在于：管理的连续性使管理活动必须有秩序地进行；以"能"为本的择人方式提供了理性基础；领导者的权力并非无限，应受到约束。因此，只有在第三种权威基础上建立的组织，才能在绝对纪律性和可靠性等方面比其他任何组织都要优越。他把这种组织称为官僚制组织。

3. 理想的行政组织的管理制度

韦伯认为，"理想的行政组织体系"应具有如下特征。

1）明确的分工。即对行政组织的每一个职位的权力与义务做出明确的规定，人员要实现专业化分工。

2）自上而下的等级系统。即要把各种公职或职位按权力等级组织起来，形成一个责权分明，层层控制的等级制度。

3）人员的任用。人员的任用要完全根据等级职务的要求，并根据通过正式考试或者训练和教育所获得的技术资格来进行选用。

4）职业管理人员。行政人员领取固定的"薪金"，他们是"专职的"公职人员，所有担任公职的人都是任命的，而不是选举的，除了按规定必须通过选举产生的公职以外。

5）组织中人员之间的关系。韦伯认为组织中行政管理人员必须遵守组织中规定的规则和纪律，要按程序办事。同时，组织中人员之间的关系，完全由相关的规则和制度来约束，而这些规则和制度都是以理论准则为指导，不受个人情感的影响。

最后，韦伯认为，理想的行政组织体系和其他组织形式相比，具有高效率的特点。而且从组织的有效性来看，它符合理性原则，具有明确性、纪律性、可靠性。而实质上，人们则常把它看作官僚组织模式，不过它为组织理论的发展已基本上提供了框架。

当然，在古典管理理论阶段，有较大贡献的代表人物及其理论还有许多。他们都是泰勒科学管理理论的追随者，主要在生产作业管理方面以及组织结构等方面进行研究，因而他们的核心思想都是为了提高生产现场的作业效率。所有这些理论都极大地促进了社会生产力的发展以及管理理论的发展。

但是，随着生产力的发展，这些以“工作为中心”的管理理论在提高生产率方面也表现出一定的局限性。

（二）对行政组织理论的评价

韦伯提出的理想的行政组织结构其实是一种效率很高的官僚组织结构形式，它能在技能和效率的基础上，使组织内人们的行为理性化，具有一致性和可预测性。今天各种各样的组织，不管是工厂、学校、机关、医院或是军队，都或多或少地具有官僚集权组织的某些特征。尽管官僚组织结构有较多的缺陷，但从纯技术的角度看，官僚制强调知识化、专业化、制度化、标准化、正式化和权力集中化，确实能给组织带来高的效率。

但是，今天人们却也经常批评官僚组织结构理论。人们把官僚制度、官僚主义、官僚作风作为组织效率低下的代名词。对于官僚制度的批评，主要有以下几个方面。

1. 诸多假设的有效性问题

例如，官僚组织结构理论强调建立等级系统，认为它有助于促进纪律和加强统一指挥原则，而且官僚组织结构理论是以技术为根据来选择候选人的。在这里，官僚组织结构理论就隐含着这样一个假设前提：当上级与下级之间出现不协调时，上级的判断必然比下级的判断正确。显然，这个假设存在着明显的缺陷。因为上级并不可能总是比下级正确。又如，官僚组织结构理论强调人际关系的非人格化，决策者决策时考虑的只能是规章和程序、合理性和效率。在这里，隐含着的一个假设前提：组织中只存在正式组织的框架，否认人的感情等非正式组织方面的因素对管理者决策的影响。显然，这个假设前提也是不能完全成立的。

2. 人们对官僚组织结构理论最激烈的批评是它过分地强调执行规章制度

当然，任何一个组织都要有一定的规章制度，以规范组织和组织成员的行为。但是，过分地强调规章制度也会抑制创造力、革新精神。它使组织的“官僚”们在遵守规章制度的借口下不做与现实不相关问题的决策；不过早地做决策；不做其他人会做的决策。对于“官僚”们来说，只要按章办事就不会犯错误，至于说如何才能提高组织的效率，则不是他们所要考虑的事情。久而久之，官僚组织中的“官僚”们就形成了这样的行为规范：求稳定和坚持原则对个人成功是至为重要的；宁可把冒险的决策推给别人也不愿意自己冒可能犯错误的风险；否定一个建议比肯定一个建议更安全；慢慢研究比马上决定更为稳妥。其结果，就形成了人们所批评的效率低下的“官僚主义”和“官僚作风”了。

学习任务二 行为科学理论

【案例导入】

《摩登时代》是幽默电影大师卓别林（Charles Chaplin）的一部非常优秀的作品，因为这部影片超越了其他单纯以他个人特点为卖点的悲剧性主题作品，改而反映了当时社会中一些重要的问题。影片描写的是人和机器的冲突，其背景是当时的美国工业因为转用机器而大量解雇工人所造成的失业浪潮，而主角夏尔洛是这个时代的悲剧代表人物：他在不断加快的传送带式的作业线上被弄得精神失常、被卷入巨大的机器齿轮中、被出了毛病的吃饭机器在他悲戚惊恐的脸上不住扇打……这些影像无不反映了机器时代所带来的恐惧与打击。最后夏尔洛失业了，他加入了找工作的巨大洪流之中；甚至无意中领导了示威运动的群众，然而最后仍是改变不了他可怜的命运。唯一不用为生活操心的最好的地方是监狱，所以为了进监狱，夏尔洛不惜主动替人顶罪。

影片围绕美国当年工业起步时期美国工人的生活悲剧，用喜剧手法展开了诙谐的讽刺。毫无间歇的劳作让查理这个普普通通的工人发了疯，他一见到圆形的东西，就忍不住要用扳子上紧。查理发疯的一幕从形式上的确引人发笑，但实质上却暴露出发人深思的社会现象。在如今的中国，也有部分人无力承受生活和工作压力，逐步走向了崩溃的边缘。这的确是一个我们应该注意的问题。

（资料来源：根据网络资料整理）

启示：

从管理学的角度看，《摩登时代》反映了古典管理理论当中的哪些弊端？

泰勒等人开创的古典管理理论完成了使管理从经验上升到科学的转变，为管理学的建立奠定了理论基础。但古典管理理论在强调“物”的因素作用时，却忽视了“人”的因素作用。从 20 世纪 20 年代美国推行科学管理的实践来看，泰勒制在使生产率大幅度提高的同时，也使工人的劳动变得异常紧张、单调和劳累，因而引起了工人的强烈不满，并导致工人的怠工、罢工以及劳资关系日益紧张等事件的出现。随着经济的发展和科学的进步，有着较高文化水平和技术水平的工人逐渐占据了主导地位，体力劳动也逐渐让位于脑力劳动，也使西方的资产阶级感到单纯用古典管理理论和方法已不能有效控制工人以达到提高生产率和利润的目的。这使对新的管理思想、管理理论和管理方法的寻求和探索成为必要。

行为科学作为一种管理理论，开始于 20 世纪 20 年代末 30 年代初的霍桑实验，着重研究人们在工作中的行为以及这些行为产生的原因，以协调组织内部人际关系，达到提高工作效率的目的。行为科学在早期称为人际关系学，20 世纪 50 年代发展为行为科学理论。

一、人际关系学说

（一）霍桑实验

从 1924 年到 1932 年，哈佛大学教授梅奥在一个名为霍桑的工厂先后进行了四个阶段的实验：照明实验、继电器装配工人小组实验、大规模访谈和对接线板接线工作室的研究。霍桑实验的初衷是试图通过改善工作条件与环境等外在因素，找到提高劳动生产率的途径。但实验结果却出乎意料：无论工作条件（如照明度强弱、休息时间长短、工厂温度等）是改善还是取消改善，实验组和非实验组的产量都在不断上升；在实验计件工资对生产效率的影响时，发现生产小组内有一种默契，大部分工人有意限制自己的产量，否则就会受到小组其他成员的冷遇和排斥，奖励性工资并未像传统的管理理论认为的那样使工人最大限度地提高生产效率；而在历时两年的大规模的访谈实验中，职工由于可以不受拘束地谈自己的想法，发泄心中的闷气，从而态度有所改变，生产率相应得到了提高。

对这种“传统假设与所观察到的行为之间神秘的不相符合”，梅奥做出了如下解释。一是影响生产效率的根本因素不是工作条件，而是工人自身。参加实验的工人意识到自己“被注意”，是一个重要的存在，因而怀有归属感，这种意识助长了工人的整体观念、有所作为的观念和完成任务的观念，而这些是他在以往的工作中不曾得到的，正是这种人的因素导致了劳动生产率的提高。二是在决定工人工作效率因素中，工人为团体所接受的融洽性和安全感较之奖励性工资有更为重要的作用。

（二）人际关系学说的主要内容

在霍桑实验的基础上，梅奥创立了人际关系学说，提出了与古典管理理论不同的新观点、新思想，概括为三个方面的主要内容。

1. 职工是“社会人”

“社会人”是人际关系学说对人性的基本假设。这种假设认为人不仅有经济和物质方面的需要，而且还有社会及心理方面的需要。古典管理理论把人看作“经济人”，他们只是为了追求高工资和良好的物质条件而工作。因此，对职工只能用绝对的、集中的权力来管理。梅奥等人提出了与“经济人”观点不同的“社会人”观点。其要点是人重要的是同别人合作；个人是为保护其集团的地位而行动；人的思想行为更多地是由感情来引导。工作条件和工资报酬并不是影响劳动生产率高低的唯一原因。对职工新的激励重点必须放在社会、心理方面，以使他们之间更好地合作并提高生产率。

2. 正式组织中存在着“非正式组织”

所谓正式组织，就是传统管理理论所指出的，为了有效地实现企业的目标，规定企业各成员之间相互关系和职责范围的一定组织体系。在正式的法定关系掩盖下都存在着非正式团体构成的更为复杂的关系体系。它同正式组织相互依存，对生产率的提高有很大的影响。

非正式组织对人起着两种作用：一方面，它保护工人免受内部成员忽视所造成的损失，如生产得过多或过少；另一方面，它保护工人免受外部管理人员的干涉所造成的损失，如降低工资率或提高产量标准。至于非正式组织形成的原因，并不完全取决于经济发展情况，而是同更大的社会组织有联系。

3. 新的领导能力在于提高员工的满足度

梅奥认为，工作条件、工资报酬并不是决定生产效率的首要因素，生产效率主要取决于工人的士气，即工作的积极性、主动性与协作精神。工人士气则取决于社会因素特别是人群关系对工人的满足程度。工人的满足度又依存于两个因素：首先是工人的个人情况，即工人由于历史、家庭生活和社会生活所形成的个人态度；其次是工作场所的情况，即工人相互之间或工人与上级之间的人际关系。满足程度越高，士气也越高，生产效率也就越高。

新型的管理者的管理能力在于通过对职工“满足度”的增加，来提高工人的“士气”。所谓新的领导能力，体现在是否能够区分事实和感情，是否善于倾听和沟通下属职工的意见，是否能在正式组织的经济需求和工人的非正式组织的社会需求之间保持平衡。这种新的领导能力能通过提高职工的满足度，提高职工的士气，解决劳资之间乃至整个“工业文明社会”的矛盾和冲突，从而达到提高效率的目的。要具备这种领导能力，就要转变管理方式，重视“人的因素”，采用以“人”为中心的管理方式，改变古典管理理论以“物”为中心的管理方式。

梅奥等人的人际关系理论，在古典管理理论基础上，开辟了管理理论研究的新领域，纠正了古典管理理论忽视人的因素的不足。同时，人际关系学说也为以后的行为科学的发展奠定了基础。

二、行为科学理论

人际关系学说只强调要重视人的行为，而行为科学还要求进一步研究人的行为规律，找出产生不同行为的影响因素，探讨如何控制人的行为以达到既定目标。现行的行为科学理论主要包括四个方面的问题：人性假设、激励理论、群体行为理论和领导行为理论。其中，激励理论是行为科学的核心内容。

（一）需要层次理论

美国最具盛名的心理学家马斯洛（Abraham H. Maslow）认为，梅奥关于人的假设，以及相应的激励模式过于简单，在实践中并不能充分地调动人的积极性，以达到提高劳动生产率的目的。因此，他在《人类动机的理论》等著作中，提出了著名的“人类需要层次论”，这个理论在梅奥理念的基础上，又提出要了解员工的态度和情绪，就必须了解人的基本需要。他把人的需求按其重要性和发生的先后分为五个层次，如图 2.4 所示。

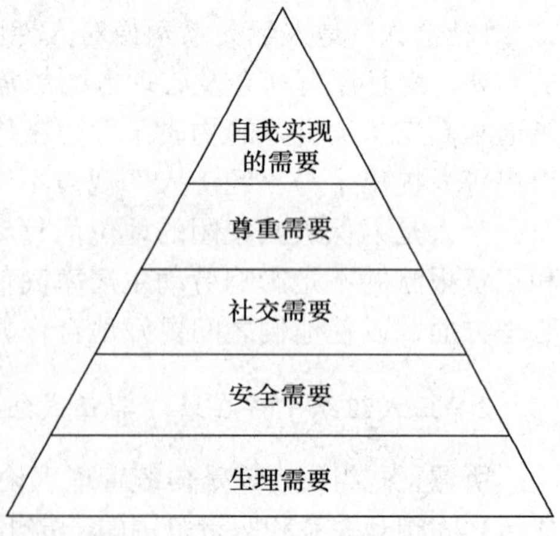

图 2.4　马斯洛的需要层次理论

1）生理需要（physiological needs）。生理需要包括维持生活和繁衍后代所必需的各种物质上的需要，如衣、食、住、行、医等。这些是人们最基本、最热烈、最明显的一种需要。在这一层需要没有得到满足之前，其他需求不会发挥作用。

2）安全需要（safety needs）。安全需要如生活保障、生老病死有依靠等。一旦生理需要得到了充分满足，就会出现安全上的需要，即想获得一种安全感。

3）社交需要（social needs）。社交需要包括同家属、朋友、同事、上司等保持良好的关系，给予别人并从别人那里得到友爱和帮助，谋求使自己成为某一团体公认的成员以得到一种归属感。

4）尊重需要（esteem needs）。人们对尊重的需要可分为自尊和来自他人的尊重两类。自尊包括对获得信心、能力、本领、成熟、独立和自由等的愿望。而来自他人的尊重包括这样一些概念：威望、承认、接受、关系、地位、名誉和赏识。

5）自我实现的需要（self-actualization needs）。这是最高一级的需要，它是指一个人需要做对他适合的工作，发挥自己最大的潜在能力，表现个人的情感、思想、愿望、兴趣、能力，实现自己的理想，并能不断地创造和发展。

马斯洛认为，人们一般按照上述五个层次的先后次序来追求各自的需求与满足。等级越低者越容易获得满足，等级越高者则获得满足的比例较小。马斯洛指出了人的需要有从低到高，从物质到精神，从生理到心理这样一个先后不同的层次。因而促使人们在企业管理理论上进一步深化，去考虑在企业的生产过程中，如何更好地从文化心理上去满足企业职工的高层次需要，从文化上对职工加以调控和引导，帮助他们实现各自的愿望，使他们能够生活在这样一个氛围中，即不仅感到自己是一个被管理者，同时也能够在感情归属、获得安全感和尊敬，以及最后的自我实现方面，都有很大的发展余地。

（二）“双因素”理论

【情景模拟】

假设同学是公司里的一名员工，教师带领学生完成以下情景模拟。

第一步：教师在黑板上写上影响员工工作积极性或者满意度的因素，主要有成就感、成长进步、薪水、工作条件、上下级之间的关系。

第二步：请同学们投票选择最能提高员工工作积极性或者满意度的因素，按得票数排序。

第三步：工作时“没有感到成就感、没有感到成长、薪水下降、工作条件变差、上下级关系不好”，哪件事情会让你更恼火？按得票数排序。

第四步：教师总结。

“双因素”理论又称“激励-保健理论”，是美国学者赫茨伯格（Frederick Herzberg）于1959年出版的《工作的激励因素》中提出的。赫茨伯格对美国匹兹堡地区的200多位工程师、会计师进行了深入的访问调查，在此基础上研究发现了以下问题。

1）造成员工不满意的因素往往是由外界的工作环境产生的，主要包括公司政策、行政管理、工资报酬、工作条件、与上下级的关系、地位和安全等方面的因素。这些因素即使改善了也不能使员工变得非常满意，不能充分激发员工的积极性，只能消除员工的不满。这类因素称为“保健因素”（hygiene factors）。

2）使员工感到非常满意的因素主要是工作富有成就感、工作成绩得到社会认可、工作本身具有挑战性、能发挥自己的聪明才智、工作所赋予的发展机会和责任等。这类因素的改善，或者说这类因素的满足，往往能激发员工的责任感、荣誉感和自信心，增进员工的满意感，有助于充分、有效、持久地调动他们努力工作、积极上进。这类因素称为“激励因素”（motivation factors）。

3）“保健因素”只能消除员工的不满，但不能起到调动积极性的作用。由不满可以达到没有不满，由于没有不满才能达到满意。这里实际上是两个阶段，后一个阶段的因素（即“激励因素”）才能真正调动员工的积极性。

（三）期望理论

美国心理学家弗鲁姆（Victor H. Vroom）于 1964 年提出了期望理论。该理论认为，激发的力量来自效价与期望值的乘积，用公式表示为

$$激励水平=效价\times期望值 \tag{2.1}$$

式中：效价——对目标价值的主观评价，同一奖酬对不同的人有不同价值；

期望值——对实现目标的可能性的主观估计。

换言之，推动人们去实现目标的力量，是两个变量的乘积，如果其中有一个变量为零，激发力量就等于零，所以某些非常有吸引力的目标，因无实现可能就无人问津。效价是企业目标达到后，对个人有何价值及价值大小的主观估计。期望值是关于达到企业目标的可能性大小，以及企业目标达到后兑现个人要求可能性大小的主观估计。这两种估计在实践过程中会不断修正和变化，发生所谓“感情调整”。管理者的任务就是要使这种调整有利于达到最大的激发力量。因此，期望理论是过程型激励理论。应用期望理论应处理好三个关系。

1）努力与绩效的关系。

2）绩效与奖酬的关系。

3）奖酬与满足人们需要的关系。

（四）强化理论

美国心理学家斯金纳（Burrhus Frederic Skinner）提出了一种“操作条件反射”理论，认为人或动物为了达到某种目的，会采取一定的行为作用于环境，当这种行为的后果对他有利时，这种行为就会在以后重复出现；当这种行为的后果对他不利时，这种行为就减弱或消失。人们可以用这种正强化或负强化的办法来影响行为的后果，从而修正其行为，这就是强化理论，也称为行为修正理论。

斯金纳认为，强化指的是对一种行为的肯定或否定的后果（报酬或惩罚），它至少在一定程度上会决定这种行为在今后是否会重复发生。强化分为正强化和负强化。正强化就是奖励那些组织上需要的行为，从而加强这种行为；负强化就是惩罚那些与组织不相容的行为，从而削弱这种行为。

斯金纳还指出，强化理论具体应用时应遵守如下原则。

1）要依照强化对象的不同采用不同的强化措施。

2）小步子前进，分阶段设立目标，并对目标予以明确规定和表述。

3）及时反馈。

4）正强化比负强化更有效。

强化理论有助于对人们行为的理解和引导。因为，一种行为必然会有后果，而这些后果在一定程度上会决定这种行为在将来是否会重复发生。那么，与其对这种行为和后果的关系采取一种碰运气的态度，就不如加以分析和控制，使大家都知道应该有什么后果最好。

但是，强化理论只讨论外部因素对行为的影响，忽略人的内在因素和主观能动性对环境的反作用，具有机械论的色彩。

学习任务三 现代管理理论

【案例导入】

杜邦公司从200年前主要生产黑火药发展为今天有2000个产品、从一个地区性家族企业演变为现代跨国企业。现在的杜邦公司是一家以科研为基础的全球性企业，提供能提高人类在食物与营养、保健、服装、家居与建筑、电子和交通等生活领域的品质的科学解决之道。2012年，杜邦在全球70个国家经营业务，共有员工79 000多人，年营业额在340亿美元左右，市场价值将近500亿美元。

家族企业出身的杜邦公司，在创业之初也有一个中央集权的组织结构，直至19世纪末掌管大权的杜邦二世仍不放心分权模式，采用专制独裁式管理。但是到了20世纪初，三个杜邦堂兄弟用2000万美元买下了杜邦公司并重新改组，引进了系统管理方式，杜邦公司开始完全独立地应用许多独创性的管理方法和管理技术，创造了一整套颇具特色的杜邦管理模式，使杜邦公司重获新生。

他们通过成立杜邦公司经营委员会制定目标和政策，然后由总经理和经营委员会下令实施。经营委员会使杜邦公司的各部门之间协调运作能力大大提高，同时保证企业能够不断创新发展，立于不败之地。

随着公司规模的扩大、产品种类的增多，领导在决策方面越来越需要多学科广博的知识。个人以至家族少数几个人难以胜任，杜邦适时调整了管理方式：让其下属机构成为独立的核算单位，使分散的人员在公司的一个管理小组的领导下变成一个紧密结合在一起的整体。这样既发挥了每个分支机构的积极性和创造性，又不分散实力，在对外竞争上仍发挥着整体的优势。

（资料来源：http://www.doc88.com/p-999353893116.html，有改动。）

启示：

杜邦公司管理的改革从分散走向系统、从无序走向系统，其核心的思想就是从系统观点来考察和管理组织，有助于提高组织的管理效果和效率。传统的管理理论强调组织结构和工作划分为多个部门；系统管理中的组织则强调把所有的活动连接起来，完成组织的总目标，同时也承认高效率的子系统的重要性。系统管理理论认为组织的基本职能不是孤立的，而是围绕着系统及其目标而发挥作用的。

现代管理理论是继科学管理理论、行为科学理论之后，西方管理理论和思想发展的第三阶段，特指第二次世界大战以后出现的一系列学派。这一阶段最大的特点就是学派林立，新的管理理论、思想、方法不断涌现。美国著名管理学家哈罗德·孔茨（Harold Koontz）认为当时林林总总共有11个学派：经验主义管理学派、人际关系学派、组织行为学派、社会系统学派、管理科学学派、权变理论学派、决策理论学派、系统管理理论学派、经验主义学派、经理角色学派、经营管理学派。

一、系统管理理论

（一）系统管理思想

所谓系统，就是由两个以上有机联系的、相互作用的部分（或要素）所组成的，具有特定结构和功能的整体。组织是一个人造的系统，它同周围环境（如顾客、竞争者、供应商、工会组织、政府）之间存在着动态的相互作用；并且具有内部和外部的信息反馈网络，能够不断地进行自我调节，以适应环境和自身的需要。系统观点和系统分析可应用于各种资源的管理。把组织单位作为系统来安排和经营时，就称为系统管理。系统管理强调以下内容。

1）以目标为中心，强调系统的客观成就和客观效果。

2）以整个系统为中心，强调整个系统的最优化而不是子系统的最优化。

3）以责任为中心，每个管理人员都分配一定的任务，能衡量其投入和产出。

4）以人为中心，使每个工作人员都有挑战性的工作报酬。

运用系统观点来考察管理的基本职能，可以提高组织的整体效率，使管理人员不至于只重视某些与自己有关的特殊职能而忽视了大目标，也不至于忽视自己在组织中的地位与作用。

（二）企业系统

企业是一个由许多子系统组成的开放的社会技术系统，具体由五种不同的子系统构成，如图2.5所示。

1）目标和准则子系统。它包括按照社会的要求和准则，确定战略目标。

2）技术子系统。它包括为完成任务必需的机器、工具、程序、方法和专业知识。

3）社会心理子系统。它包括个人行为和动机、地位和作用关系、组织成员的智力开发、领导方式，以及正式组织系统与非正式组织系统等。

4）组织结构子系统。它包括对组织及其任务进行合理划分和分配、协调他们的活动，并由组织图表、工作流程设计、职位和职责规定、章程与案例来说明，还涉及权力类型、信息沟通方式等问题。

5）外界因素子系统。它包括各种市场信息、人力与物力资源的获得，以及外界环境的反映与影响等。此外，还有一些子系统，如经营子系统、生产子系统等。这些子系统还可以继续分为更小的子系统。

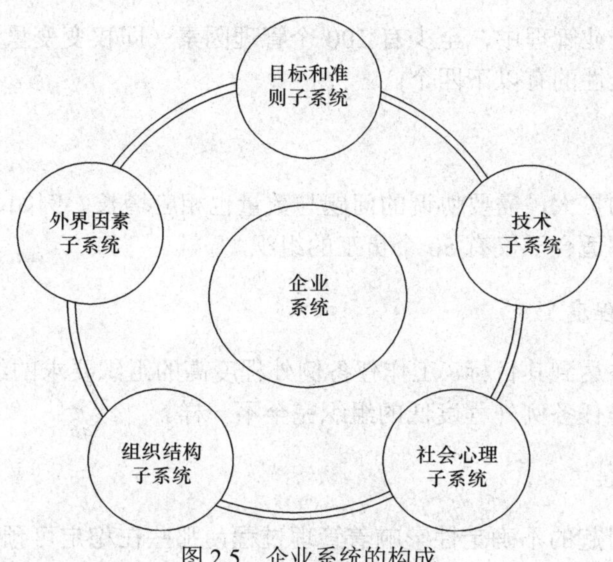

图 2.5　企业系统的构成

企业是社会这个大系统中的一个子系统，同时也是由人、物资、机器和其他资源在一定的目标下组成的相互作用的一体化系统，这些资源构成的子系统与系统本身有紧密关系，而又与环境相互作用。这样，它就给管理人员解释了一种全新的思想方法，使他们有一种概念结构，可以把公司中各个不同的领域和部门联系起来，并把内部和外部环境的各种因素联系起来。使企业总是处于同其外部环境的持续的相互作用之中，并通过连续不断地投入—转换—产出的循环过程取得一种稳定状态，即动态平衡。

总的来说，系统管理学派从系统的观点来考察和管理企业，有助于提高企业的效率，使各个系统和各个部门的相互关系网络更清楚、更好地实现企业的总目标。尽管系统管理学派已不像 20 世纪 60 年代前后那么盛行了，但出于系统管理理论中的许多内容有助于自动化、控制论、管理情报系统、权变理论的发展，所以仍有许多人在对这一学派的理论进行研究。

二、权变管理理论

（一）权变管理思想

权变管理理论是 20 世纪 70 年代西方管理学界提出的一种新的管理理论。

所谓权变，就是随机应变，以变应变，即根据不同的情况和条件，灵活地区别对待某种事物的意思。西方管理学者中也有人将权变管理理论称为“管理情境论”或“形势管理论”。

权变管理理论认为，由于组织系统的复杂多变，在管理中没有一成不变、普遍适用的“万能的”管理理论和管理方法，管理者应当根据组织系统所处的内外环境条件来决定其管理方法和管理技术，即要按照不同的情境、不同的组织系统类型、不同的目标和价值，采取不同的管理方法和管理技术，以确保组织目标得以顺利实现，这就是权变管理原理。

权变理论的主要价值在于强调不存在简单的和普遍适用的管理原则。

（二）权变管理因素

管理不仅仅基于简单的原则，时刻变化着的情况更要求管理者运用不同的方法和技术。

研究人员发现，在企业管理中，至少有 100 个管理因素（即权变变量）因情境的变化需要做出调整，最有代表性的有以下四个。

1. 组织规模

随着组织规模的扩大，需要协调的问题与数量也相应增长。例如，适合拥有 50 000 个员工的组织机构就不适合于仅有 50 个员工的组织。

2. 任务的例外程度

组织以完成任务达到其目标。工作任务例外程度高的组织要求的组织结构、领导风格、意见控制系统与工作任务例外程度低的组织完全不一样。

3. 环境不确定性

由于经济变化引起的不确定性影响着管理过程，那些在稳定可预见的环境中有效的管理方法，在快速变化和不可预见的环境中可能不适用。

4. 个体差异

个体在成长的愿望、个人自主性、压力承受能力、期望等方面的明显差异，对管理者选择激励方法、领导风格和职位设计有重要影响。

三、现代管理理论的新突破

系统管理理论和权变管理理论是现代管理理论的雏形，这两种理论都在兼收并蓄传统管理理论，如在行为科学理论、“管理科学”理论以及相应发展起来的各学派理论的基础上，突破了原有的框框，使管理理论朝着统一的方向前进了一大步。具体地讲，现代管理理论所突破的框框，主要表现在以下四个方面。

（一）在对人的看法上

从“科学管理”到后来的“管理科学”，都将人看作“经济人”；行为科学将人看作是“社会人”；而系统管理理论与权变管理理论则把人看作是“复杂人”，认为人是怀着不同需要加入组织的，而且人们有不同的需要类型，不同的人对管理方式的要求也是不同的。

（二）在管理的范围和涉及的组织要素上

“管理科学”主要是计划与控制方面，涉及的主要要素是技术、组织机构和信息；行为科学的范围主要是组织活动中的人际关系，包括了人与团体的关系，所涉及的组织要素主要是人、组织机构和信息；而系统管理理论与权变管理理论适用的管理范围是组织的整个投入—产出过程，涉及组织的所有要素。

（三）在管理的方法和手段上

“管理科学”多用一些自然科学的方法，采取逻辑与理性的分析、准确衡量等手段；行为科学多取自社会科学的方法，采用影响、激励、协调等手段来诱发绩效；而系统管理理论与权变管理理论则综合自然科学与社会科学的各种方法，运用系统与权变的观点，采取管理态度、管理变革、管理信息等手段使组织的各项活动一体化，进而实现组织的目标。

（四）在管理的目的上

“管理科学”追求的首先是最大限度的生产率，其次是最大限度的满意；行为科学的管理追求的首先是最大限度的满意，其次是最大限度的生产率；而系统管理理论与权变管理理论追求的不是最大，而是满意或适宜，并且是生产率与满意并重，或利润与人的满意并重，不存在谁先谁后的问题。

四、现代管理理论在旅游业中的应用

现代管理理论在旅游业中的应用是十分突出的，如旅游业涉及国民经济的各个方面，与其他部门、其他行业相互影响、相互作用，使旅游管理系统成为一个开放的大系统。旅游业的各个行业、部门、企业和从业人员，旅游业涉及的时间、空间、资源、信息等都是旅游管理系统的要素。在这个要素众多的复杂系统中，只有这些要素都充分发挥作用，才能取得最佳经济效益。例如，被誉为“童话世界”的四川九寨沟，景色绚丽优美、原始古朴，旅游资源丰富，但由于旅游交通的“瓶颈”作用，致使九寨沟的资源优势不能充分发挥，导致整个九寨沟旅游线路的效益不能迈上一个新台阶。

又如，以旅游饭店为例，在我国，随着经济体制改革的深入，我国的旅游饭店的归属、体制、经营方式逐渐形成多样化的局面，企业根据自身的特点无论选择哪种模式，只要与自身需求相吻合，有助于加速实现组织的既定目标，就都是好的。这充分发挥了权变管理理论的作用。

管理学是研究管理活动的学科，管理是指通过获取信息、决策、计划、组织、领导、激励、控制、创新以及公共关系等职能的发挥，统筹安排和使用包括人力资源在内的所有资源，以期有效实现组织目标的过程。管理学本身就是一门横断学科，它综合了大量相关学科的理论与方法。旅游管理是指为了以最有效的方式实现旅游活动的目标，综合运用管理职能作用，对旅游活动所涉及的各种关系和现象进行管理的活动与过程。伴随着旅游活动的成熟与发展，管理学这棵大树延伸到旅游行业的分支也越来越茁壮，从而已经成为旅游业及旅游学科研究中的一根重要的结构性支柱。

单元三 树立现代旅游管理理念

学习目标

◇知识目标：掌握现代管理理念的重要性；掌握人本理念、系统理念、战略理念、创新理念的内涵、作用和特点；领会管理理念的基本原则。

◇能力目标：能在旅游企业中初步运用人本理念、系统理念、创新理念进行管理。

◇素质目标：培养独立思考、分析、解决问题的能力，增强发散性思维和创新意识。

学习任务一 旅游管理的人本理念

【案例导入】

去过寺庙的人都知道，一进庙门，首先是弥勒佛，笑脸迎客，而在他的背面，则是黑口黑脸的韦陀。但相传在很久以前，他们并不在同一个寺庙里，而是分别掌管不同的寺庙。弥勒佛热情快乐，所以来的人非常多，但他什么都不在乎，丢三落四，没有好好地管理账务，所以依然入不敷出。而韦陀虽然管账是一把好手，但成天阴着个脸，太过严肃，搞得人越来越少，最后香火断绝。佛祖在查香火的时候发现了这个问题，就将他们俩放在同一个寺庙里，由弥勒佛负责公关，笑迎八方客，于是香火大旺。而韦陀铁面无私，锱铢必较，则让他负责财务，严格把关。在两人的分工合作下，寺庙里呈现出一派欣欣向荣的景象。故事当然纯属虚构，但留给我们的启示是深刻的。

（资料来源：https://tieba.baidu.com/p/6702424937，有改动。）

启示：

以人为本的管理，涉及人的选聘与任用，人的积极性、主动性、创造性的发挥，以及员工参与管理、人际关系、团队合作等诸多方面的问题。有效地进行人本管理，必须树立以人为本的管理理念，建立一整套完善的管理机制，使每一个员工始终处于自动运转的主动状态，激发员工奋发向上的精神。

一、人本理念的概念

人本理念，简而言之，就是以人为本的管理思想。人本理念强调管理活动中的一切工作都离不开人，人是管理系统中最活跃、最具能动性、最具创造性的要素，是其他所有构成要素的主宰。人本理念不仅注重人在管理中的主导地位，做到人尽其才，而且注重开发人才资源，提高管理水平和管理价值。人本理念的实质，就是在管理中把人看作最主要的管理对象和最重要的管理资源，一切管理工作都必须调动和发挥人的积极性、主动性和创造性，以做好人的工作为根本。

旅游管理的人本理念是管理活动客观规律的反映，是人们对管理活动合乎规律的理性认识。贯彻人本理念不能仅停留在协调或只顾引进上，而应充分培育、发掘现有人员的潜力，千方百计调动现有人员的积极性、主动性和创造性，最大限度地利用好现有人力资源，以此来推动企业各方面管理工作获得最大效益，达到以最少的资源代价去实现企业特定目标的管理目的。

二、人本理念的内容

人是社会发展的决定性因素，一切科学技术的进步、物质财富的创造、社会生产力的发展和社会经济系统的运行，都离不开人的劳动、人的服务以及人的管理。人本理念体现了现代社会对人的认识和对人性的理解，体现了管理理论的新发展。人本理念所包含的管理思想主要体现在以下几个方面。

（一）把员工看作企业的主体

真正把员工视为企业主体，体现人在劳动生产中的重要作用，是管理实践和管理理论逐步发展的结果。从整个管理学发展来看，对人的认识大体经历了五个阶段，分别提出了五种关于人性的观点，即“工具人”“经济人”“社会人”“决策人”“复杂人”这五种人性假说。

早期的“工具人”与“经济人”的观点是把劳动者视为生产过程中一种不可缺少的要素，劳动者被看成是机械的生产工具，将管理者的人与作为管理对象的人完全对立起来。只看到人的经济需要，片面认为人的动机和行为都是源于经济利益，劳动者的行为是完全受经济动机支配的。

第二次世界大战（简称“二战”）以后，一些管理学家和心理学家注重对人的行为进行研究，他们认识到企业中人的行为决定了企业的生产效率、质量和成本。人的行为是由动机决定的，而动机又取决于需要，因为人都不是孤立存在的，人都处在人群关系之中，是群体的一员。

随着马斯洛的需要层次理论的出现，对人性的认识更进一步，人的社会属性决定了人的社会需要，社会需要是多方面的，因而导致人的行为的动机也是复杂的。同时，在个人需要及自我价值上也充满判断和取舍，经济动机在这里只是基本因素之一。所以，人不仅是一个“社会人”，而且还是一个“决策人”和“复杂人”。在这种认识指导下，管理者必须从多方面去激励员工，引导他们的行为，使其符合企业的要求。相对于早期的人性观点，这种认识有了巨大进步，但其基本出发点仍然是把员工作为管理客体。

20 世纪 70 年代，随着日本经济的崛起，人们通过对日本成功企业的经济剖析，进一步认识到员工在企业中的作用，逐渐形成以人为中心的管理思想。

人本理念充分肯定人在管理中的主体作用，通过研究人的需要、动机和行为，同时激发人的积极性、主动性和创造性，实现管理的高效益。人是做好管理工作的根本因素，一切管理制度和方法都是由人建立的，一切管理活动都是由人来进行的，最大限度地发掘和调动人的潜力是提高管理效益的关键。因此，树立人本理念就必须把人看成是企业管理的主体，掌握行为科学理论，正确地认识人，科学地研究人，准确地识别人，有效地激励人。

（二）有效管理需要员工参与

实现有效管理，可以通过高度集权，凭借严格的管理制度和严厉无情的组织纪律，重奖重罚，以期确保各人职责及工作程序的最高、最大限度的效率，并有效地防止和消除渎职、怠工、腐败和浪费。如姜尚所言：“杀一个而千人惧者，杀之；杀三个而三军振者，杀之；赏一人而千人喜者，赏之；赏三人而千军振者，赏之。杀一个而惩万，赏一人而劝众。”

企业一旦实行这种管理方法，虽然能迅速达成意想中的效果，但其中的弊端却显而易见：这种管理的核心依赖的是严格的制度和信奉奖赏惩罚，而制度的客观性和科学性却无法保证；赏罚公平作为一种理想未必能够真正达到，其依据也未必准确合理；仅靠这种一味强调严厉、铁面无私的手段管理人，在尊重人性的现代社会就显得缺乏人道；过度和长期的对人心理和身体上的高度压制的结果，极可能造成麻痹不灵。

另一种实现有效管理的途径就是适度分权、民主管理。依靠科学管理和员工参与，将个人利益与企业利益紧密结合，使企业全体员工为了共同的目标而自觉地努力工作，从而保证企业管理的高效。

两种方法的本质差别就在于，前者把员工看成是单纯的管理客体，员工处于被动的被管地位；后者是把员工视为管理的主体，让员工处于主动参与管理的地位。当企业员工面临失业威胁或来自其他社会政治、经济环境压力时，前一种管理方法可能是有效的；当员工经济已较为富足，就业和流动比较容易，社会政治、经济环境比较宽松时，后一种管理方法更加合理有效。

（三）对人的管理应尊重人性

人本理念要求对人的管理必须遵循人性化思路。在一个企业中，从一个员工到一个团队、从上级部门到下级部门、从主管到普通员工，所有作为个体的人在其人格上都是平等的。尊重人性特点，即尊重人本身所具有的生理、心理、行为特点，是对人的潜力的开发与管理的出发点，也是终极目的。

因此，在企业中，追求“共同参与、共同发展、共同分享”是十分必要的。就旅游企业的人力资源管理而言，认识人性是人力资源开发与管理的前提和基础；尊重人性是人力资源开发和管理制度制定、实施的核心内容和具体体现；以人为本是人力资源开发与管理的目的和追求。只有认识到人性才谈得上尊重人性，根据人性特点制定、实施各种管理方式，才能达到以人为本。遵循人性化管理思路，要求在企业里与人有关的政策、制度的制定和实施，应该全面认识员工的特点及其表现，并在其制定的各种制度中予以体现，并且应该灵活地、人性化地去把握和实践；应该创造一种员工自由表现自己、不断创新、张扬个性的氛围；就员工而言，应该具有积极地、民主地共同参与企业各种活动的心态和要求。

（四）管理必须做到为人服务

人本管理强调管理以人为中心，管理是为人服务的，管理就是服务。人是管理主体，尊重人的权益，理解人的价值，关心人的生活，并且提供可靠的途径，创造优厚条件，使人在企业中得到发展，实现人的目标。创造满意的员工，才能保证企业生产经营活动得以正常进行，企业的效益才能获得最大的回报。人在企业中的满意是企业在市场竞争中的制胜法宝，企业为人服务，人为企业奉献。人是服务的主体，企业才会有生机和活力。企业发展进步需要不断完善自我，员工个人的发展也要在企业的发展中不断加以完善。良好的管理不仅能确保企业健康发展，也为员工的自我完善及实现自身价值创造了条件。

三、人本管理的原则

人本理念，其基础建立在管理者对被管理者的尊重与信任和被管理者对管理者的拥护与爱戴之上。那么，人本管理具体怎样贯彻呢？这需要从人本理念延伸出的几条管理原则来阐述。

原则是从理念中引申出来的，要求人们共同遵守的行为规范，是理念的展开、延伸和具体化。与人本理念相对应的管理原则体现了人本理念的要求，是在实际工作中所形成的管理者应该共同遵循的规范。它们可以看成是人本理念的次级理念，具体有以下几个方面。

（一）行为原则

现代管理心理学强调，需要与动机是决定人的行为的基础。人类的行为规律是需要决定动机，动机产生行为，行为指向目标，目标完成使需要得到满足，于是又产生新的需要、动机、行为，以实现新的目标。掌握了这一规律，管理者就应该对自己的下属行为进行行之有效的科学管理，最大限度地发掘员工的潜能。

行为原则是指管理者要对自己的下属行为进行科学有效的管理，最大限度地调动员工的积极性、主动性和创造性。行为原则认为，对人的管理一定要具体体现在对人的行为的管理上，特别是要研究人的动机性行为，即人为了满足某种需要而进行的具有明确目标指向的有意识行为。这种行为不仅反映了人的动机和需要，更重要的是通过对这种行为的科学管理，才能真正触动人的主导需要，从而引发出极大的动力，并正确引导其向企业目标方向发展。

遵循行为原则，就要对下属行为进行科学分析，意识到同样的行为可以由完全不同的需要和动机引起，而同样的需要和动机对不同的人可能会产生差距很大的行为方式，即使是同样的需要和动机引起同样的行为也可能存在着强度上的差别。因此，只有进行深入细致、具体准确的科学分析，才能有效地把握下属的行为规律，才能通过适当的方式强化员工积极正确的行为，纠正消极错误的行为。同时，还要建立一种个体行为自我约束机制，使每个员工能自觉地对其行为进行自我管理，最终实现对员工行为的有效管理。

（二）能级原则

能级原则认为，人和其他要素的能力都有大小和等级，并会随着一定条件而发展变化。因此，要根据人的能力大小，赋予相应的权力和责任，使组织的每一个人都各司其职，以此来保持和发挥组织的整体效用。一个组织应该有不同层次的能级，只有这样才能构成一个相互配合、有效的系统整体。能级原则强调知人善任，调动各种积极因素，把人的能力发挥在与管理活动相适应的岗位上，是实现资源优化配置的重要原则。

根据能级原则，在考虑安排组织成员位置时，应按所有成员自身的能力素质，恰当地安排在组织的相应位置。贯彻能级原则，首先，要明确企业不同工作岗位的目标、任务和要求，保证组织结构的稳定性和有效性；其次，要充分了解全体员工的个人能力，通过科学的手段考察员工的能力素质；再次，把具有一定个人能力的人放在相应的位置，做到责、权、利相一致；最后，还要综合考虑管理组织的能级结构优化问题，以及不同能级的权力、利益及荣誉的对等和各类能级的动态对应问题。这就要求企业组织尊重人才，打破人才的部门单位所有制，从制度上保证人才的合理流动，同时把竞争机制引入到人事管理中，在竞争中发现人才，任用人才，做到既让每个员工都能根据自己的个人能力找到合适的工作岗位，各得其所，各尽其职，又能保证组织结构科学合理，避免和减少能力的耗费，在管理实践中善于察人识人、知人善任，使人尽其才、才尽其用。

（三）动力原则

没有动力，事物就不会运动，组织就不会向前发展，管理活动必须有强大的动力，正确运用动力才能使管理活动持续有效地进行下去。管理动力是指在管理活动中可导致人们的活动朝着有利于实现组织整体目标的方向做有序的、合乎管理要求的定向运动的一种力量。管理的动力源于人们对满足各种需要的追求。

按照动力原则，首先，所有不同管理岗位上的管理者必须有一定的动力驱使，才能从事各自的管理活动，否则一切管理活动都无从谈起；其次，所有没有处在管理工作岗位上的企业员工，从事各自的工作也同样要有一定的动力驱使，否则人们的行为就是盲目的。现代管理学理论总结了三个方面的动力来源：物质动力、精神动力、信息动力。物质动力指管理系统中员工获得的经济利益以及组织内部的分配机制和激励机制；精神动力包括革命的理想、事业的追求、高尚的情操、理论或学术研究、科技或目标成果的实现等，特别是人生观、道德观的动力作用，将能够影响人的终生；为员工提供大量的信息，通过信息资料的收集、分析与整理，得出科学成果，创造社会效益，使人产生成就感，这就是信息动力的体现。

正确把握动力原则，首先，要正确认识各种动力（物质和精神）的作用及相互关系，综合运用各种动力；其次，要正确处理好个体动力和集体动力、眼前动力和长远动力的关系，协调个人目标与集体目标，使二者能保持基本一致的方向，对个人目标要尊重、引导和教育；最后，要科学运用动力的刺激量。有了驱使人们行为的各种动力，还必须施以科学的刺激量才能启动动力运行，刺激量不同，刺激内容与方式不同，所激发出来的动力大小也就不同。管理者要清楚地知道自己的刺激行为本身具有很大的主观性和引导示范作用，如果处理不好，可能会产生相反的作用。所以，管理者必须要以员工的客观行为为依据，以企业目标为标准进行科学的刺激，要对刺激量的大小、刺激的时效性及刺激方法的多样性和科学性有充分的认识并能熟练地运用。

（四）纪律原则

“不以规矩，不能成方圆”。作为现代社会的组织，没有纪律也是不可能长期生存下去的。因此，组织内部从上到下都应该制定并遵守共同认可的行为规范，违反了纪律就应该得到相应的惩罚。

贯彻纪律原则，首先，要建立纪律约束机制。这就要求领导者个人必须树立纪律观念，严于律己，坚持原则，实事求是，其模范作用会直接影响企业内部的工作作风和纪律状况。建立纪律约束机制还要兼顾公平，在纪律面前要人人平等，这是组织形成积极向上、奋发图强、相互尊重的良好氛围的基础。其次，要建立行为监督机制。管理者要对员工的行为进行监督，同时科学地分析其行为产生的原因，最大限度地满足员工科学合理的需要。此外，还要建立组织内部个人行为自我约束系统，使每个员工自觉进行自我管理，充分体现组织对人性的尊重。

总之，对于管理者而言，要把人本理念贯穿于旅游工作的各个方面、各个环节，无论旅游设施的建设、线路的规划、产品的提供，还是行业标准的制定、市场秩序的维护、游客安全的保障，都要以游客需求为出发点，以游客满意为目标，充分体现“人性化、亲情化、个性化”的要求，树立起旅游业安全、舒适、文明的良好形象。

【学习项目】

旅游企业员工满意度调查

任务描述

运用人本理念，调查旅游企业（如旅行社或旅游饭店、旅游景区）的员工满意度。

任务内容

通过调查旅游企业中员工对工作环境、工作群体、工作内容、企业背景、个人观念的认识和评价，掌握人本理念在旅游企业中的被接受和应用情况。

相应知识

1）员工满意度是指员工接受企业的实际感受与其期望值比较的程度，即员工满意度=实际感受/期望值。员工满意度又称雇员满意度，是企业的幸福指数，是企业管理的“晴雨表”，是团队精神的一种参考。

2）满意是个相对的概念：超出期望值满意；达到期望值基本满意；低于期望值不满意。员工在特定的工作环境中，通过其对工作特征的自我认识，确定实际所获得之价值与其预期所获得的价值之间的差距。差距大，满意度低；反之，差距小，满意度高。

3）影响员工满意度的因素主要有：工作环境（如工作空间质量、工作作息制度、工作配备齐全度、福利待遇满意度）、工作群体（如合作和谐度、信息开放度）、工作内容（如兴趣相关度、工作强度）、企业背景（如企业了解度、组织参与感、企业前景）、个人观念（如理想主义和完美主义、消极心态、狭隘主义）等。

实践操作

1）根据人本原则设计旅游企业员工满意度调查表，主要由五个部分组成：基本信息；物质回报；成长与发展；认可与赞同；培训与学习。问题可设单选式、复选式、开放式问题。

2）通过面谈、电话、网络调查形式，完整填写员工满意度调查表。

3）汇总调查表，对数据进行统计分析，并应用人本理念分析结果并做汇报。

学习任务二 旅游管理的系统理念

【案例导入】

"失了一颗铁钉，丢了一只马蹄铁；丢了一只马蹄铁，折了一匹战马；折了一匹战马，损了一位国王；损了一位国王，输了一场战争；输了一场战争，亡了一个帝国。"这是个著名的英国民谣，其中提到的故事在历史上曾真实地发生过。那是在1485年，英国国王理查三世面临一场重要的战争，这场战争关系到国家的生死存亡。在战斗开始之前，国王让马夫去备好自己最喜爱的战马。马夫立即找到铁匠，吩咐他快点给马掌钉上马蹄铁。铁匠先钉了三个马掌，在钉第四个时发现还缺一颗钉子，马掌当然不牢固。马夫将这个情况报告给国王，眼看战斗即将开始，国王根本就来不及在意这第四个马蹄铁，就匆匆上了战场。战场上，国王骑着马领着他的士兵冲锋陷阵。突然间，一只马蹄铁脱落了，战马仰身跌翻在地，国王也被重重地摔在了地上。没等他再次抓住缰绳，那匹受惊的马就跳起来逃走了。一见国王倒下，士兵们就自顾自地逃命去了，整支军队瞬间土崩瓦解。敌军趁机反击，并俘虏了国王。这就是博斯沃思战役，在这场战役中理查三世失掉了整个英国。

（资料来源：https://www.jianshu.com/p/61e547a9e097，有改动。）

启示：

这一案例告诉我们，大到一个国家，小到一个企业都是由系统组成的，而系统又是由各要素组成的，每一个要素都是一个行为主体，在系统中由于机制的作用，相互联系、相互影响和相互整合，由此形成部分之和大于整体的局面。

一、系统的概念

关于系统的概念，由于涉足的领域不同、理解的角度不同，因而会产生不同的定义。

我们认为，系统是由若干相互联系、相互作用的部分组成，在一定环境中具有特定功能的有机整体。

这里所谓的“组成部分”，通常称为“子系统”或“要素”。必须强调的是，子系统或要素是相对于具体系统而言的，要素如果离开了它所从属的具体系统，就失去了要素的属性，也就没有意义了。例如，一个企业中的班组，在本企业是构成企业系统的要素，而对于另外一个企业来说就没有意义了。另外，系统中子系统或要素的划分也是相对的，一般是根据系统的性质、系统的功能和研究问题的需要，将那些相对独立的、对系统的构成和功能起重要作用的部分划分为一个要素。这里所讲的环境是指处于系统边界之外并和系统进行着物质、能量和信息交换的所有事物，所说的功能是指系统与外部环境在相互联系和作用的过程中所产生的效能。

从系统的定义可以看出，一个具体的系统必须具备三个基本条件：一是必须由两个或两个以上的要素组成，它们是系统组成的基本成分和系统形成的基础；二是要素与要素、要素与系统、系统与环境之间，存在着相互作用和相互联系，从而在系统的内部和外部形成一定的结构和秩序；三是系统具有其各个组成部分所没有的新的性质和功能，并和一定的环境发生交互作用。这三个基本条件缺一不可，否则就不能构成一个系统。

一切事物都是以系统的形式存在，任何事物都可以看作是一个系统。为便于研究和更深刻地认识系统，我们可从不同的角度，依据不同的标准对系统进行分类。按照系统与环境的关系，可将系统分为孤立系统、封闭系统和开放系统。孤立系统是指与环境不进行物质、能量和信息交换的系统；封闭系统是指与环境之间仅有能量交换，而无物质和信息交换的系统；开放系统是指与环境之间有物质、能量和信息交换的系统。按照系统状态和时间的关系，可将系统分为静态系统和动态系统。静态系统的状态参数不随时间变化，动态系统的状态参数则随时间而变化。实际的系统通常具有复合性，旅游企业就是一个复合系统。

组织是一个复杂的、动态的社会经济技术系统，而管理就是为了达到一定的目的、实现组织目标而设计并运作好这个系统的活动。

二、系统的特征

系统原理是现代科学管理中的重要原理。它要求管理者必须认清管理系统的集合性、层次性、相关性、目的性、全局性、适应性等基本特征。

（一）集合性

管理同世界上一切事物一样都呈现着系统形态，又都是由相关的众多要素通过相互联系、相互作用、相互制约、有机结合而构成系统集合体，也称“复合体”。没有要素或单个要素无从复合，则不能构成系统。

（二）层次性

它表现在作为系统的各种组织，它属于更大、层次更高的系统的一个组成部分，同时，它本身也包含着若干系统。另外，系统内部各组成要素的排列组合，也是按照一定的层次进行的，处于不同层次的系统要素，其功能和作用也不一样。例如，在旅游企业中，上级管理下级、下级对上级负责，总体统领局部、局部服从整体；在更大的系统内，则要求旅游企业要适应社会环境的变化和需求，并依靠与社会相互交换物质、能量和信息，而得到发展与提高。

（三）相关性

凡系统都有属性和功能，但系统要素不能直接形成系统属性和功能，必须通过“结构”这个中介来实现。结构说明系统的存在及系统、要素互相联系、互相作用的内在方式。而要素间的相互关联，要素与系统的相互依存，是系统相关性的基础。有机结合的结构产生系统属性和功能。系统的相关性即组成系统的各要素之间存在着相互作用、相互联系，正是这些作用和联系，才能使各要素结合成一个整体。

（四）目的性

凡系统都有自己特定的目的，即目标，它在系统中发挥启动、导向、激励、聚合和衡量作用。没有目的，各要素是一盘散沙，系统就不能存在和运转。每个系统只能有一个总的目的，系统内的各部分（子系统）都要围绕总目标统筹运动，确定或调整子系统的具体目标必须服从总目标。世界上有两类系统，一类是由自然物形成的自然系统，另一类是人们为了达到某种目的而建立的人造系统。人造系统具有明确的目的性，表现在系统要素的选择、联系方式及运动等方面，反映人的某种意志，服从于人们的某种目的。

（五）全局性

系统总是由若干相互作用的元素组成的整体，在系统中，各元素具有相对独立性，但它们必须服务于作为一个整体的系统。系统的全局性要求我们立足全局，对诸要素进行科学组合，形成合理的结构，使各局部性能融合为全局性能，从而发挥系统的最佳整体效应。

（六）适应性

系统的适应性是指系统对环境的适应性，即系统对环境的作用，也就是系统把环境的输入转换成自身的输出的转换作用。任何系统的状态与功能都不是一成不变的，系统不仅作为一种功能实体而存在，而且作为一种运动而存在，这种运动表现为系统内部的联系和系统与环境的相互作用。系统的功能只有在对环境的动态适应过程中才能得以充分体现。

三、系统管理的特点

旅游管理的系统理念，要求我们在实际工作中不能孤立地看问题，必须用系统方法分析实际问题，正确处理组织内部与外部、局部与全局、眼前与长远利益的关系，确定正确的组织目标，合理运用所需各种要素和资源。系统管理的特点，主要有以下几个方面。

（一）管理优化的整体性

系统管理模式追求系统整体效能的最优，而不是某个局部或单项指标的最优。旅游组织是经过人工改造或人工创造的特殊系统，是一种能动的系统。在这样的系统中，整体优化就非常重要，管理者必须把组织的决策、指挥、监督、运营等系统协调好，把组织输入的人、财、物、信息与输出的符合社会需要的产品和服务统筹好，这样才能在实现经济效益的同时也实现社会效益。

（二）管理目标的系统性

为了保证组织整体效能最优，系统管理模式对涉及组织效能的各个方面都规定目标：既规定组织总体的奋斗目标，又通过目标分析，明确规定各部门、各岗位的奋斗目标，形成相互依存的目标网络体系。

（三）管理过程的完整性

系统管理模式将管理活动看作一个完整的过程，而不是某一个或某几个环节。

（四）管理主体的全员性

系统管理模式认为实现组织目标是组织全体成员共同努力的结果，主张实行全员管理，发动全体人员参与目标的制定，计划实施，主张自我控制。

（五）管理职能的综合性

由于围绕实现目标的各种职能活动，如计划、组织、控制等是相互渗透、相互制约、难以割裂的，因而，系统管理模式十分注意将管理的各种基本职能有机地结合在一起，发挥互为保证的作用。

（六）管理方法的先进性

系统管理模式大多广泛采用现代管理方法，运用现代科学技术发展的最新成果，实施更为有效的管理。

（七）管理程序的循环性

系统管理模式将管理活动看作一个由若干管理步骤形成的封闭的循环体，一个周期连着下一个周期，往复不断地循环下去。

四、系统管理的原则

现代管理要追求成功、追求效益，顺利实现预期的目标，就必须贯彻系统理念，对管理系统的整体作以充分、细致的认识和把握。这包括把握管理系统的总体目标，认识实现目标应采取的基本战略措施、主要条件以及如何正确处理该系统与其外部环境的关系等，实现管理系统的整体优化，以便使管理工作在各种各样错综复杂的关系中不偏离总目标，并为科学的分工和协作奠定良好的基础。在管理活动中遵循系统理念应坚持下列几项原则。

（一）整体性原则

整体性是系统最本质的属性，包括两个方面的内容：一是要素对系统整体效益的不可分割性；二是系统整体功能对要素功能的非加和性，即系统整体功能大于各要素功能之和。

要素是系统的一个有机组成部分，它与其他要素一起共同对系统的整体功能发挥作用，缺乏某个要素，系统的功能就要受到影响。要素对系统来说，只具有相对的独立性。旅游企业系统中的每一个局部都是企业不可缺少的部分，任何部门都不能独立于企业之外。因此，旅游企业既要根据生产经营活动的需要，赋予子系统一部分权利，又要强调集中统一指挥。

系统作为一个整体，要发挥它的整体功能，这一整体功能是各要素有机结合的结果，不是各要素功能的简单叠加，而是具有放大和创新的效果。运用系统方法分析事物，不能将分析对象看作若干简单事物的堆砌，而是将其视为具有新的性质和功能的整体；不追求构成系统的要素在某个方面处于最优状态，而是达到系统整体效能的最大化。

（二）结构性原则

系统内的各要素按照一定的层次和顺序，在空间和时间位置上形成有序结构。这种有序结构能使系统的整体功能得以充分发挥，破坏了这种有序结构，或者没有形成这种有序结构，系统的功能就会受到影响。系统功能与要素结构有序性之间的关系就是系统的结构效应。

系统要素的结构有序性主要体现在以下三个方面。

1. 要素空间排列的有序性

要素空间排列，一是形成层次等级链，不同层次的要素之间，上层要素处于决定的地位，下层要素处于从属的地位；二是同层要素有主有次形成一定的状态次序。

2. 要素时间排列的有序性

要素时间排列是依据它在时间位置上的先后次序或要素之间相互协调的时间要求进行的，从而避免了要素之间的冲突和相互脱节。

3. 要素运动的规则性

系统要素的运动总是遵循一定的规则，使整个系统有条不紊地运行。

系统结构的有序性观点揭示了系统要素结构与系统功能之间的关系，它指导人们通过系统要素的有序结构来实现系统的整体功能或进行系统结构优化。

系统理念认为，系统整体的性质和功能取决于系统内部的结构和联系。系统的结构是指组成系统的要素在时空上的排列和运动组合；系统的联系是指系统间发生的物质、能量和信息的传递及交流。不同的结构和不同的联系，会导致不同的性质和功能，认识系统就必须弄清系统内的结构和联系。

（三）相关性原则

系统内各要素之间相互联系，构成一个有机整体。这种相互联系表现为它们之间的相互作用、相互依赖、相辅相成、不可分割。一个系统中，不应该存在与其他要素不相关的孤立要素，这种要素的存在说明系统结构不合理，是一种资源的浪费。

要素之间的联系通过物质、能量和信息的交换来实现。对于企业系统来说，作业子系统之间主要是物质的传递，作业子系统与管理子系统之间或管理子系统与管理子系统之间则以信息传递为主。

要素间相关性的强弱程度用相关度来表示，相关度越大，说明要素之间的关系越密切，反之则比较疏远。对于社会经济系统来说，用相关度进行定量计算是困难的，只能从概念上予以定性描述。进行系统组织结构设计时，相关强度既是组织结构设计的依据，也是衡量组织结构好坏的测度标准。一般来说，合理的组织结构，要素间的相关强度低些为好，这样可以避免相互之间过多的牵制，有利于发挥专业化分工和各部门的积极性。但是强度太弱，割断了相互之间的联系，信息沟通困难，容易造成工作脱节。因此，从组织结构的角度考虑要素之间的相关性，强弱程度应该适中。

合理的相关性有利于促进系统整体功能的发挥，称为正相关；不合理的相关反而会降低系统的整体功能，称为负相关。所以，相关性是系统功效整体性的基础。作为旅游企业中的管理，应该使系统保持正相关状态，克服负相关的出现。

（四）动态性原则

系统的动态性是指系统的状态是随时间变化的。系统的动态性表现为两种形式：一是平衡动态，即在不改变系统内部结构的条件下，系统状态随时间变化，它是系统的微观特性；二是演化动态，这时系统的内部结构和行为功能会发生变化，而造成系统状态随时间的变化。一个开放的系统，它与外界进行物质、能量和信息的交换时，为了实现自己的目标，其内部要素会不停地运动，但这种运动并不改变系统的内部结构，只是量的变化，这就是平衡动态。但在有些情况下，由于外界的影响，系统要素的运动离开了平衡状态，通过与外界进行物质、能量和信息的交换，产生自组织现象，在远离原平衡状态的情况下形成新的系统结构，称“耗散结构”，是一种新的平衡状态，它比原先的平衡状态前进了一步，即系统演进。

企业系统是一个开放系统，当外界环境发生变化，对系统影响较大时，原来的内部结构所体现的功能已不能适应新的环境，这时系统不断地与外界进行物质、能量和信息的交换，自行调整结构，产生新的功能，使企业向前发展。系统自身以及系统对环境的适应过程，都处于不断的运动和变化状态中，并通过这种运动实现系统内部的平衡和系统与环境的平衡。

【学习项目】

旅游企业管理软件分析

任务描述

运用系统理念，对国内主流旅游企业管理软件做系统分析。

任务内容

通过对国内主流旅游企业管理软件做系统分析，对旅游企业的人流、物流、信息流、资金流系统形成较为完整的认识。

实践操作

1）选取当地一款或多款主流旅游企业管理软件。

2）研读其使用说明书，设法亲自使用和体验，并征询长期使用者的意见。

3）讨论系统分析软件在整体设计和数据提供方面的长处和不足，并提出改进意见。

学习任务三　旅游管理的战略理念

【案例导入】

从前，一个农夫有三个儿子，他们分别去开垦一片荒地。大儿子认为种水稻最好，因为水稻是生活必需品，就算不能都卖出去，起码一家人吃的东西有了。二儿子想种鲜花，他想，城里的人喜欢鲜花，我把鲜花种好后拿到城里去卖，一定可以赚大钱。小儿子倒没有匆忙做决定，他观察了周围的地形，发现这块土地离水源很远，然后又查了气象局的长期预报，说是预计今年雨水会很少，于是就琢磨着要种抗旱抗寒的作物，于是决定种马铃薯。三个兄弟都信心满满地开始了工作，一年过后却有着不同的效果。大儿子种水稻需要水，可是连续干旱，水源又远，于是收成很不好。二儿子的鲜花成熟后，的确很多人都需要，开始火了一阵儿，可是自从邻近城里的花圃开始营运后，二儿子的地距城里较远，运输成本高，慢慢地也就无人问津了。于是两个儿子担心，看来今年冬天要断粮了。好在这时候，三儿子的马铃薯大丰收了，马铃薯抗旱，虽然不能赚什么钱，但是一家人冬天的口粮总算有了着落。

（资料来源：http://china-zf.cn/info.asp?ArticleID=1185&classid=72，有改动。）

启示：

当今世界，环境变化日益剧烈，旅游行业竞争日趋激烈，组织要生存和持续发展，必须深谋远虑，具备战略眼光，确定战略定位，明确战略重点，抓好战略策划，并加以有效实施。

一、战略的概念

“战略”一词最早起源于军事作战领域。随着生产社会化和市场经济的发展及信息技术的推广应用，战略思想逐步进入经济组织领域。

我们认为，战略就是组织在分析企业外部环境和内部条件的基础上，为了求得生存与发展，对于实现的总体目标及根本对策所做出的全局性的、长远的谋划。

没有战略的企业，其生命力是短暂的。一个企业，只有战略定位准确，才能顺应时代发展的潮流，抓住机遇，加快发展，为企业插上腾飞的翅膀。反之，一个企业在战略定位上不准，那么企业就会遭受挫折，甚至一蹶不振，导致破产。从一定意义上说，今天的企业已进入了战略竞争的年代，企业战略已成为现代企业发展的中心问题，企业之间的竞争，在相当程度上表现为企业战略思维、战略定位的竞争。因此，如何在激烈动荡的市场竞争中制定和执行正确的企业战略，已经成为决定企业立于不败之地的关键。

二、战略的特征

组织战略的特征，概括起来，主要包括以下几个。

（一）全局性

战略是组织发展的蓝图，制约着组织经营管理的一切具体活动。现代管理者应该善于审时度势，胸怀全局，深谋远虑，运筹帷幄之中，决胜千里之外。组织战略是在研究与把握组织生存与发展的全局性指导规律的基础上，对组织的总体发展及其相应的目标与对策进行谋划，这属于组织的总体战略；或者在照顾各个方面的全局观点的指导下，对组织的某个方面的发展及其相应的目标与对策进行谋划，这属于组织的分战略。

（二）长远性

战略管理通常着眼于未来3～5年或更长远的目标，考虑的是企业未来相当长一段时期内的总体发展问题。组织战略是企业谋取长远发展要求的反映，是关系组织今后一个较长时期的奋斗目标和前进方向的通盘筹划，注重的是组织的长远的根本利益，而不是暂时的眼前利益。鼠目寸光，急功近利，短期行为，都是与组织战略的要求相违背的。

（三）抗争性

组织战略是组织在日益激烈的市场竞争中，为了赢得竞争的胜利，求得生存与发展而制定的。20世纪90年代以来，国内竞争国际化，国际竞争国内化，组织战略的正确与否，成为组织胜败兴衰的关键。战略正确，就能取得优势地位，战胜对手，组织不断兴旺发达；战略错误，会使组织受损，严重的甚至导致破产。

（四）稳定性

组织战略一经制定，必须保持相对的稳定性，不能朝令夕改，以利于贯彻执行。这就要求组织在制定战略时，必须准确地把握外部环境和内部条件，正确决策。稳定性要与应变性相结合，当组织的外部环境和内部条件发生变化时，组织战略也要适时进行变化与调整。

三、战略的体系

战略管理对于营利性组织和非营利性组织而言都很重要，但因篇幅所限，在此我们主要对营利性组织——旅游企业的战略管理做简要论述。

企业战略是组织生存和发展必须遵循的原则和方针，它应该根据组织拥有的资源情况，如企业的产品、技术、信息优势的具体情况来制定，随企业资源优势的变动而变动。企业战略是一个体系，由企业的总体战略和各方面的分战略构成。

（一）企业总体战略

企业总体战略是对企业的总体发展及其相应的目标与对策进行谋划，是属于支配地位的战略，决定企业的兴衰成败。按照不同的标准，企业总体战略可以分为不同类型。

1. 按照企业在市场竞争中所处的地位与态势划分

1）攻势战略。这种战略又称进攻型战略或发展型战略，它的特点是不断开发新市场，扩大投资规模，掌握市场竞争的主动权，在现有基础水平上向更高的目标发展。它包括技术发展、产品发展、市场发展、生产发展等方面的战略。这种战略要求有雄厚的资源及优良的人员素质为后盾。

2）守势战略。这种战略又称稳定型战略或维持型战略，它的特点是维持已有的经济效益，安全经营，不冒风险。

3）撤退战略。这种战略又称退却型战略或紧缩型战略，它是从企业现有的基础水平往后撤退，它常在经济不景气、财政紧缩、市场疲软等情况下采用。采取这种战略，可以局部撤退，适度降低经济指标，并进行适当的内部调整或技术改造，保存实力，待机而起；或者当企业在产品销售、质量、成本等方面遇到竞争对手的巨大挑战，很难维持时，可以大规模减产，甚至改变经营领域，退出某些市场。

2. 按照企业产品参与市场竞争的幅度划分

1）单一产品战略。发展单一产品，努力提高增长速度，增加销售收入，提高市场占有率。

2）主导产品战略。以某种产品为主导，兼营多种产品。

3）多种经营战略。企业向市场提供不同质的多种产品和劳务。

（二）企业分战略

企业分战略是在企业总体战略的指导下，对企业的某一方面（按照职能、事业、地区等）的发展及其相应的目标与对策进行谋划而制定的战略。显然，分战略应该在发展方向、目标水平及主要对策等方面与总体战略相互协调一致，并保证总体战略的实现。按照企业职能制定的分战略主要有以下几种。

1. 市场战略

它包括两类战略：一是市场选择战略，它又包括退出、维持与发展三种战略；二是市场发展战略，它又包括市场渗透型、市场开拓型、产品开发型和混合型四种类型。

2. 产品战略

产品战略与市场战略密切相关，每个企业必须依靠价廉物美的产品去持续地占领市场，不断提高市场占有率，从而提高企业经济效益。产品战略包括产品选择战略、产品开发战略等类型。

3. 技术发展战略

企业要向科技进步要效益，制定正确的技术发展战略。强化技术开发和推广，加速科技成果商品化、产业化进程。坚持自主研究开发和引进国外先进技术相结合，努力解决企业生产发展的重大与关键问题，积极应用高新技术。

4. 人才战略

人才是企业最重要的资源，也是决定企业兴衰胜败的重要因素。人才战略包括人才开发、人才培训和人才使用等方面的内容。

5. 投资战略

它决定企业资金的合理分配和有效利用，具体规定企业资金投入的方向、方面及数额。

6. 竞争战略

竞争战略就是在研究市场环境尤其是竞争对手行动的基础上制定的企业参与市场竞争的谋划。它直接关系到企业的生存和在竞争中的命运。企业竞争战略包括三种类型：一是低成本战略，即努力维持低成本，以廉价商品供应市场，确保市场占有率，取得竞争优势；二是产品差异战略，即生产出该行业中其他企业所没有的独特产品，形成独家经营的市场；三是重点攻关战略，即将经营重点集中在市场的某一部分，在那里建立和保持企业产品的竞争优势。

7. 企业文化战略

企业文化主要是指企业的指导思想、经营哲学和管理风貌。企业文化战略是为了在企业加强精神文明建设，培育高素质的职工队伍。创造能够充分调动职工的积极性、创造性的宽松和谐环境，培育职工的主人翁意识，建立共同的价值观，建设企业精神，塑造企业形象，增强企业的凝聚力和长远发展的精神动力。

四、战略的作用

战略是企业全局性的行动方针。因此，战略的正确与否关系到企业经营成败的关键，它决定了企业在未来较长一段时期内的经营方案和目标。具体而言，战略有如下几个方面的作用。

（一）战略是编制经营计划的依据

战略本身属于计划的范畴，但它是带方向性的、反映全局的、长远的计划。它是通过许多具体的、短期的经营计划的实现来实现的，短期的经营计划是战略计划的保证，因此经营计划必须以战略计划为依据进行编制。

（二）战略有利于克服企业的短期行为

战略计划确定了企业长远的发展方向和目标，这就能使经营者把近期利益与长远目标结合起来，使企业做到持续发展。没有战略计划，经营者自然不会从全局、长远考虑来决定企业的经营活动，急功近利，竭泽而渔，严重损害了社会生产力的发展。不仅如此，虚报浮夸、报喜不报忧，也是短期行为的一种表现。

（三）战略有利于企业回避风险，稳步发展

战略计划由于周期长，减少了企业发展过程中的波动。从理论上讲，战略周期越长，企业发展的平衡性越好。但周期太长，对未来环境变化的预测的准确性就越低，以致按太长周期确定的目标失去了实际的意义。所以企业经营战略计划不宜太长，一般在5年左右较好。

【学习项目】

企业总体战略调查

任务描述

调查国际或国内知名企业的总体战略。

任务内容

调查国际或国内知名企业的使命和目标、企业价值、主要业务范围、发展方向、资源分配、组织结构等。

相应知识

1）总体战略的主要内容。规定企业的使命和目标，定义企业的价值；关注全部商业机遇，决定主要的业务范围和发展方向；确定需要获取的资源和形成的能力，在不同业务之间分配资源；确定各种业务之间的配合，保证企业总体的优化；确定公司的组织结构，保证业务层战略符合股东财富最大化的要求。

2）总体战略是由公司层管理者制定的战略。公司层管理者包括公司总经理、其他高层管理者、董事会，以及有关的专业人员。公司总经理是公司战略的设计者，承担总体战略成效的终极责任。

实践操作

1）搜集三家以上国际或国内知名企业总体战略的有关资料。

2）对各家企业的总体战略进行分类，并判断其特征。

3）从战略理念视角对各家企业总体战略做出评析。

学习任务四　旅游管理的创新理念

【案例导入】

意大利航海家哥伦布发现了美洲新大陆，一下子成了举世闻名的人，这引来了很多忌妒他的人。一次宴会上，一位达官贵人起身对他说道：“尊敬的哥伦布先生，您发现新大陆似乎让人觉得很了不起。不过，在我看来，这却是件极其平常的事情，任何一个绕着地球航行的人都会发现这块新大陆的，即便他是一个傻瓜。”哥伦布答道：“噢，你认为这是一件‘极其寻常’的事吗？”“是的，再简单不过了。”哥伦布想了一会儿，指着餐桌上的一只鸡蛋对大家说道："女士们，先生们，我们不妨来做一个实验，看看有谁能把这个鸡蛋在桌面上竖起来？"大家都纷纷尝试，结果没人能做到。大家试完后，哥伦布拿起鸡蛋，轻轻往桌上一磕，便使鸡蛋立在桌上了。接着，他笑着说道："即使是世界上最简单的事情，也需要有人去第一个发现它。成功虽然十分简单，但很多人却往往想不到它的办法。"

［资料来源：卢帆，2012. 时代需要创新 [J]. 农村养殖技术，（11）:1］

启示：

创新是一个组织的灵魂，是一个组织兴旺发达的不竭动力，也是一个组织永葆生机的源泉。做好旅游管理工作，必须不断创新。

一、创新的概念

从哲学的范畴看，创新是一种否定，是积极的、辩证的否定，是扬弃旧事物、生成新事物的过程。而管理领域所说的创新，是指一种思想和原则，以及在这种思想和原则指导下，组织所从事的不断适应环境变化、满足社会需求的实践活动。

创新的概念是由美籍奥地利经济学家熊彼特在其1912年出版的《经济发展理论》一书中首次提出来的。他认为，创新是对"生产要素的重新组合"，具体来说，包括以下五个方面：生产一种新产品，也就是消费者还不熟悉的产品，或是已有产品的一种新用途和新特性；采用一种新的生产方法，也就是在有关的制造部门中未曾采用的方法，这种方法不一定非要建立在科学新发现的基础上，它可以是以新的商业方式来处理某种产品；开辟一个新的市场，就是使产品进入以前不曾进入的市场，不管这个市场以前是否存在过；获得一种原材料或半成品的新的供给来源，不管这种来源是已经存在的还是第一次创造出来的；实现一种新的企业组织形式，如建立一种垄断地位，或打破一种垄断地位。

熊彼特使用创新这一定义，是将新产品、新工艺、新方法、新制度引用到经济中去的第一次尝试。熊彼特的创新理论已经涉及产品创新、技术创新、市场创新和组织创新等方面。

后来，许多研究者也对创新进行了定义，有代表性的有以下几种：创新是开发一种新事物的过程；创新是运用知识或相关信息创造和引进某种有用的新事物的过程；创新是对一个组织或相关环境的新变化的接受；创新是指新事物本身，具体来说就是指被相关使用部门认定的任何一种新的思想、新的实践或新的制造物；创新是由新思想转化到具体行动的过程。

由此可见，创新概念所包含的范围很广，涉及许多方面。例如，有的东西之所以被称作创新，是因为它提高了工作效率或巩固了企业的竞争地位；有的是因为它改善了人们的生活质量；有的是因为它对经济具有根本性的提高。但值得注意的是，创新并不一定是全新的东西，旧的东西以新的形式出现或以新的方式结合也是创新。我们说，创新是生产要素的重新组合，其目的是获取潜在的利润。

二、创新的特征

（一）创新的不确定性

1. 市场的不确定性

市场的不确定性主要是不易预测市场未来需求的变化，外界因素如经济环境、消费者的偏好都会对市场变化产生影响。当出现根本性创新时，市场方向无从确定，也就无法确定需求。而且，还可能是不知道如何将潜在的需要融入到创新产品中去，以及未来产品如何变化以反映用户的需要。当存在创新竞争者时，创新企业也不知道能否在市场竞争中战胜对手。

2. 技术的不确定性

技术的不确定性主要是如何用技术来体现、表达市场中消费者需要的特征，能否设计并制造出可以满足市场需要的产品和工艺。有不少产品构思，按其设计的产品要么无法制造，要么制造成本太高，因此这种构思和产品都没有什么商业价值。新技术与现行技术系统之间的不一致性也是一个重要的不确定性来源。

3. 战略的不确定性

战略的不确定性主要是针对重大技术创新和重大投资项目而言。它是指一种技术创新的出现使已有投资与技能过时的不确定性，即难以判断它对创新竞争基础和性质的影响程度，以及面临新技术潜在的重大变化时企业如何进行组织适应与投资决策。当重大技术创新出现时，战略不确定性常常因严重的战略性决策失误导致产业竞争领先地位的交替。

（二）创新的保护性和破坏性

不同创新对企业产生影响的范围、程度和性质是不同的。两个极端的情况：保护性的和破坏性的。具有保护性的创新，会提高企业现有技术能力的价值和可应用性。创新的破坏性则表现在使企业现有的技能和资产遭到毁坏，新的产品或工艺技术会使企业现有的资源、技能和知识只能低劣地满足市场的需要，或者根本无法满足要求，从而降低现有能力的价值，在极端情况下，会使其完全过时。

（三）创新的必然性和偶然性

必然性是由管理的不可复制性产生的。管理的不可复制性本身就必然要求管理创新，从泰勒制管理到丰田生产方式，再到现代流行的CIMS（computer integrated manufacturing system，计算机集成制造系统）、虚拟系统、电子商务、网络营销等，可以说任何一种管理的模式、方法都是随着时代的发展和科学技术的进步而产生的管理创新。很多情况下，创新是在大量的实验、调研、严谨思考的背景下产生的。然而，另一种创新方式对今天的管理者来说也是丝毫不能忽视的——那就是偶然。就像牛顿从苹果落地而发现万有引力定律一样，一些偶然的事件可以引发创新。

（四）创新的被排斥性

创新活动常常受到各方面的排斥、压力和抵制。一方面，习惯于原有生活方式和思维方式的人们往往不欢迎任何改动和变革。可以说，创新恐惧症已成为现代组织的一种通病。在一种特定的社会环境中，对于那些公司最高管理层的人们，这里存在着无数条理由来使他们希望这个环境能够延续下去。不过，这也意味着任何一项新产品的创新就其本质而言都是一场推进创新力量和排斥、抵制创新力量之间的你争我夺。而管理者所面临的挑战就是如何在这些力量中间保持平衡。另一方面，我们应该对华而不实的或仅仅是象征意义的新产品的创新，以及与新产品战略目标不相一致的新产品持抵制态度，这种抵制不应受到阻挠。

（五）创新的复杂性

有人认为，创新过程就像一条链条，只要增加上游的基础研究的投入就可以直接增加下游的新技术、新产品的产出。但在实际经济活动中，创新有许多的起因和知识来源，可以在研究、开发、市场化和扩散等任何阶段发生。创新是诸多因素之间一系列复杂的、综合的相互渗透而共同作用的结果，创新不是一个独立的事件，而是由许多环节组成的一个螺旋式上升的轨迹，是一个复杂的系统过程。

（六）创新的时效性

企业创新一般总是从产品创新开始的。一种新的市场需求总是表现为产品需求，因而，在创新初期，企业的创新活动主要是产品创新。一旦新产品被市场接受，随之而来的企业将把注意力集中在过程创新上，其目的是降低生产成本、改进品质、提高生产效率。当产品创新和过程创新进行到一定程度时，企业的创新注意力会逐渐转移到市场营销创新上，目的是提高产品的市场占有率。在这些创新重点的不同时间段上，还会伴随着必要的组织创新。当新产品投放市场一定时间后又会被更新的产品所代替，这种替代也使得创新具有时效性。新产品被更新的产品所替代的原因可能有两方面：一是消费者的偏好发生了变化；二是生产产品的技术得到了更新。正是因为创新具有时效性，所以在进行创新决策时，要考虑三个问题：消费者对创新产品需求的持续时间、该产品被其他产品替代的可能性以及创新所处的时期。

（七）创新的动态性

事物是发展变化的，不仅组织的外部环境和内部环境在不断发生变化，而且组织的创新能力也要不断积累、不断提高，决定创新能力的创新要素也都要进行动态调整。从企业间的竞争来看，随着企业创新的扩散，企业竞争优势将会消失，这就要不断推动新的一轮又一轮的创新，以便不断确立企业的竞争优势。因此，创新绝不是静止的，而是动态的。不同时期组织的创新内容、方式、水平是不同的。从企业发展的总趋势看，前一时期低水平的创新总是要被后一个时期高水平的创新所替代。创新活动的不断开发和创新水平的不断提高，正是推动企业发展的动力。

三、创新的内容

创新是为了把组织的各种资源条件、各种生产要素进行整合，创造新的更有效的运行方式，以追求效率更高的组织运行结果的过程，其内容涉及许多方面。在这里，我们主要以旅游经济活动中大量存在的旅游企业系统来介绍创新的内容。

（一）观念创新

管理观念是指管理者或管理组织在一定的哲学思想支配下，由现实条件决定的经营管理的感性知识和理性知识构成的综合体。一定的管理观念受到一定社会的政治、经济、文化的影响，是企业战略目标的导向、价值原则，同时管理的观念又折射在管理的各项活动中。20 世纪 80 年代以来，经济发达国家的优秀企业家提出了许多新的管理观念，如知识管理观念、经济全球化观念、战略管理观念、持续学习观念等。我国企业应该尽快适应需要，结合自身条件，实现观念创新。

（二）目标创新

知识经济时代的到来导致了企业经营目标的重新定位，原因在于：一是企业管理观念的革命，要求企业经营目标重新定位；二是企业内部结构的变化，促使企业必须重视非股东主体的利益；三是企业与社会的联系日益密切、深入，社会的网络化程度大大提高，企业正成为这个网络中重要的联结点。因此，企业经营的社会性越来越突出，从而要求企业高度重视自己的社会责任，在多元目标间相互协调，全面修正自己的经营目标。

（三）技术创新

技术创新是企业创新的主要内容，企业中出现的大量创新活动是有关技术方面的。技术水平高低是反映企业经营实力的一个重要标志，企业要在激烈的市场竞争中处于主动地位，就必须不断地进行技术创新。由于一定的技术都是通过一定的物质载体和利用这些载体的方法来实现的，因此企业的技术创新主要表现在要素创新、要素组合方法创新和产品创新三个方面。

1. 要素创新

企业的生产过程是一定的劳动者利用一定的劳动手段作用于劳动对象，使之发生物理、化学形式或性质变化的过程。参与这个过程的要素包括材料、设备以及人力资源管理三类，因而，要素创新包括材料创新、设备创新、人力资源管理创新。材料创新是指开辟新的材料来源；开发和利用成本更低的替代性材料；提高材料的质量；改进材料的性能。设备创新是指将先进的科学技术成果用于革新设备；采用全新的装备，代替原来的设备。人力资源管理的创新是指不断从外部吸纳高素质的人力资源；对企业现有的人员进行培训提高。

2. 要素组合方法创新

利用一定的方式将不同的生产要素加以组合，这是形成产品的先决条件。要素的组合包括生产工艺和生产过程两个方面。工艺创新是指根据新设备的要求，改变原材料、半成品的加工方法，同时在不改变现有设备的前提下，不断研究和改进操作技术和生产方法，以求得现有设备更充分的利用，现有材料更合理的加工。工艺创新与设备创新是相互促进的，设备的更新要求工艺方法做相应的调整，而工艺方法的不断完善又必然促进设备的改造和更新。企业应不断地研究和采用更合理的空间分布和时间组合方式，协调好人机配合，提高劳动生产率，缩短生产周期，从而在不增加要素投入的情况下，提高要素的利用效率。

3. 产品创新

产品创新包括品种、结构和效用等方面的创新。品种创新要求企业根据市场需要的变化，根据消费者偏好的转移，及时地调整企业的生产方向和生产结构，不断开发出消费者欢迎的产品；结构创新是指在不改变原有品种基本性能的基础上，对现有产品结构进行改进，使其生产成本更低，性能更完善，使用更安全，更具市场竞争力；效用创新是指通过了解用户的偏好，以此为依据改进原有产品，开发新产品，使产品能给用户带来更多满足，更受用户欢迎和喜爱。产品创新是企业技术创新的核心内容，它既受制于技术创新的其他方面，又影响其他技术创新效果的发挥。新的品种、新的结构、新的效用，往往要求企业利用新设备和新工艺；而新设备、新工艺的运用又为产品的创新提供了更优越的物质条件。

（四）制度创新

制度是组织运行方式、管理规范等方面的一系列的原则规定。制度创新是从社会经济角度来分析企业系统中各成员间的正式关系的调整和变革。企业具有完善的制度创新机制，才能保证技术创新和管理创新的有效进行。如果旧的落后的企业制度不进行创新，就会成为严重制约企业创新和发展的桎梏。企业制度主要包括产权制度、组织制度和管理制度三个方面的内容。企业制度创新就是实现企业制度的变革，通过调整和优化企业所有者、经营者和劳动者三者的关系，使各个方面的权利和利益得到充分的体现；不断调整企业的组织结构和修正完善企业内部的各项规章制度，使企业内部各种要素合理配置，并发挥最大限度的效能。

（五）结构创新

在工业化社会的时代，市场环境相对稳定，企业为了实现规模经济效益，降低成本，纷纷以正规化、集权化为目标。但随着企业规模的不断发展，组织复杂化程度越来越高，信息社会的到来，使环境不稳定因素越来越多，竞争越来越激烈。管理者意识到传统的组织结构不适应现代环境的多变性，便会实施创新。一个有效的组织应当是能随着环境的变化而不断调整自己的结构，使之适应新的环境的组织。目前，企业组织正不断朝着灵活性、有机性方向发展。

（六）环境创新

环境是企业经营的土壤，同时也制约着企业的经营。环境创新不是指企业为适应外界变化而调整内部结构或活动，而是指通过企业积极的创新活动去改造环境，去引导环境朝着有利于企业经营的方向变化。例如，通过企业的公关活动，影响社区政府政策的制定；通过企业的技术创新，影响社会技术进步的方向。就企业而言，市场创新是环境创新的主要内容。市场创新是指通过企业的活动去引导消费，创造需求。人们一般认为新产品的开发是企业创造市场需求的主要途径，其实市场创新的更多内容是通过企业的营销活动来进行的，即在产品的材料、结构、性能不变的前提下，或通过市场的地理转移，或通过揭示产品新的物理使用价值，来寻找新用户，再通过广告宣传等促销工作，来赋予产品以一定的心理使用价值，影响人们的某种消费行为，诱导、强化消费者的购买动机，增加产品的销售量。

（七）文化创新

管理发展到文化管理阶段，标志着管理已经达到了一个新的高峰。企业文化通过员工价值观与企业价值观的高度统一，通过企业独特的管理制度体系和行为规范的建立，使管理效率有了较大提高。创新不仅是现代企业文化的一个重要支柱，而且还是社会文化中的一个重要部分。如果文化创新已成为企业文化的根本特征，那么创新价值观就得到了企业全体员工的认同，行为规范就会得以建立和完善，企业创新动力机制就会高效运转。

四、创新的原则

为了推动创新，并保证创新活动的顺利进行，需要正确处理各方面的关系，遵循一定的原则。创新的主要原则包括以下几个方面。

（一）创新与维持相协调的原则

创新活动与维持活动既有区别，又相互联系、相辅相成。维持是创新的基础，创新是维持的发展；维持是为了实现创新的成果，创新为维持提供更高的起点；维持使组织保持稳定性，创新使组织具有适应性。维持和创新都是组织生存和发展所不可缺少的。

然而创新与维持有时也相互矛盾、相互冲突。正确处理二者的关系，寻求创新和维持的动态平衡和最优组合，是管理者的职责，也是创新应遵循的原则。在企业中，创新与维持的平衡和组合是复杂的，也是多方面的，如创新目标、规模、顺序的选择要适当，新技术的引入和改进创新要紧密结合，创新组织与其他组织之间要相互配合等。

（二）开拓与稳健相结合的原则

开拓是创新的本质要求。所谓开拓，就是要不断地向新的领域、新的高度进发。没有开拓进取，就没有创新。然而，企业中不思进取，安于现状的现象往往普遍存在，创新活动也经常受到来自各方面甚至是高层管理者的非议、排斥、压力和抵制，不少人担心创新会付出更大的代价，担心会改变熟悉的工作方式，担心会失去既得的利益等。这些现象的存在会成为企业创新的最大障碍。因此，企业管理者应以极大的热情鼓励、支持和组织创新活动，要创造促进创新的组织氛围，重塑企业文化，激发员工人人奋发向上、开拓进取。

与此同时，企业的创新总是在现实基础上的创新，任何成功的创新都是科学的，不容半点虚假。开拓精神还必须同求实态度相结合。求实稳健并非安于现状、墨守成规，而是面向社会、面向市场，从实际出发，量力而行，这是创新成功和稳步发展的重要保证。脱离实际的变革，不可避免地会出现盲目性、随意性和反复性。大量事实表明，创新者不是专注于冒险而是专注于机会，通过感性认识上升为理性认识，在系统分析创新机会来源的基础上，找准机会并加以利用。一旦创新展开，就必须脚踏实地采取各种措施，经过持续的努力，确保创新的成功。

（三）统一性和灵活性相结合的原则

有组织的创新，必须有统一明确的目标、相互协调的行动、优势集中的兵力。没有统一明确的目标，创新活动将失去方向，形成盲目乱干；没有相互协调的行动，创新人员就不能团结合作，容易形成各自为政、相互封锁；没有优势兵力的集中，创新力量分散，则不仅会延缓时间，痛失良机，甚至会导致失败。

但是，创新本身又具有偶然性或机遇性，并不都在可以预料的计划之内。另外，多数创新者往往是“骑在丰富想象力上获得冒险成功的人”，他们酷爱做自己幻想的事。因此，创新的组织应具有灵活性，要放松对员工的控制，使计划具有弹性。例如，允许创新者自己确定题目；允许使用部分工作时间去探索新的设想，提供一定的创新尝试所需要的资金、物质条件和试验场所；允许创新者自己选择合作伙伴等，这样既有利于充分调动创新者的积极性，又有利于及时捕获创新机会。

（四）奖励创新、允许失败的原则

创新是不断探索尝试、经常受挫失败、又努力改进提高的过程，一帆风顺是极为罕见的。允许失败则是对创新者积极性、创造性的保护和支持。对于失败，创新者不应悲观失望、半途而废，管理者不应冷眼相看、横加指责。创新的组织管理者对待失败要宽容，要热情主动地帮助创新者总结和吸取教训，鼓励创新者坚持不懈，继续进行大胆探索和试验，直到取得成功。

同时，创新者的创新动机有一种对个人成就感的追求和自我实现的满足，创新的精神奖励不仅是必要的，甚至是更为重要的。因此，不仅要对创新成果进行精神的、物质的奖励，而且要在创新的全过程中给予创新者更多的理解、尊重和支持，给予创新者放手施展抱负和才能的条件和权利。

【学习项目】

帮助即将倒闭的餐厅

任务描述

有一家新开张的餐厅位于某地级市火车站广场地下一层，广场上面人潮涌动，但是广场下边的商铺普遍生意清淡。这家餐厅开张三个月均连续亏损，若接下来半年不能扭亏为盈，将面临倒闭的结局。请从创新角度给这家餐厅提出建设性意见。

任务内容

在日常生活中，因为不能做到积极创新而被市场淘汰的旅游企业屡见不鲜，不能适应环境而生存不下去的餐厅也比比皆是。这就需要对我们的观念、目标、技术、制度、结构、环境和文化等各方面进行创新，积极应变。

实践操作

1）根据有限的资料，分析这家餐厅可能存在哪些方面的问题？

2）针对这些问题，应采用哪些有效措施加以解决？

3）为了扭亏为盈，这家餐厅还应在哪些方面进行积极创新？

第二篇 过程管理篇

单元四

旅游决策管理

学习目标

◇ 知识目标：理解旅游管理决策的含义与特征，了解旅游管理决策应遵循的原则，熟悉旅游管理决策的程序和方法。

◇ 能力目标：能按照正确的程序进行旅游管理决策，能合理运用旅游管理决策的方法。

◇ 素质目标：具备一定的市场风险防范意识，具备科学的价值观念与决断意志。

学习任务一 旅游管理决策的含义与分类

【案例导入】

司马迁在《史记·孙子吴起列传》中记载的“田忌赛马”的故事，是我国历史上有关决策的生动事例。齐国大将田忌和国内的贵族们赛马，双方的马分为上、中、下三等参加比赛，并实力相当。孙膑帮助田忌采取“用下等马对付上等马，用上等马对付中等马，用中等马对付下等马”的决策，结果赛三场，输一场，胜两场，从而赢得了胜利。

（资料来源：http://www.doc88.com/p-1167193458753.html，有改动。）

启示：

从这个故事，我们可以这样来理解决策的含义：决策就是决策者（如田忌）为了达到一定的目的（如赛马胜利），在可以采取的多种方案中选择和决定实施一个较为满意的方案的过程。

一、旅游管理决策的含义

古今中外的管理者都很注重管理当中的决策，因为在很大的意义上，决策就意味着领导的成功或失败。一些旅游企业总是能够做出一些让我们目不暇接的优秀决策；相比而言，另外一些企业却饱受不利决策之苦。决策是管理方法三大内容中最重要的方面。管理方法的三大内容分别是计划、控制和决策。其中，计划可以滚动修改，控制是一个过程，只有决策在实施以后是难于更改的，因此，决策管理必须慎之又慎。哈佛商学院认为，企业成败主要取决于决策和管理两大因素，其中决策因素占80%、管理因素占20%。如果制定的决策合理，那么企业就会越来越繁荣，反之企业就会在困境中挣扎，甚至有倒闭的危险。

旅游管理决策是指旅游管理决策者以其知识、经验及掌握的信息为依据，遵循决策的原理，采用科学的方法，确定组织未来的行动目标，并从两个以上可能实现目标的行动方案中选择一个较为满意的方案的分析判断过程。这可以从三个方面来理解。第一，决策是为了解决未来的问题，实现一定的目标。要树立决策的目标，没有目标就无从决策。第二，决策要在两个以上的可行方案中进行优选决定，没有两个以上的可行方案也不能决策。第三，最终选定的方案是一个合理的满意方案。

二、旅游管理决策的特征

（一）目的性

组织的决策总是为了解决一定的问题或达到一定的目标。在一定的条件和基础上确立希望达到的结果和目的，这是决策的前提。有目标才有方向，才能衡量决策的成败。目标的确立是决策的首要环节。例如，旅行社建立网站，就是一项具有重大战略意义的经营管理决策。对外，它能使企业树立形象，是进行营销宣传的沟通渠道；对内，它能促进企业科学管理，推动建立学习型组织，增强企业综合竞争力。

（二）超前性

组织的任何决策都是针对未来行动的，是为了解决现在面临的，待解决的新问题以及将会出现的问题，所以决策是未来行动的基础。这就要求决策者具有“超前意识”，思想敏锐，目光远大，预见到事物发展变化的趋势，适时地做出正确决策。旅游产品易受时尚的影响，这就要求旅游管理决策者在推出旅游产品的时候要特别注意市场需求的发展潮流。

（三）选择性

决策必须根据既定的目标，运用科学的方法和手段，在评价各种备选方案的基础上，选择一个较为满意的方案，这就要求可供选择的方案不止一个而是多个，这样才有比较；同时在比较诸方案的基础上，要选择一个满意的、合理的方案，决策才有意义。同一处旅游资源，我们可以开发传统观光类的旅游产品、度假休闲类的旅游产品、体育运动类的旅游产品，这个时候就会面临不同类型旅游产品组合的选择。

（四）可行性

决策是为了付诸实施，不准备实施的决策是毫无意义的，决策的可行性包括以下实际含义。

1）决策所依据的数据和资料比较准确、全面。

2）决策能够解决一定的问题，实现预定的目标。

3）方案本身有实行的条件。

4）决策富有弹性，留有余地，以保证目标实现的最大可行性。

例如，某景区在做出新产品开发决策时，首先要对景区的资源进行总体评价，分析设施设备状况、技术专长和生产营销这种产品的能力，其次要进行财务可行性分析等。

（五）过程性

决策既非单纯的“出谋划策”，又非简单的“拍板定案”，而是一个多阶段、多步骤的分析判断过程。决策的重要程度、过程的繁简及所费时间长短固然有别，但都具有过程性。我们在制订旅游地的营销方案时，不仅要对市场需求进行调查和预测，还要对竞争状况和环境因素进行分析。

（六）科学性

科学决策并非易事，它要求决策者能够透过现象看到事物的本质，认识事物发展变化的规律，做出符合事物发展规律的决策。科学性并不否认决策有失误、有风险，而是要善于从失误中总结经验教训，尽量减少风险。但是，有些旅游决策有时也含有一些非科学的因素，如在旅游规划过程中，一些产品开发和线路设计可能更多地依赖规划和设计主体的主观经验或者来源于一些民间传说，而并没有经过严密的论证。但是我们也没有必要完全靠量化数据和实证材料来规划开发，否则也就过于死板无趣了。

三、旅游管理决策的原则

（一）满意原则

满意原则是针对“最优化”原则提出的。“最优化”的理论假设是把决策者作为完全理性化的人，决策是他以“绝对理性”为指导，按“最优化”原则行事的结果。但由于组织处在复杂多变的环境中，要使决策者对未来一个时期做出“绝对理性”的判断是不可能的，这是因为决策者不可能完全掌握与决策相关的全部信息，决策者不可能完全知晓可供选择的方案及其后果，决策者不可能对未来的外部环境和内部条件都能准确预测。因此，我们所讲的“满意”决策，就是能够满足合理要求的决策。

（二）可行性原则

为了使决策付诸实施，决策必须切实可行。可行性原则要求决策者在决策时，不仅要考虑到需要，还要考虑到可能；不仅要估计到有利因素和成功的机会，更要预测到不利条件和失败的风险；不仅要静态地计算需要与可能之间的差距，还要对各种影响因素的发展变化进行定量和定性的动态分析。

（三）整体效用的原则

组织作为独立个体，它内部有许多单元，这些单元同组织之间存在着局部和整体的关系。组织作为社会的一环，又是社会的一个单元，同社会存在着局部与整体的关系。局部与整体的利益有时会产生矛盾。因此，决策者在做决策时，应正确处理组织内部各个单元之间、组织与社会、组织与其他组织之间的关系，在充分考虑局部利益的基础上，把提高整体效用放在首位，实现决策方案的整体满意。

（四）集体与个人相结合的原则

坚持集体与个人相结合的原则，就是要充分发挥专家和智囊的作用，调动各方面的积极性和主动性，使决策建立在广泛民主的基础上，并在民主的基础上进行集中。这样一方面可以充分发挥各方面的专长，提高决策质量，防止个人决策的片面性；另一方面又为今后决策的实施提供了保证。该原则充分体现了决策科学化和民主化的客观要求。

（五）反馈原则

反馈原则就是建立反馈系统，用实践来检验决策和修正决策。由于事物的发展和客观环境的不断变化，决策者受知识、经验、能力的限制，致使决策在实施中可能会偏离预定目标，这就需要根据反馈情况采取措施，对原方案或目标加以相应的调整和修正，使决策趋于合理。

【阅读小品】

选择的故事

古希腊哲学大师苏格拉底的三个弟子曾求教老师，怎样才能找到理想的伴侣。苏格拉底没有直接回答，却让他们走麦田埂，只许前进，且仅给一次机会选摘一支最好最大的麦穗。

第一个弟子走几步看见一支又大又漂亮的麦穗，高兴地摘下了。但他继续前进时，发现前面有许多比他摘的那支大，只得遗憾地走完了全程。

第二个弟子吸取了教训，每当他要摘时，总是提醒自己，后面还有更好的。当他快到终点时才发现，机会全错过了。

第三个弟子吸取了前两位的教训，当他走到1/3时，即分出大、中、小三类，再走1/3时验证是否正确，等到最后1/3时，他选择了属于大类中的一支美丽的麦穗。虽说这不一定是最大最美的那一支，但他满意地走完了全程。

（资料来源：雷金荣，2012．管理学原理[M]．北京：北京大学出版社．）

四、旅游管理决策的分类

决策的内容很多，可以按照不同的标准加以分类，下面是几种主要的类型。

（一）按决策的重要程度分类

1. 战略决策

战略决策是指事关组织兴衰成败的带全局性、长期性的大政方针的决策。例如，企业方针、目标与计划的制订，产品转向，技术改造和引进，组织结构的变革等。战略决策的特点：影响的时间长、范围广，决策的重点在于解决组织与外部环境问题，注重组织整体绩效的提高。这类决策主要由组织内最高管理层负责。

2. 管理决策

管理决策是指执行战略决策过程中，在组织管理上合理选择和使用人力、物力和财力等方面的决策。例如，企业的销售、生产等专业计划的制订，产品开发方案的制订，职工招收与工资水平，更新设备的选择，资源和能源的合理使用等方面的决策。管理决策的特点：影响的时间较短、范围较小，决策的重点是对组织内部资源进行有效的组织和利用，以提高管理效能。这类决策主要由组织的中层领导负责。

3. 业务决策

业务决策又称作业决策，是指为提高效率以及执行管理决策等日常作业中的具体决策。例如，基层组织内组织任务的日常分配、劳动力调配、个别工作程序和方法的变动等。业务决策的特点：属单纯执行性决策，决策的重点是对日常作业进行有效的组织，以提高作业效率。这类决策一般由基层管理者负责。

管理决策和业务决策通常又统称为战术决策，与战略决策相对应。

管理层次与决策类别如表 4.1 所示。

表 4.1　管理层次与决策类别

管理层次	决策类别
最高管理层	战略决策
中间管理层	管理决策
初级管理层	业务决策

（二）按决策解决问题的重要程度分类

1. 程序化决策

程序化决策又称为常规决策或例行性决策，是指对重复出现的活动制定的决策。从实践经验中可以找到它的规律性，因而可以制定一套例行的程序加以解决，不必每次出现都重新进行决策，如此就能加强组织的控制系统和协调系统。成员之间与各集体之间在活动的方式和节奏上应有良好的协调，确保整个组织活动的正常进行。例如，旅行社任务的日常安排、接团与发团的业务流程，常用物资的订货与采购，会计与统计报表的定期编制与分析等。由于这类问题经常反复出现，其特点和规律性易于掌握，因而通常可将这类问题的决策程序固定下来，制定成规章或标准来加以解决。

2. 非程序化决策

非程序化决策又称非常规决策或例外决策，是指在管理过程中受大量随机因素的影响，很少重复出现，常常无先例可循的决策。例如，企业经营方向和目标决策、新产品开发决策、新市场开拓决策等。对这类决策，决策者往往没有固定的模式、规则和处理经验可循，完全靠决策者的洞察力、判断力、知识和信念来解决。但当这种类型的问题反复出现时，它的决策也会逐渐程序化、例行化。例如，旅行社的导游人员在工作当中就可能会出现漏接、空接、游客患病等突发事件，很多时候就没有固定的处理程序可依，在这些情况下要做出正确的决策对导游人员随机应变的能力要求就比较高。

（三）按决策问题所处的条件及决策的可靠程度分类

1. 确定型决策

确定型决策是指可供选择的方案只有一种自然状态时的决策，各备择方案所需的条件已知，并能预先准确了解各方案的必然后果的决策。确定型决策一般均可运用数学模型或借助计算机进行决策。例如，旅游饭店通过盈亏平衡分析方法，可以得出保本销售量、特定利润的销售量等。

2. 风险型决策

风险型决策是指可供选择的方案中存在着两种以上的自然状态，哪种状态可能发生是不确定的，但可估计其发生的客观概率的决策。例如，买各种彩票的决策；几种旅游产品方案推向市场后，可能会面临不同的市场状态，但各种情况的概率是可以估计的，这两种都属于此种决策类型。

3. 不确定型决策

不确定型决策是指各选择方案中存在着两种以上的可能出现的后果，这些后果出现的概率是不知道的。有时可以凭主观推测得出主观概率，如某旅游企业开发新产品的决策。这类问题无规律可循，一般依靠决策者的经验和直觉进行决策。对同样的问题决策者可以给出不同的答案。

在旅游决策活动中，越是组织的最高主管人员，其所做出的决策越倾向于战略的、非程序化的、科学的、不确定型的决策；而越是组织的初级主管人员，其所做出的决策越倾向于战术的、程序化的、经验的、确定型的决策。

【阅读小品】

狩猎的印第安人

居住在加拿大东北部拉布拉多半岛的印第安人靠狩猎为生。他们每天都要面对一个问题：选择朝哪个方向进发去寻找猎物。他们以一种在文明人看来十分可笑的方法寻找这个问题的答案：把一块鹿骨放在火上炙烤，直到骨头出现裂痕，然后请部落的专家来破解这些裂痕所包含的信息——裂痕的走向就是他们当天寻找猎物应朝的方向。

令人惊异的是，用这种完全是巫术的决策方法，他们竟然经常能找到猎物，所以这个习俗在部落中一直沿袭下来。

从管理学的角度来看，这些印第安人的决策方式包含着诸多“科学”的成分。

首先，在每一天的决策活动中，他们无意中将波特所说的“长期战略”应用于战术（朝哪个方向去打猎）中。通常的做法，如果头一天满载而归，那么第二天就再到那个地方去狩猎。在一定时间内，他们的生产可能出现快速增长。但正如彼得·圣吉说的，有许多快速增长常常是在缺乏“系统思考”、掠夺性利用资源的情况下取得的，其增长的曲线明显呈抛物线状——迅速到达顶点后迅速地下滑。如果这些印第安人过分看重他们以往取得的成果，就会陷入因滥用猎物资源而使之耗竭的危险之中。

其次，他们没有使决策受制于某个人或某些人的偏好和判断，而是把它置于一种决策系统之中。打猎实际上是猎人与猎物之间的博弈，如果猎人的行为受制于理性选择，那么他们实际上是在以不自觉的方式训练对手（猎物）。结果，猎人自己的行为方式对于对手（猎物）来说变得越来越透明，越来越容易对付，对手变得越来越聪明，猎人自己的核心竞争力越来越下降，直至最后丧失。

（资料来源：冯国珍，2011．管理学[M]．2版．上海：复旦大学出版社．）

学习任务二 旅游管理决策的程序

【案例导入】

东京迪士尼乐园开业后立即取得了巨大的成功。迪士尼公司的首席执行官迈克尔·艾斯纳（Michael Eisner）决定在欧洲选址，再建一家新园。法国由于地处欧洲中心，其他国家公民的入境手续简便，因此被最后选中。另外，法国还提供了极其优厚的投资条件。

这一次，迪士尼公司决定吸取过去所有主题乐园计划的教训。阿纳海姆迪士尼乐园周围的未开发土地被投资者疯狂收购，影响了公园的扩建计划。奥兰多迪士尼乐园拥有了足够的土地，但是公司却低估了饭店的需求量，因而在饭店利润方面丧失了巨大的机会。而在日本，迪士尼公司不但没能取得乐园的产权，还失去了使用迪士尼动画形象的版税。这次公司决心绝不重蹈覆辙。使这笔交易更为诱人的是，法国当局以20世纪70年代的价格向迪士尼公司出售了4800英亩（1英亩=0.004 05平方千米）土地，相当于巴黎市区1/5的面积。迪士尼公司相信，凭着低廉的地价和财产税，公司会在地产上大赚一笔。但是，在修建公园并把公园建在巴黎附近这一决策上，迪士尼公司对产生的后果显然估计不足。

结果，欧洲迪士尼乐园的利润远远低于预期水平。乐园的游客数量并没有实现预计的1100万人次，只是在大幅降低门票价格之后才勉强达到这个数字。饭店入住率只有37%，与预期的76%相去甚远。到1994年，乐园的亏损额已经高达4亿美元。

那么迪士尼公司在选址决策上犯了什么错误呢？欧洲迪士尼乐园距巴黎只有不到70英里，而巴黎却是世界上最著名的旅游胜地之一，这样一来迪士尼乐园就成了人们巴黎游的其中一站而已。只有很少的游客需要或者愿意在迪士尼乐园停留过夜。与美国相比，法国的公共交通更为便利，因此游客很自然地选择在乐园进行一日游，省去一笔昂贵的酒店住宿费用。这个迪士尼乐园并没有给欧洲游客带来全新的体验，而是重复了过去的一贯风格，其中很多文化理念已经备受质疑。

（资料来源：http://www.ceconline.com/strategy/ma/8800032913/01/，有改动。）

启示：

迪士尼公司的决策层确实降低了投资风险，但是他们却没能在乐园风格上适应欧洲文化，因而没能创造出足够的收益来收回成本。选址法国的支持者使用了并不准确的预计来证明计划的合理性。对乐园和酒店的游客量的估计过分乐观，掩盖了计划潜藏的危险。由于缺乏明确的方向，公司在制定决策时在关键问题上失去了核心原则，因而犯下了错误。

决策程序是指从问题提出到定案所经历的过程。科学的决策程序是保证决策正确的重要因素。决策程序科学化有两层含义：其一是决策程序是一个科学系统，其中每一步骤都有科学含义，相互间是有机的联系；其二是有一套科学的决策技术，以保证每一步骤的科学性。典型的决策程序一般分为以下五个步骤。

一、发现问题

没有问题就无所谓决策，决策首先必须明确提出所要解决的问题。问题可以理解为在现有条件下，应该可以达到的理想状况和现实状态之间的差距。相关专家指出，目前中国旅游业处于最好的发展时期，全国旅游企业规模不断壮大，质量日益提升，但与国外旅游企业相比，还未能形成国际知名品牌，存在规模不大、效益不高、质量不佳、联合不够四大问题。

确定问题时要注意以下三个方面。

1）确定是否存在需要解决的问题。

2）确定问题出在何处。

3）明确真正的问题及其可能的原因。

二、确定目标

问题提出后必须明确问题能否解决、解决的程度、结果要达到什么要求，也就是决策的目标。决策要求有明确而具体的决策目标，若决策的目标是模糊的，甚至是模棱两可的，则无法以目标为标准评价方案，更无从选择方案。决策目标是指在一定的环境和条件下，根据预测，所能希望得到的结果，这是以后判定和选择方案的依据和标准。目标的确定要根据组织的总目标进行综合平衡，组织的价值准则对目标的确定起着重要的影响作用。在决策过程中，往往会同时遇到各种问题，使决策目标可能不止一个而是多个，有的甚至是相互矛盾的，给决策带来困难，通常的做法如下。

1）在满足需要的前提下，尽量减少目标个数。可剔除从属性和必要性不大的目标；合并类似目标；当目标之间存在从属关系时，可将次要的目标作为约束条件；将单项目标综合成一个目标等。

2）将目标按重要性进行排列。目标精简后，对余下的目标按重要性排列顺序，并按“必须实现的”和“希望实现的”归类，规定出它们的重要系数，把重点集中到“必须实现的”目标上。

3）目标之间的协调。当目标之间存在矛盾时，应以总目标为基准进行协调。有时在降低某些目标，甚至放弃某些目标对全局有利的条件下，也可采取折中方式来协调。

三、方案的拟订

决策也可以说是对解决问题的种种行动方案进行选择的过程。但如果不能将各种可行方案找到，选择的余地就很少了，也就难以保证决策的质量。

备选方案不可能是一个，但也不可能太多。因此，备选方案是带有概括性、典型性和代表性的几个可能的方案。概括性是指所拟订的备选方案包括了所有可能的方案，典型性和代表性是指各方案之间互相排斥。在拟订备选方案的过程中，一个很重要的问题就是尽量找出限制性因素，遵循限定因素原理，对一些抉择方案进行选择。

决策要求有两个以上的备选方案，以便比较选择。必须要有可供选择的方案，否则决策可能就是错误的。人们总结出两条规则：一是在没有不同意见前，不要做出决策；二是如果看来只有一种行事方法，那么这种方法可能就是错误的。

四、方案的评价与选择

每个实现目标的可行方案，都会对目标的实现发挥某种积极作用和影响，也会产生消极作用和影响。必须对每个可行方案进行可行性研究。可行性研究是决策的重要环节。决策方案不但必须在技术上可行，而且应当考虑社会、政治、道德等各方面的因素。方案的评价首先需要建立一套有助于指导和检验判断正确性的决策准则。决策准则一般包括目标达成度、成本代价、可行性等。方案的选择应充分考虑各种可能的限制因素和条件，特别应重视各种方案可能带来的后果。方案选择时应当注意以下几点。

1）任何方案均有风险。

2）不要一味追求最佳方案。

3）在最终选择时，允许不做任何选择。

很难以最理想方案作为目标，而只能以足够好地达到组织目标的方案作为准则。合理方案只能在决策时能够提出来的若干可行方案中进行比较和优选。而决策的可行方案，是在人们现有的认识能力制约下提出来的。由于组织水平以及对决策人员能力训练方式的不同，加上人们对客观事物的认识是一个不断深化的过程，所以对于任何目标，都很难提出全部的可行方案，决策者只能得到一个适宜或满意的方案。

五、方案的执行与反馈

决策在执行过程中首先应当制定一个实施的方案，包括宣布决策，解释决策，分配实施决策所涉及的资源和任务等。

在决策执行过程中必须进行有效的控制和监督，对决策执行过程中的结果必须进行及时反馈，这样才能发现问题，及时纠正偏差。

【阅读小品】

决策与执行

一群老鼠吃尽了猫的苦头，它们召开全体大会，号召大家贡献智慧，商量对付猫的万全之策，争取一劳永逸地解决事关大家生死存亡的大问题。

众老鼠苦思冥想后，有的提议培养猫吃鱼、吃鸡的新习惯，有的建议加紧研制毒猫药，最后，还是一个老奸巨猾的老老鼠的主意让大家佩服得五体投地，连呼高明，那就是：给猫的脖子上挂一个铃铛，只要猫一动，就有响声，大家就可事先得到警报，躲起来。

这一决议马上被投票通过，但是谁去把铃铛挂到猫的脖子上呢？高薪奖励、颁发荣誉证书等办法一个又一个地被提出来，但没有一只老鼠肯去。

再好的决策，如果不能去执行，也是没有意义的。决策与想法不在于多么英明，而在于能否实行。

（资料来源：王福胜，2010．管理学基础[M]．上海：上海交通大学出版社．）

学习任务三　旅游管理决策的方法

【案例导入】

新希望集团内部有一个“项目批判式论证制度”，新希望集团如要上一个项目，也要请有关人士出面论证，而他们的论证不是从项目的可行性说起，而是从项目的可否性开刀。每个项目出来均要进行三轮“批判性论证”，第一轮是企业内部论证，第二轮是邀请企业外部各方面专家论证，第三轮是集中企业内部和外部专家共同论证，而且论证中不说优点和可行性，只对项目进行挑刺，谁批倒了就给谁大奖。经过这几个回合的论证仍驳不倒的项目，集团就要研究这个项目投资上马的时间问题了。

刘永好说：“我们请企业外部的人来批，如果一般人每人发 1000 元的论证费，那么批倒项目的人就发 5000 元的奖金，用最小的代价挖掘出项目的最大风险。”新希望集团采取这样的“项目批判式论证制度”，确实也“批”死了许多项目。我们认为，这样做可以打破一些传统的思维方式，也是对“智者千虑，必有一失”的匡正。一个所有人都批不倒的项目，其成功的可能性大，要干也就能干成，这样做可以避免企业领导层一拍脑袋就干的盲目做法。

［资料来源：谢康利，2009. 新希望否定决策模式[J]. 商界：评论，（06）：132-135.］

启示：

要把项目投资的风险降低到最小，就要多听听“反面”意见。因为市场分布总有缝隙，逆向思维可以使我们较为容易地发现项目的不足之处。如今，市场已进入了微利和买方时代，采用适当的决策方法至关重要。

决策方法从总体上来看可分为定性和定量两种。科学的决策要求把以经验判断为主的定性决策法与以现代科学方法和技术为主的定量决策法结合起来。

一、定性决策法

定性决策法是指决策者根据已知的情况和资料，直接利用个人的知识、经验和组织规章进行决策。定性决策法的优点：灵活、方便，通用性大，容易被一般管理者接受，而且特别适合于非常规决策，同时还有利于调动专家的积极性，提高他们的工作能力。其局限性：由于它是建立在专家个人直观的基础上，缺乏严格论证，易产生主观性，而且还容易受决策组织者个人倾向的影响。

（一）创造性决策方法

1. 头脑风暴法

头脑风暴法又可分为直接头脑风暴法（通常简称为头脑风暴法）和质疑头脑风暴法（也称反头脑风暴法）。前者是在专家群体决策时尽可能激发创造性，产生尽可能多的设想的方法；后者则是对前者提出的设想、方案逐一质疑，分析其现实可行性的方法。

采用头脑风暴法组织群体决策时，要集中有关专家召开专题会议，主持者以明确的方式向所有参与者阐明问题，说明会议的规则，尽力营造融洽、轻松的会议气氛，一般不发表意见，以免影响会议的自由气氛，由专家“自由”提出尽可能多的方案。

头脑风暴法应遵守的原则：①庭外判决原则。对各种意见、方案的评判必须放到最后阶段，此前不能对别人的意见提出批评和评价。认真对待任何一种设想，而不管其是否适当和可行。②自由鸣放原则。欢迎各抒己见，创造一种自由的气氛，激发参加者提出各种荒诞的想法。③追求数量原则。意见越多，产生好意见的可能性越大。④取长补短原则。除提出自己的意见外，鼓励参加者对他人已经提出的设想进行补充、改进和综合。

为提供一个良好的创造性思维环境，应该确定专家会议的最佳人数和会议进行的时间。经验证明，专家小组规模以10～15人为宜，会议时间一般以20～60分钟效果最佳。

专家的人选应严格限制，便于参加者把注意力集中于所涉及的问题。具体应按照三个原则选取：①如果参加者相互认识，要从同一职位（职称或级别）的人员中选取。领导人员不应参加，否则可能对参加者造成某种压力。②如果参加者互不认识，可从不同职位（职称或级别）的人员中选取。这时不应宣布参加人员的职称，不论成员的职称或级别的高低，都应同等对待。③参加者的专业能力应与所论及的决策问题相一致，这并不是专家组成员的必备条件，但是专家中最好包括一些学识渊博、对所论及问题有较深理解的其他领域的专家。

头脑风暴法的主持工作，最好由对决策问题的背景比较了解并熟悉头脑风暴法的处理程序和处理方法的人担任。头脑风暴法专家小组人员应包括：①方法论学者——专家会议的主持者；②设想产生者——专业领域的专家；③分析者——专业领域的高级专家；④演绎者——具有较高逻辑思维能力的专家。

头脑风暴法的所有参加者，都应具备较高的联想思维能力。在进行“头脑风暴”（即思维共振）时，应尽可能提供一个有助于把注意力高度集中于所讨论问题的环境。有时某个人提出的设想，可能正是其他准备发言的人已经思维过的设想。其中一些最有价值的设想，往往是在已提出设想的基础之上，经过“思维共振”的“头脑风暴”，迅速发展起来的设想，以及对两个或多个设想的综合设想。因此，头脑风暴法产生的结果，应当认为是专家成员集体创造的成果，是专家组这个宏观智能结构互相感染的总体效应。头脑风暴主持者的发言应能激起参加者的思维“灵感”，促使参加者感到急需回答会议提出的问题。通常在“头脑风暴”开始时，主持者需要采取询问的做法，因为主持者很少能在会议开始 5～10 分钟内创造一个自由交换意见的气氛，并激起参加者踊跃发言。主持者的主动活动也只局限于会议开始之时，一旦参加者被鼓励起来以后，新的设想就会源源不断地涌现出来。这时，主持者只需根据“头脑风暴”的原则进行适当引导即可。应当指出，发言量越大，意见越多种多样，所论问题越广越深，出现有价值设想的概率就越大。

会议提出的设想应由专人简要记载下来或进行录音，以便由分析组对会议产生的设想进行系统化处理，供下一（质疑）阶段使用。

在决策过程中，对上述直接头脑风暴法提出的系统化的方案和设想，还经常采用质疑头脑风暴法进行质疑和完善。这是头脑风暴法中对设想或方案的现实可行性进行估价的一个专门程序。

质疑头脑风暴法的第一阶段，就是要求参加者对每一个提出的设想都要提出质疑，并进行全面评论。评论的重点，是研究有碍设想实现的所有限制性因素。在质疑过程中，可能产生一些可行的新设想。这些新设想，包括对已提出的设想无法实现的原因的论证，存在的限制因素，以及排除限制因素的建议。其结构通常是：“××设想是不可行的，因为……如要使其可行，必须……”

质疑头脑风暴法的第二阶段，是对每一组或每一个设想，编制一个评论意见一览表，以及可行设想一览表。

质疑头脑风暴法应遵守的原则与直接头脑风暴法一样，只是禁止对已有的设想提出肯定意见，而鼓励提出批评和新的可行设想。

在进行质疑头脑风暴法时，主持者应首先简明介绍所讨论问题的内容，扼要介绍各种系统化的设想和方案，以便把参加者的注意力集中于对所论问题进行全面评价上。质疑过程一直进行到没有问题可以质疑为止。质疑中抽出的所有评价意见和可行设想，应专门记录。

质疑头脑风暴法的第三阶段，是对质疑过程中抽出的评价意见进行估价，以便形成一个对解决所讨论问题实际可行的最终设想一览表。对于评价意见的估价，与对所讨论设想质疑一样重要。因为在质疑阶段，重点是研究有碍设想实施的所有限制因素，而这些限制因素即使在设想产生阶段也是放在重要地位予以考虑的。

由分析组负责处理和分析质疑结果。分析组要吸收一些有能力对设想实施做出较准确判断的专家参加。如果须在很短时间就对重大问题做出决策时，吸收这些专家参加尤为重要。

实践经验表明，头脑风暴法可以排除折中方案，对所讨论问题通过客观、连续的分析，找到一组切实可行的方案，因而头脑风暴法在许多领域都被广泛应用。例如，在美国国防部制订长远科技规划中，曾邀请 50 名专家采取头脑风暴法开了两周会议。参加者的任务是对事先提出的长远规划提出异议。通过讨论，得到一个使原规划文件变为协调一致的报告，在原规划文件中，只有 25%～30%的意见得到保留。由此可以看到头脑风暴法的价值。

当然，头脑风暴法实施的成本（如时间、费用等）是很高的，另外，头脑风暴法要求参与者有较好的素质。这些因素是否满足会影响头脑风暴法实施的效果。

2. 德尔菲法

德尔菲法是在 20 世纪 40 年代由 O. 赫尔姆和 N. 达尔克首创，经过 T. J. 戈尔登和兰德公司进一步发展而成的。德尔菲是古希腊城名，相传城中阿波罗能预卜未来，因此，这种预测方法被命名为德尔菲法。1946 年，兰德公司首次用这种方法进行预测和决策，后来该方法被迅速广泛采用。

德尔菲法依据系统的程序，采用匿名发表意见的方式，即专家之间不得互相讨论，不发生横向联系，只能与调查人员发生关系，通过多轮次调查专家对问卷所提问题的看法，经过反复征询、归纳、修改，最后汇总成专家基本一致的看法，作为预测的结果，供决策者进行决策。这种方法具有广泛的代表性，较为可靠。

德尔菲法的具体实施步骤如下。

1）组成专家小组。按照课题所需要的知识范围，确定专家。专家人数的多少，可根据预测课题的大小和涉及面的宽窄而定，一般不超过 20 人。

2）向所有专家提出所要预测的问题及有关要求，并附上有关这个问题的所有背景材料，同时请专家提出还需要什么材料，然后由专家做出书面答复。

3）各个专家根据他们所收到的材料，提出自己的预测意见，并说明自己是怎样利用这些材料并提出预测值的。

4）将各位专家的第一次判断意见汇总，列成图表，进行对比，再分发给各位专家，让专家比较自己同他人的不同意见，修改自己的意见和判断。也可以把各位专家的意见加以整理，或请身份更高的其他专家加以评论，然后把这些意见再分送给各位专家，以便他们参考后修改自己的意见。

5）将所有专家的修改意见收集起来，汇总，再次分发给各位专家，以便做第二次修改。逐轮收集意见并为专家反馈信息是德尔菲法的主要环节。收集意见和反馈信息一般要经过三四轮。在向专家进行反馈时，只给出各种意见，但并不说明发表各种意见的专家的具体姓名。这一过程重复进行，直到每一个专家不再改变自己的意见为止。

6）对专家的意见进行综合处理。例如，某书刊经销商采用德尔菲法对某一专著销售量进行预测。该经销商首先选择若干书店经理、书评家、读者、编审、销售代表和海外公司经理组成专家小组。将该专著和一些相应的背景材料发给各位专家，要求大家给出该专著最低销售量、最可能销售量和最高销售量三个数字，同时说明自己做出判断的主要理由。将专家们的意见收集起来，归纳整理后返回给各位专家，然后要求专家参考他人的意见对自己的预测重新考虑。专家完成第一次预测并得到第一次预测的汇总结果以后，除书店经理外，其他专家在第二次预测时都做了不同程度的修正。重复进行，在第三次预测时，大多数专家又一次修改了自己的看法。在第四次预测时，所有专家都不再修改自己的意见。因此，专家意见收集过程在第四次以后停止。最终预测结果为最低销售量 26 万册，最高销售量 60 万册，最可能销售量 46 万册。

德尔菲法作为一种主观、定性的方法，不仅可以用于预测领域，而且可以广泛应用于各种评价指标体系的建立和具体指标的确定过程。例如，我们在考虑一项投资项目时，需要对该项目的市场吸引力作出评价。我们可以列出同市场吸引力有关的若干因素，包括整体市场规模、年市场增长率、历史毛利率、竞争强度、对技术的要求、对能源的要求、对环境的影响等。市场吸引力的这一综合指标就等于上述因素加权求和。每一个因素在构成市场吸引力时的重要性即权重和该因素的得分，需要由管理人员的主观判断来确定。

（二）程序化决策方法

程序化决策方法主要用于处理反复出现的问题，如公文传递、设备使用等。

1. 政策制定

政策是处理各种组织活动的普遍适用的原则，如企业退货原则、引进高层次人才政策。

2. 规章制度制定

组织的规章制度规定了在某种情况下必须遵守的一系列行为准则，如上下班制度、接待顾客的制度。

3. 业务常规制定

这也可以说是业务程序，规定了执行某项任务如何操作，如旅行社的发团作业流程和接团服务程序。

程序化决策方法可以帮助管理者更快地处理日常事务，节省时间和精力。其缺点是可能会减少发现处理问题更好的方法的机会，而且政策、规章制度、程序一旦建立，即使有更好的方法，人们也必须按照原规定去做，因此显得比较僵化。

（三）经验型决策方法

经验型决策方法就是决策者凭自己长期工作中所积累的经验和解决问题的惯性思维方

式所进行的决策。这是最传统、最常见的决策类型。经验型决策方法通常采用以下四种基本方法。

1）直接判断法。这种方法是经验型决策方法中最简单、最省力的决策方法，它只适用于问题简单、目标明确、方案数量较少的决策。其特点是根据经验对各个方案选择直接判断，一眼就可以看出哪个方案最好，过程十分简单。

2）淘汰法。在决策问题比较复杂、目标多、方案多的情况下，先设定一些最低条件和标准，对全部备选方案进行筛选，淘汰一些达不到标准的方案，从而使选择过程大大简化。

3）排队法。通过综合判断将所有备选方案按优劣顺序进行排队，然后选择其中的最优方案。一般在用排队法进行决策时，常采用一个目标或几个关键目标作为排队评价依据，从而选择最优方案。

4）归类法。在选择方案时，有时因为备选方案太多，而其中很多方案好像都有吸引力，决策者此时会感到无从下手。此时可采用归类法先将类似的方案归于一类，从而把全部备选方案分为几大类，再进行选择。在选择过程中往往采用先在每类中选出一个或两个最好的方案，然后将各类中选出的最好方案进行比较，最后选择最优方案。这种方法的缺点是筛选的工作量过大。

在一些日常生活中进行的简单决策，有时我们常会借助一系列的经验总结来指导决策，如足球运动员在“形势危急时，将球踢出场”、领导者“把员工当成熟人来看待”等。

【管理游戏】

沙 漠 求 生

游戏目的：培养决策能力，理解个体决策与群体决策各自的优劣。

背景材料：飞机在沙漠中发生意外，你和一部分生还者面临生死存亡的选择……事发在当天上午10点，飞机要在位于美国西南部的沙漠紧急着陆。着陆时，机师和副机师意外身亡，而你和一群人幸运地没有受伤。

出事前，机师无法通知任何人有关飞机的位置。不过从指示器知道距离起飞的城市120千米；而距离最近的城镇，是西北偏北100千米，该处有个矿场。该处除仙人掌外，全是荒芜的沙漠，地势平坦。失事前，天气预报显示气温达108℉（1℉=−17.2℃）。

你穿着简便：短袖恤衫、长裤、短袜和皮鞋。口袋中有十多元辅币、五百多元纸币、香烟一包、打火机一个和原子笔一支。

你可以将以下物品进行排序：0.45口径手枪、大砍刀、每人4升清水、薄纱布、当地航空图、化妆镜、太阳镜、塑料雨衣、降落伞、伏尔加酒4升、指南针、长外套、食盐片一瓶（1000片）、《沙漠中可食用的动物》的书、手电筒。

游戏要求：首先，个人独立完成排列顺序；其次，小组讨论，集体决策排序；最后，根据参考答案，计算个人得分、小组平均得分（小组成员加总平均之后的得分）和你们集体讨论结果的最后得分。以你选好物品次序和正确次序之差的绝对值相加得到总分。例如，手电筒正确次序为4，而我选的次序为10，得分则为6。个人决策给出时间为5分钟，集体决策给出时间10分钟。根据参考答案计算分数给出时间为3分钟。

“沙漠求生”大结局:

0～25 分: 杰出; 26～32 分: 优秀; 33～45 分: 良好; 46～55 分: 及格; 56～70 分: 有少许生还希望; 71 分以上: 没有生还希望。

学习经验总结交流: 请集体决策结果优于个人决策结果的小组代表（组长与组员）、个人决策结果优于集体决策结果的小组代表（组长与组员）介绍决策过程、集体决策使用的方法。最后，请大家对集体决策与个人决策的利弊进行分析。

参考答案:

在二战期间，一位专家曾在撒哈拉沙漠工作，研究在沙漠求生的问题。他搜集了无数事件和生还者的资料，给出以下答案，并详细解释其理由。

（1）化妆镜

在各项物品中，镜子是获救的关键。在白天用来表示你的位置，是最快和最有效的工具。

镜子在太阳光下，可产生相当于 5 万～7 万支烛光亮度; 如反射太阳光线，在地平线另一端也可看到。

如没有其他物品，只有一面镜子，你也有 80%获救的机会。

（2）长外套

如失事的位置被获悉，在拯救队未到前，便要设法降低体内水分的流失。

人体内有 40%是水分，流汗和呼吸会使水分流失，保持镇定可降低脱水的速度。穿上外套能降低皮肤表面水分的蒸发，假如没有外套，维持生命的时间便减少一天。

（3）每人 4 升清水

如有上述（1）、（2）两项物品，可生存 3 日。水有助于降低身体脱水速度，口渴时，最好喝水，使头脑清醒。尤其是在第一天，要制造遮蔽的地方。当身体开始脱水时，喝水也没有多大效用。

（4）手电筒（4 个电池大小）

在晚上，手电筒是最快和最可靠的发信号工具。有化妆镜和手电筒，24 小时都可以发出信号。手电筒也有其他用途: 日间可用手电筒的反光镜和玻璃做信号及点火引燃之用; 装电池的部分可用来挖掘或盛水（参考塑料雨衣部分之蒸馏作用）。

（5）降落伞（红色和白色）

可用做遮阴和发信号，用仙人掌做营杆，降落伞做营顶，可降低 20%的温度。

（6）大砍刀

刀可切断坚韧的仙人掌，也有其他用途。刀可排列在较前的位置。

（7）塑料雨衣

可做“集水器”。在地上挖一个洞，用雨衣盖在上面，然后在雨衣中央放一小石块，使之成漏斗形。日夜温差可使空气的水分附在雨衣上，雨衣上每天大约可收集 0.5 升水。

（8）0.45 口径手枪（装有弹药）

第二天之后，你们说话和行动已很困难，身体已经产生 6%～8%的脱水，手枪于是成为很有用的工具; 弹药有时要做起火之用。国际求救信号是连续发三个短的信号。在无数事件中，由于求生者不能发出求救声音，所以没有被人发现。另外，枪柄可做锤子用。

（9）太阳镜

在猛烈的太阳光下，会患光盲症。用降落伞遮阴可避免眼睛受损；也可用黑烟将眼镜熏黑；用手绢或纱布蒙眼，也可避免眼睛被太阳光灼伤。但用太阳镜则更舒适。

（10）薄纱布

沙漠湿度低，身体的脱水会使血液凝结，减少血液流失。有事件记录：有一男子体内失去水分，而身上的衣服已被撕破，倒在尖锐的仙人掌和石块上，满身伤口，但没有流血。后来被救，饮水后伤口才流血。纱布可当绳子，或包扎脚部、足踝、头部或面部做保护之用。

（11）指南针

除用其反射面发射信号之外，指南针并无其他用处。反而有引导人们离开失事地点的危险。

（12）当地航空图

可用来起火或当厕纸。也可用来遮盖头部或眼睛。它也会引导人们走出沙漠。

（13）书 1 本，名为《沙漠中可食用的动物》

目前最大的问题是脱水，并不是饥饿。打猎所得相当于失去的水分，沙漠中动物也甚少可见。吃食物也需要大量的水来帮助消化。

（14）伏尔加酒 4 升

高浓度的酒精会吸收人体内的水分，更可致命。伏尔加酒只可做暂时降低体温之用。

（15）食盐片 1 瓶（1000 片）

人们过分高估盐的作用。如血液内的盐分增加，同时也需要大量的水以降低体内含盐的量。

二、定量决策方法

定量决策方法是建立在数学工具基础上的决策方法。它的核心是把决策的变量与变量，以及变量与目标之间的关系用数学模型表示出来，然后根据决策的条件，通过计算工具运算，求得决策答案。

定量决策方法的优点：第一，提高了决策的准确性、最优性和可靠性；第二，可使领导者、决策者从常规的决策中解脱出来，把注意力专门集中在关键性、全局性的重大复杂的战略决策方面，这又帮助了领导者提高重大战略决策的正确性和可靠性。其局限性即弊病表现：第一，对于许多复杂的决策来说，仍未见可以运用的简便可行的数学手段，在许多决策问题中，有些变量是根本无法定量的；第二，数学手段本身也太深奥难懂，很多决策人员并不熟悉它，掌握起来也不容易；第三，采用数学手段或计算机，花钱多，一般只用在重大项目或具有全局意义的决策问题上，而不直接用于一般决策问题。

（一）确定型决策方法

采用确定型决策方法必须具备的条件：第一，存在着决策人要达到的一个明确的决策目标，如最大利润、成本最少等；第二，有可供选择的两个以上的可行方案，肯定出现不以决策人主观意志为转移的一种自然状态，其概率为 1；第三，在上述条件下，损益值可以计算出来，然后通过比较，确定符合决策目标的最佳方案。下面我们介绍几种典型的确定型决策方法。

1. 价值分析法

这里所说的价值，不是政治经济学中的价值，它是泛指方案的作用、效果、益处、意义等。根据决策的目标个数我们又可以把这种方法分成两种类型。

1）单目标决策模型。决策问题的目标只有一个，如增加利润、降低成本、提高效率、扩大销售等。步骤如下。

① 计算。计算各决策方案的价值系数。

$$V=\frac{F}{C} \tag{4.1}$$

式中：V——价值系数；

F——方案的功能或价值（有货币单位、实物单位或评分法计算）；

C——费用（或成本）。

② 比较。比较不同可行方案的价值系数，取最大者作为决策方案。

例如，某景区为了扩大知名度，增加销售额，制订出三种不同的促销方案，各方案需要的费用与能得到的结果如表 4.2 所示。

表 4.2　三种方案的价值系数

方案	费用（C）/万元	销售增长额（F）/万元	价值系数（V）
1	15	30	2
2	20	54	2.16
3	18	54	3

上述三种方案中，销售增长额最大的方案并不是最优方案，因为它的耗费也较多，真正最优的方案是价值系数最大的方案，即方案 3。

2）多目标决策模型。运用价值分析法进行多目标决策时，首先要把价值系数做如下的变形。

$$V=\frac{F_1+F_2+\cdots+F_n}{C}=\frac{\sum_{i=1}^{n}F_i}{C} \quad 或 \quad \frac{\sum_{i=1}^{n}F_i a_i}{C} \tag{4.2}$$

式中：F_i——方案的不同功能或价值；

a_i——权重（不同功能或价值的权重数）；

n——功能或价值的个数。

如要采用打分法（五分制、十分制或百分制），则

$$V=\frac{\sum_{i=1}^{n}m_i a_i}{C} \tag{4.3}$$

式中：m_i——分数。

例如，九州旅行社在编制年度计划时，三个目标分别是增加利润总额、扩大市场占有率、增加销售额。为了实现这三个目标，制订了三种方案，假定三个方案的费用（或成本）

相同，且为 1，各方案对各项目标的价值不同，如表 4.3 所示，问如何进行决策？

表 4.3　三种方案的综合价值系数

方案	利润差额权重（a_i）	市场占有率权重（a_i）	销售额权重（a_i）	综合价值系数（V）
	0.1	0.6	0.3	
1	10	6	15	9.1
2	6	8	9	8.1
3	8	5	17	8.9

解：方案 1：$V_1=10\times0.1+6\times0.6+15\times0.3=9.1$；

方案 2：$V_2=6\times0.1+8\times0.6+9\times0.3=8.1$；

方案 3：$V_3=8\times0.1+5\times0.6+17\times0.3=8.9$。

结论：选择综合价值系数最大的方案，即方案 1 为最优方案。

2. 盈亏平衡点法

盈亏平衡点法又称保本分析法或量本利分析法，是通过考察产量（或销售量）、成本和利润的关系以及盈亏变化的规律来为决策提供依据的方法。

在应用盈亏平衡点法时，关键是找出企业不盈不亏时的产量（称为保本产量或盈亏平衡产量，此时企业的总收入等于总成本），而找出保本产量的方法有图解法和代数法两种。

（1）图解法

图解法是用图形来考察产量、成本和利润的关系的方法。在应用图解法时，通常假设产品价格和单位变动成本都不随产量的变化而变化，所以销售收入曲线、总变动成本曲线和总成本曲线都是直线。如图 4.1 所示。

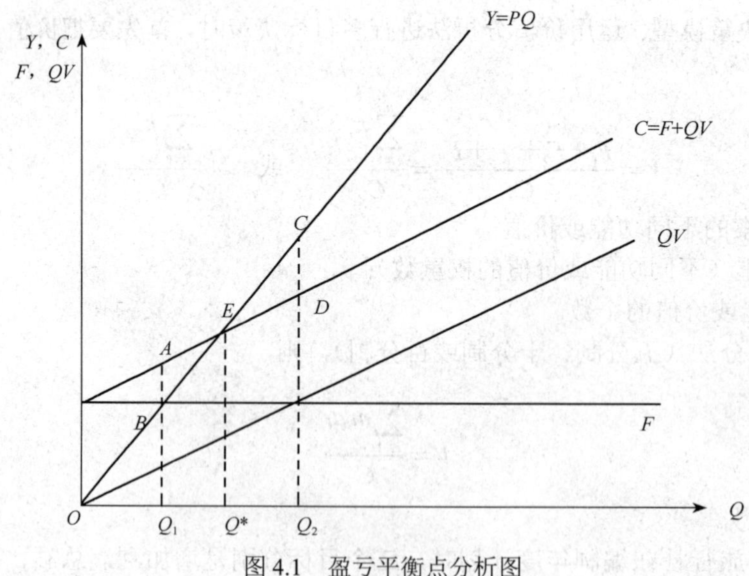

图 4.1　盈亏平衡点分析图

图中纵坐标表示总收益（Y）、总成本（C）、固定成本（F）及可变总成本（QV）。横坐标表示产量（或销量，用 Q 表示，该模型假定产销量一致）。总收益 Y 是单位销售价格 P 与产量 Q 的乘积；总成本 C 等于固定成本 F 加上可变成本 QV。总收益曲线 Y 与总成本曲线 C 的交点 E 对应的产量 Q^* 就是总收益等于总成本（即盈亏平衡）时的产量，E 点就是盈亏平衡点。在 E 的左边，即 $Q<Q^*$，总成本曲线位于总收益曲线之上，即亏损区域，其中 C 和 Y 之间的纵坐标距离就是相应产量下的亏损额，如 Q_1 处的亏损额为 AB。在 E 点的右边，即 $Q>Q^*$，总收益曲线位于总成本曲线之上，即盈利区域，Y 与 C 之间的垂直距离就是相应产量下的盈利额。如 Q_2 对应的盈利额为 CD。

对于现有的生产能力是否在 $Q<Q^*$ 时就应该停产呢？由图4.1可知，停产时亏损额为 F，即固定成本支出，而在 OQ^* 区间内的任一点的亏损额（$C-Y$）都低于 F。所以企业生产能力形成后，即使受市场销售的约束使产量进入亏损区也不应做出停产决策。

（2）代数法

代数法是用代数式来表示产量、成本和利润的关系的方法。

1）求盈亏平衡点产量。企业不盈不亏时，$PQ^*=F+Q^*V$，所以盈亏平衡点产量为

$$Q^*=\frac{F}{P-V} \tag{4.4}$$

2）求保目标利润的产量。设保目标利润为 π，则 $PQ=F+QV+\pi$，所以保目标利润 π 的产量为

$$Q=\frac{F+\pi}{P-V} \tag{4.5}$$

假设某餐厅每月工资等固定成本为 150 000 元，变动成本为营业收入的 65%。按人均消费 80 元计算，要保证每月 130 000 元的利润，每月要接待多少名顾客？假定接待量为 Q，根据上述公式可得：

$$Q=\frac{150\,000+130\,000}{80-80\times65\%}=10\,000\text{（名）}$$

因此该餐厅每月至少要接待 10 000 名顾客，才能实现该目标利润。

3）求经营安全率。盈亏平衡点法还可以用于判断企业的经营安全状态。经营安全率是反映企业经营安全状态的一个指标，用公式表示为

$$S=\frac{Q-Q^*}{Q} \tag{4.6}$$

式中：S——经营安全率；

Q——现实产量；

Q^*——盈亏平衡点产量。

S 值越大说明企业对市场的适应能力越强，企业安全经营状态越好。企业安全状态可由表 4.4 来判断。

表 4.4 经营安全率和经营安全状况表

经营安全率 S	>30%	25%～30%	15%～25%	10%～15%	<10%
经营安全状况	安全	较安全	不太好	要警惕	危险

经营安全率可以作为反映企业经营状况的综合性指标。由定义可知，增加现实产量或降低盈亏平衡点的产量 Q^* 都可以提高经营安全率。

（二）风险型决策方法

有时我们会碰到这样的情况，一个决策方案对应几个相互排斥的可能状态，每一种状态都以一定的可能性（概率 0～1）出现，并对应特定结果，这时的决策就被称为风险型决策或者随机型决策。风险型决策的目的是如何使收益期望值最大，或者使损失期望值最小。风险型决策方法主要有最大可能法、期望值法等。

1. 最大可能法

一个事件的概率越大，它发生的可能性就越大，因此，在风险型决策中，我们可以选择一个概率最大（即发生可能性最大）的自然状态进行决策，而不是考虑其他自然状态。这样就把风险型决策转化成确定型决策。这种方法就是最大可能法。

应用最大可能法的条件是：在一组自然状态中，其中某一个状态出现的概率比其他状态出现的概率显著地大，并且它们相应的收益值差别不大时，此种方法是有效的；反之，如果它们发生的概率都很小，而且相互拉近时，最大可能法是无效的。

例如，飞扬旅游商品公司要确定计划期内某种产品的产量。根据以往经验和市场预测，该产品销路好（Q_1）、一般（Q_2）、差（Q_3）三种情况发生的概率分别为 0.3、0.5 和 0.2。产品采用大、中、小批量生产的效益值如表 4.5 所示。现在通过决策分析，为该企业确定合理的生产批量，使收益最大。很明显，这是一个风险型决策问题。根据最大可能法，自然状态（这就是产品销路）Q_2 一般出现的概率 $P（Q_2）=0.5$ 最大，因此就按这一最大可能的自然状态进行决策。

通过比较可以看出采用 A_2（中批量生产），效益最大，故决策方案为 A_2。

表 4.5　产品批量决策表　　单位：万元

行动方案	三种产品销路的概率		
	$P(Q_1)=0.3$	$P(Q_2)=0.5$	$P(Q_3)=0.2$
A_1（大批量生产）	20	12	8
A_2（中批量生产）	16	16	10
A_3（小批量生产）	12	12	12

2. 期望值法

期望值是指随机变量的数学期望，其公式为

$$E(X)=\sum_{i=1}^{n} P_i x_i \tag{4.7}$$

式中：$E(X)$——X 方案的期望值；

P_i——该方案出现第 i 种自然状态时的收益值；

x_i——该方案第 i 种自然状态出现的概率；

n——该方案可能出现的自然状态数。

我们可以计算出每一行动方案的期望值，通过比较进行决策。运用数学期望值法，对上面产品批量问题进行决策。计算三个方案的数学期望值。

$$E(A_1)=20\times0.3+12\times0.5+8\times0.2=13.6\text{（万元）}$$
$$E(A_2)=16\times0.3+16\times0.5+10\times0.2=14.8\text{（万元）}$$
$$E(A_3)=12\times0.3+12\times0.5+12\times0.2=12.0\text{（万元）}$$

$\because \max\{E(A_i)\}=E(A_2)=14.8$ 万元

$\therefore A_2$ 应为决策方案，即 A_2 是应当采用的行动方案。

期望值法应用了概率，概率仅仅说明事件发生的可能性的大小，而不是说一定要发生，因此，这类决策要冒一定的风险。

3. 决策树法

决策树法是由决策节点、方案枝、状态节点和概率枝四个要素组成的树状图。如图 4.2 所示，它以决策节点为出发点，引出若干方案枝，每个方案枝的末端是一个状态节点，状态节点后引出若干概率枝，每一概率枝代表一种状态。

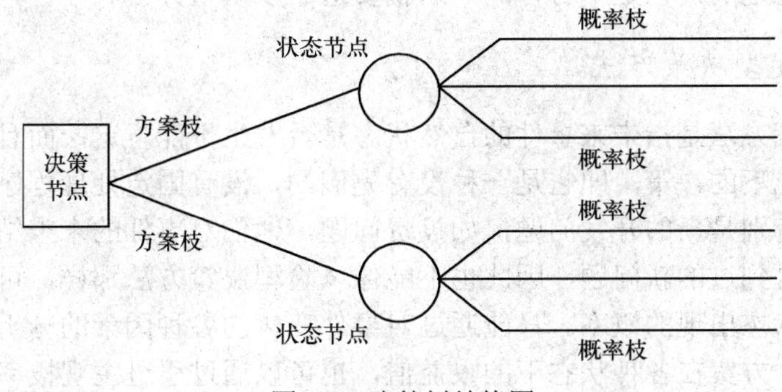

图 4.2　决策树结构图

决策树法的决策程序如下。

1）拟订各种可行方案（或备选方案），画出决策树；

2）预测或推测不同自然状态下的概率，以及每一个方案在相应自然状态下的收益值，并标在相应的概率枝、状态节点上；

3）计算收益期望值；

4）比较选择决策方案。

我们仍以上述产品批量决策为例，用决策树法进行决策。

按上述四大步骤画出决策树，如图 4.3 所示。

将各方案节点上的期望值加以比较，最大的收益值为 14. 8，写在决策 A_2 的上方，说明决策方案为 A_2。

决策树法的优点：用图形反映决策过程，直观形象，而且逻辑思路清晰，比较适宜复杂的多级风险型决策问题。

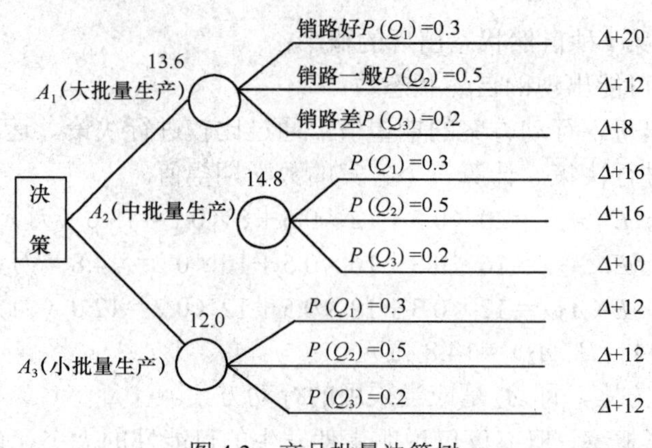

图 4.3　产品批量决策树

一般而言，由于决策者对各种自然状态发生的概率以及益损值的估计或预测都不是十分精确的，因此需要对这些数据的变动是否影响最优方案的选择进行分析。

在实际工作中，需要把自然状态的概率值、收益值在可能发生的误差范围内做几次不同的变动，分别计算期望值。如果概率值及收益值稍加变动，最优方案仍保持不变，这个方案就是比较稳定的；如果概率值、收益值稍加变动，最优方案就从原方案变为另一方案，这个方案就是不稳定的，也是不可行的，这就要进一步慎重分析。

（三）不确定型决策方法

不确定型决策方法是指未来事件的自然状态是否发生不能肯定，而且未来事件发生的概率也是未知情况下的决策，即它是一种没有先例的，没有固定处理程序的决策。旅游企业面临新问题，特别是新的开发问题，如投资问题，他们对事件的未来结果不能确定。又因为是从来没有碰到过的新问题，因此也不能像风险型决策方法那样，可利用已有的统计资料来计算各种状态出现的概率。只能通过对事件变化的各种因素的分析，估计几种可能发生的状态和各个方案在各种状态下的收益值，也可以通过引进主观概率，来计算比较主观期望值大小来进行决策。

1. 悲观决策法

悲观决策法（又称小中取大法）是指先计算出各种方案在各种自然状态下可能有的收益值，再找出各种方案在自然状态下的最小收益值，然后选择与这些最小收益值中最大的值相对应的方案，作为决策方案。

如世纪旅游商店为了扩大营业额，拟订以下四种方案。

方案甲：在不增加设施的情况下，只增加经营品种；

方案乙：在原有营业面积内调整和增加柜台；

方案丙：开辟楼上，增加营业面积；

方案丁：在商店外增设销售服务网点。

以上各个方案在不同的市场需求状况下，其收益和亏损情况如表 4.6 所示。

表 4.6 世纪旅游商店利润或亏损表 单位：万元

决策方案	市场需求状况		
	畅销	一般	滞销
甲	30	20	5
乙	40	20	2
丙	50	30	1
丁	60	15	3

现根据上述资料，采用悲观决策法选取最优方案。

1）从甲、乙、丙、丁四个方案中分别取最小收益值为 5 万元、2 万元、1 万元、3 万元。

2）从四个收益值最小的方案中，选取其中收益值最大的方案甲作为决策方案。

2. 乐观决策法

乐观决策法（又称大中取大法）与悲观决策法正好相反。这种方法的思想基础是对客观情况按乐观态度，从最好的客观状况出发，寻找出预期结果最好的方案。我们还是以表 4.6 为例，把每一方案在各种状态下的最大收益值排列在一起，在其中选择一个数值最大的方案为最优方案。

1）从甲、乙、丙、丁四个方案中分别取最大收益值为 30 万元、40 万元、50 万元、60 万元。

2）从四个收益值最大的方案中，选取其中收益值最大的方案丁作为决策方案。

3. 主观概率决策法

主观概率决策法就是选取每一种行动方案在最好与最差两种状态下的损益值，并对这两种状态出现的可能性大小分别给予一个主观概率大小的数值评价。然后将每一方案最好与最差两种状态下的损益值乘上各自的状态的概率，加总起来，求得每一方案的预期价值。最后通过对各方案预期价值的大小比较来选择最优方案。设最好状态的主观概率为 a，则最差状态的主观概率为（$1-a$）。我们也可以把这里的 a 称作乐观系数，如果 a 的数值接近 1，则说明决策者比较乐观，如果 a 的数值接近 0，则说明决策者比较悲观。

假设上述旅游商店对扩大营业额比较乐观，把乐观系数定为 0.7，现要求采用主观概率决策法做决策分析。

根据上述资料，分别计算各备选方案的预期价值。

方案甲的预期价值＝（30×0.7）＋（5×0.3）＝22.5（万元）

方案乙的预期价值＝（40×0.7）＋（2×0.3）＝28.6（万元）

方案丙的预期价值＝（50×0.7）＋（1×0.3）＝35.3（万元）

方案丁的预期价值＝（60×0.7）＋（3×0.3）＝42.9（万元）

根据以上计算结果，方案丁可获得最大的预期价值 42.9 万元，是最满意的方案。

单元五

旅游企业计划管理

学习目标

◇ 知识目标：充分理解制订旅游企业计划的重要性；了解旅游企业年度经营计划的基本类型及结构；掌握旅游企业计划的基本格式及写法。

◇ 能力目标：能根据需要收集相关的背景资料；能按计划进行企业管理；能根据企业管理的需要制订简单的经营计划。

◇ 素质目标：培养学生事前做计划的工作习惯；培养学生按计划行事的工作作风；培养学生形成良好的团队合作意识。

学习任务一　认识旅游企业计划工作

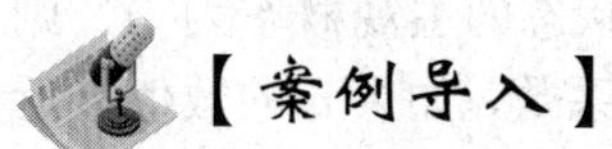

【案例导入】

春秋国际旅行社的“包机＋网络”经营战略

旅游包机是旅行社包用航空公司的飞机，在固定和非固定的航线上，按约定的时间、航程、载运游客的飞行活动。此类业务具有航线灵活、成本低廉、运费不受国际航协规定约束、所需地面支持较少等多重优势，能有效实现旅行社、航空公司和机场公司的资源优势互补和三方共赢。

1997 年开始，春秋国际旅行社为扩大业务，尝试“包机＋网络”的企业经营战略模式，成为全国第一家旅游包机批发商。包机策略使它具有了价格竞争优势，而包机需要规模来支撑，于是春秋国际旅行社在上海及全国铺设了与包机业务相匹配的强大的销售网络，至 2005 年，春秋国际旅行社在上海已设有 50 个全资门店，在全国建有全资分社 31 家，境外分公司7家。在全国共有代理商1500多家，其中上海周边代理商200多家。公司总部、门店、分社、代理商之间的分布有1200余个电脑网络终端，构成了一个“前台收客、后台处理”的庞大业务收揽及处理平台。“包机＋网络”的企业经营战略模式使得春秋国际旅行社取得了与大多数“小、散、差”旅行社竞争的绝对价格优势，它的低价不是以降低服务水平，而是以有效降低成本来保证。春秋国际旅行社因此取得了良好的品牌声誉，成为上海市第一家著名商标的旅行社企业，国内连锁经营最多全资分社、最具规模的旅游批发商和包机批发商，连续10年在国内旅行社业占据遥遥领先的地位。

（资料来源：李凡，2013．春秋集团经营案例[M]．北京：经济管理出版社．）

启示：

旅游业是高度敏感性的服务行业，春秋国际旅行社作为一家民营旅游企业在20世纪90年代开始紧跟交通运输业及IT（information technology，信息技术）业发展，与时俱进及时做出经营计划的调整，推出“包机＋网络”的经营战略，取得了巨大的成功。至21世纪10年代，我国旅游企业在国际化形势下正面临巨大的机遇与挑战，我国的旅游企业若想在激烈的竞争中立于不败之地并实现可持续发展，不仅仅需要制订科学的企业经营管理计划，更需要抓住这个互联时代的特点，审时度势调整企业计划。

一、旅游企业计划的概念

旅游企业计划是指管理者根据旅游企业内外部的实际情况，在科学预测的基础上为实现组织目标对未来一定时期内的工作作出安排的活动。它包括对组织所拥有的和可能拥有的人力、物力、财力所进行的设计和谋划，找到一条合适的实现组织目标的途径。

二、旅游企业计划管理的意义

在企业管理的四大职能（计划、组织、领导、控制）中，计划是逻辑上企业管理过程的开始，是有效开展后续所有管理职能的前提和基础。计划对组织的管理活动起着直接的指导作用，有计划才有管理。计划做得越好、越细，工作推动越顺利，工作成果和目标的偏差越小。计划对我们的管理工作既可以起到积极作用，也可能起到消极作用。一个科学性、准确性很强的计划将使工作事半功倍；反之，则会使工作事倍功半，甚至带来负效应。具体来讲，计划对组织的重要作用主要表现在以下几个方面。

（一）提供方向

计划是面向未来的，而未来又是不确定的，计划的重要性就在于明确具体的目标和任务，指明行动方向，从而促使组织内全体成员行动方向一致，保证目标实现。对旅游企业的管理者来说，制订计划前需要进行周密而细致的预测；计划制订后还要根据计划来进行指挥，随时检查计划的落实情况并制定相应的补救措施。一旦发现问题就要对原有方案进行修正，以适应变化。

（二）有利于控制

计划和控制是一个事物的两个方面。未经计划的活动是无法控制的。计划工作所建立的目标和指标给控制标准的制定提供了依据。同时，计划的实施又需要控制活动予以保证，控制工作就是通过纠正脱离计划的偏差来使组织的经营活动保持既定的方向。计划是控制的标准，是控制的基础。因此，旅游企业计划工作是一个指导性、科学性和预见性很强的管理活动，同时也是一项复杂而又困难的工作。

（三）有利于提高经济效益

由于计划工作强调了经营的效率和一贯性，使组织经营活动的费用降至最低。旅游企业计划是用共同的目标来指明组织的行动方向，用协调的工作流程来代替分散的经营活动，用深思熟虑的决策来取代草率的判断，以实现对各种生产要素的合理配置，从而使组织的经营成本降至最低，取得最大的经济效益。

（四）有效配置资源

实现组织目标可能有许多条路。管理人员通过计划，可以选择尽可能好的方法，合理有效地配置旅游企业中的人力、物力、财力、信息和时间等各种资源，发挥这些资源的最大作用，以最低的消耗取得较好的成果，保持较高的效率和效益，避免不必要的浪费和损失。

三、旅游企业计划的类型

由于目标以及实现目标的方案不同，因此旅游计划工作也有不同的种类，常见的分类方法如表 5.1 所示。根据不同标准对计划进行分类，主要是为了分析研究的方便，任何一种计划都有可能具有其他分类标准下某种计划类型的特征，如旅行社的年度经营计划是一种综合性计划，同时又具有短期计划的性质。

表 5.1　旅游企业计划的类型

划分的依据	计划工作的类型	典型例子
按计划的表现形式分	正式计划	旅游企业发展战略、旅游企业经营计划等
	非正式计划	某景区正在试探阶段、尚不成熟的业务拓展计划等
按计划的内容差异分	指向性计划	互联网时代某旅游集团创新发展指向性计划等
	具体性计划	旅游企业营销计划、招聘计划等
按计划的时间长短分	长期计划	旅游企业发展战略，旅游企业十年规划等
	中期计划	旅游企业三年发展规划、企业人才引进规划等
	短期计划	旅游企业年度营销计划、月度工作计划等
按计划对企业经营影响范围和影响程度的不同分	战略计划	旅游企业扩张战略、营销战略等
	战术计划	职务晋升规划、人员配备规划等
	作业计划	旅游企业部门培训计划、招聘计划等
按计划的对象分	综合计划	旅游企业年度生产经营计划、集团扩张规划等
	局部计划	散客接待计划、酒店设备维修计划等
	项目计划	新旅游产品开发计划、酒店高尔夫球场建设计划等

对计划工作进行分类，有利于我们更深入地理解计划工作的实质，也有利于具体分析研究和掌握有关计划工作的规律和方法。下面对表 5.1 所列的几种计划类型及工作做一简要说明。

（一）正式计划与非正式计划

这是从计划的表现形式来划分的。任何组织不论规模大小、性质如何，都需要计划。有些是正式书面的计划，有些未形成书面文件。因而，计划就有正式计划与非正式计划之分。但没有正式计划并不简单等同于无计划。许多小企业中就存在大量的非正式计划，只是确定和了解这种计划的人可能不多。非正式计划不容易在组织中进行交流和扩散，计划的内容也往往比较粗略、欠周密且缺乏连续性。所以，在规模比较大、管理工作较规范的组织中，就经常需要编制正式计划。正式计划的制订则是一个包括了环境分析、目标确定、方案选择及计划文件编制等一系列工作步骤的完整的过程。该过程的结果往往会形成组织的一套计划书。计划书详细、明确地规定组织的目标是什么，实现这些目标需要什么样的全局战略，并开发出一个全面的分阶段和分层次的计划体系，以综合和协调不同时期和不同部门的活动。非正式计划和正式计划有时也会相互转换，一个非正式计划经过研究、论证得到决策者的认可后可能转化为正式计划，而一个正式计划在执行过程中也可能碰到需要纠正和调整的情况，这时原来的正式计划又成为非正式计划，纠正后的计划才是正式计划。

（二）指向性计划与具体性计划

这是从计划的内容差异来划分的。具体性计划规定有明确的目标和实现目标的方案，不存在模棱两可和容易引起误解之处。例如，一位旅行社经理想使其企业的营业额在未来的 12 个月增长 30%。为此，他制订出特定的工作程序、预算、业务拓展方案以及与实现该营业额目标有关的各项活动的日程进度表，这个计划就是具体性计划。与具体性计划不同，指向性计划只规定一般性的方向，指出行动的重点但并不限定在具体的目标上，也不规定特定的行动方案。指向性计划具有内在灵活性的优点，但须将这一优点与其丧失具体性计划明确性的缺憾进行权衡比较。

在指向性计划的制订中，最主要的是规定组织发展的方向。可以说，指向性计划最具代表性的就是对组织使命的阐述和传达。事实上，组织使命是需要组织高层决策者努力挖掘才能正确识别的。决策者们通常需要深入思考诸如“我们的企业是什么？应该是什么？”“我们的顾客是什么人？应该是谁？”“我们的顾客购买的是什么？”等问题，才能逐步厘清企业使命所在。特别要注意，“利润”等并不是管理学意义上的企业使命，它只是一种结果。企业履行了自己的使命，作为结果，便获得一定的利润。组织的基本使命明确以后，具体性计划的制订才具有客观的依据。同时在不同的情境条件下，企业所编制的计划在内容详尽程度上应该是各不相同的，并不是任何时候编制出的具体计划都会对企业未来的发展产生帮助。

（三）短期计划、中期计划和长期计划

这是从计划的时间长短来划分的。长期计划是企业 5 年及 5 年以上的长远规划，要求

较为概略、总括，如向阳集团未来 5～10 年企业发展计划。长期计划的任务是选择、改变或调整企业的经营服务领域和业务单位，确定企业的发展方向和目标，以及确定实现目标的最佳途径和办法。长期计划在经营计划中具有明确方向和指导方针，并有统率全局的重要作用，也称为长期战略规划。中期计划是企业 2～5 年的计划，主要确定组织具体的目标和战略，介于长期计划和短期计划之间，其任务是建立企业的经营结构，即为实现长期计划所确定的战略目标设计合理的设备、人员、资金等的结构，以形成企业的经营能力和综合素质，也称中期结构计划。例如，江花旅游集团 2006～2009 年度的中期经营计划，其目标项目有销售额、产品结构、新产品比例、利润额、资本结构、资金利润率及设备投资和人员的限额等。中期计划一般以长期计划数字性目标中前 3 年的目标值作为中期目标。短期计划为 2 年以下的计划，是企业在计划期内（通常为一年左右的年度计划）进行生产经营活动的奋斗目标和行动纲领，是企业经营计划的重要组成部分。短期计划以长期计划和中期计划为依据，并根据对短期社会需求和企业内外条件的预测进行编制。短期计划一般都规定了较明确、具体和量化的目标以及实现这些目标的具体措施，因此通常要求具备可操作性。例如，江花旅游集团 2006 年度营销计划，其中明确指出本年度的目标任务、实现目标的措施、方法及激励方案等。

长期计划的制订是企业提高战略管理水平的一种手段，是制订中期计划的出发点和根据。长期计划要依靠中期计划和短期计划加以具体化，最终要靠短期计划具体组织实施。中期计划是长期计划的具体化，它是为实施长期计划中规定的合理化战略而制订的计划；它往往按每项产品制订计划。长期计划只制定重点和重点项目的战略，中期计划则对每项产品和每个项目都制订计划。短期计划具体规定了组织总体和各部分在目前到未来的各个时间间隔相对较短的时段（如一年半、一年、半年以至更短的时间）特别是最近的时段中所应从事的各种活动及从事该种活动所应达到的水平，内容比中期计划更详细、精确。企业计划的制订，应使长期计划、中期计划、短期计划有机结合，并由此形成既包括明确的战略指向又含有若干具体数字化计划的比较合理的计划体系。

（四）战略计划、战术计划与作业计划

这是从计划对企业经营影响范围和影响程度的不同。战略计划是关于企业活动总体目标和战略方案的计划。整个企业组织需要有战略计划，对于在多元产业领域开展多种（多元化）经营的企业来说，其内部负责各领域业务经营的事业部门、单位也都需要制订相应的战略计划。企业整体层次的战略，通常称为总战略或发展战略，而事业部门层次的战略则称为经营战略或竞争战略。企业的发展战略和各项事业的经营战略，在现实中时常并不诉诸文字，因为有不少企业的管理者认为，他们决策所敲定的战略一旦诉诸文字而变成明文确定的战略计划后，要进行修改就不那么容易；而经营环境恰是动态变化的，没有一成不变的战略，只有适应环境条件变化而不断得到修正的战略。因此，这些人坚持认为战略一旦被编制成计划，就会扼杀经营的灵活性。其实，计划工作本身并不一定导致灵活性的降低。计划并不是为了消除变化，而是基于对未来所可能发生变化的预见来对组织活动作出安排。管理者制订计划的目的和制订计划的正确方式，应该是预测变化并制定最有效的应变措施。实际上，在计划工作中如果选用合适的计划形式，如制订指向性计划而不是

具体性计划，或者在制订某一套具体性计划中还定出备用的计划方案并规定在什么样的情况下启用该方案，则可以使组织活动既具有良好的计划性同时又保持了必要的灵活性。

战略计划的基本特点：计划所包含的时间跨度长，涉及范围广；计划内容抽象、概括，不要求直接的可操作性；不具有既定的目标框架作为计划的着眼点和依据，因而设立目标本身成为计划工作的一项主要任务；计划方案往往是一次性的，很少能在将来得到再次或重复的使用；计划的前提条件多是不确定的，计划执行结果也往往带有高度不确定性。因此，战略计划的制订者必须有较高的风险意识，能在不确定中选定企业未来的行动目标和经营方向。

战术计划是有关组织活动具体如何运作的计划，对企业来说，就是指各项业务活动开展的具体计划。战术计划主要用来规定企业具体经营目标如何实现的具体实施方案和细节。如果说战略计划侧重于确定企业要做“什么事”（what）以及“为什么”（why）要做这件事，那么战术计划是规定需由“何人”（who）在“何时”（when）、“何地”（where），通过“何种办法”（how），以及使用“多少资源”（how much）来做这件事。简单地说，战略计划的目的是确保企业“做正确的事”，而战术计划则旨在追求“正确地做事”。

战术计划的主要特点：计划所涉及的时间跨度比较短，覆盖的范围也较窄；计划内容具体、明确，并通常要求具有可操作性；计划的任务主要是规定如何在已知条件下实现根据企业总体目标分解而提出的具体行动目标，这样计划制订的依据就比较明确；另外，战术计划的风险程度也远比战略计划低。

作业计划又称业务计划，一般由基层管理者制订，其内容是基层工作人员的具体任务与作业程序等，是战术计划的具体化，即根据战术计划确定计划期间预算、利润等具体目标，安排工作流程，划分合理的工作单位，分派任务和资源，以及确定权力和责任。

（五）综合计划、局部计划和项目计划

这是从计划对象来划分的。顾名思义，综合计划所包含的内容是多方面的；局部计划只包括单个部门的业务；而项目计划是为某种特定任务而制订的。

综合计划一般指具有多个目标和多方面内容的计划。就其涉及的对象来说，它关联到整个组织或组织的许多方面。例如，酒店年度生产经营计划，包括了成本计划、生产计划、销售计划、劳动工资计划、物资供应计划、财务计划等。这些计划都有各自的内容，但它们又互相联系、互相影响、互相制约，形成一个有机的整体。

局部计划是限于指定范围的计划。它包括各种职能部门制订的职能计划，如散客接待计划、酒店设备维修计划等。局部计划是在综合计划的基础上进行的，它的内容专一性强，是综合计划的一个子计划。应该注意各种局部计划相互制约的关系，如酒店设备维修计划直接影响餐饮生产计划、采购计划和销售计划等其他局部计划。

项目计划是针对组织的特定课题做出决策的计划，如新旅游产品开发计划、酒店高尔夫球场建设计划等。项目计划的内容包括项目开发或建设的背景和必要性、市场分析、项目主要开发或建设内容、项目实施的技术方案、项目实施的现有基础、项目组织机构和人员安排、项目实施进度计划、项目资金需求及来源、项目经济和社会效益分析、项目风险分析及应对措施等。

四、旅游企业计划工作的程序

一般来讲，制订一项完整的计划需要经过八个步骤才能完成，即估量机会、确定工作目标、确定计划的前提条件、拟订可行方案、评估备选方案、选定方案、拟订派生计划和编制预算。

（一）估量机会

估量机会是指在实际的计划工作开始之前，一定要对组织的优势和核心竞争力有充分的了解和清楚的认识，根据组织的实际情况审视其在变动的环境中的发展机遇，扬长避短，把握机会，适应变化，为确定组织目标提供有效的支持。对机会进行估量是在实际的工作计划制订前就着手进行的，它是计划工作的一个真正起点。

（二）确定工作目标

确定工作目标即在估量机会的基础上，为组织及其所属下级单位确定计划工作的目标。目标是组织行动的出发点和归宿，确定目标是计划工作中首要的、核心的内容。确定工作目标也就是要明确计划工作所服务的组织目标是什么，并对其进行注释，同时还要阐明和分析该目标的价值，并制定相应的衡量标准，要说明预期的成果是什么，指明要完成哪些工作，重点应放在哪里，用战略、政策、程序、预算和规则所形成的网络去完成什么任务。

在确定工作目标时应该注意以下几个原则。

1. 工作目标应该能反映组织的整体发展战略

组织的战略为组织的发展指明了方向，具体的工作目标是对组织战略的落实。

2. 工作目标应该是具体的

工作目标要尽可能地具体化，这样才能使计划的执行者准确地理解和达到自己所承担的工作目标，并且有助于管理者控制和考核工作目标的实施。

3. 工作目标应该是组织成员经过努力能够实现的

这要求在确定工作目标时，要充分考虑组织的内外环境，清醒地认识到组织是否具备了实现该目标所需的条件和能力。

4. 工作目标应该是具有挑战性的

一个好的工作目标应能激发组织成员的潜力，充分发挥成员的积极性和主动性。因此，在确定工作目标时，也应当明确规定实现工作目标的时间和目标应该达到的水平。

5. 工作目标之间应该是相互协调的

由于组织追求的目标一般是多方面的，这既表现在目标的数量上，又表现为这些目标常常分属于不同的领域（如经济、社会）和不同的利益主体。因此，不同的目标之间会存在矛盾。这就要求在确定工作目标时，管理者应该在不同的目标之间进行协调和平衡，以保证组织整体利益的最大化。

（三）确定计划的前提条件

计划的前提条件也就是计划的假定条件，它是执行计划的预期环境。计划方案的实施环境是编制计划时难以确定的，是一个不可能准确确定的因素，但它对计划方案的实施效果却有极其重大的影响。因此，在计划工作中必须要对组织未来的内外环境和所具备的条件进行分析和预测，清楚地认识到计划执行过程中可能面临的有利条件和不利条件，并根据综合判断的结果给出一个假设性的前提条件，也就是计划执行时的预期环境。影响这一预期环境的因素很多，有可控的，也有不可控的。这就要求我们在拟订计划方案时必须明确方案实施的前提条件。因此，在管理实践中可以采取以下几个步骤，以保证计划前提条件的有效制订。

1. 发掘备选的前提条件

由于对未来不可能做出完全肯定的预测，所以要尽可能地找出备选的前提条件，做到有备无患，才能提高计划的有效性。

2. 选择对计划影响最大的前提条件

计划的前提条件有多个，但就一个组织而言，有些前提条件并不是重要的或必要的。因此，管理者就必须认真地思考究竟哪些因素对完成计划具有重大的影响，然后集中研究和分析这些对计划影响重大的关键性前提条件。

3. 协调计划的前提条件

使计划能够彼此协调，从而有效地保证组织预期目标的实现。这要求各个计划的拟订者要先提出适用于部门的前提条件，然后汇集到总部，由总部进行分析、研究和协调。

4. 传达信息

把前提条件的相关信息传达给有关人员，并向所有参与制订计划的管理人员进行详细说明，从而保证他们能有效地制订计划。

（四）拟订可行方案

计划目标能否顺利实现，主要取决于计划方案。一般来说，组织实现其目标的途径不止一条，可能存在着多个方案可供选择，但通常只能选择其中一个实施。因此，我们必须集思广益、开拓进取、群策群力、大胆创新，主动发掘各种有效的途径和可行的方案，并对这些途径都作出透彻的描述，尽量避免遗漏好的方案或选错方案，然后对所有的方案进行初步的筛选，保留其中最有效的、最值得保留的方案做备选，以供重点研究、评价、分析和比较。

（五）评估备选方案

管理者必须以客观、科学的态度来对待每一个备选方案，要根据确定的组织目标和前提条件，对每一个备选方案进行全面、彻底的分析和比较。在比较时要注意以下三点：第一，注意发现每个备选方案的制约因素和隐患，对那些妨碍实现组织目标的制约因素认识得越深刻，选择方案时的效率也就越高；第二，对每个备选方案的预测结果和既定目标进行比较时，既要考虑有形的、可量化的因素，也要考虑那些无形的、不可量化的因素；第三，在评价方案时，要采用总体效益的观点。

（六）选定方案

选定方案是在备选方案评估结果的基础上进行方案相互间分析、比较，然后做出最后的抉择。这一步骤是制订计划的关键。应该指出的是，为了使计划具有一定的灵活性，以利于在多变的环境下能有效地指导今后的工作，也许最终会选择两个甚至两个以上的实施方案。

（七）拟订派生计划

虽然选定了方案，但到此时计划仍不能说是完整的，还应该指导和帮助各个部门来制订支持组织整体行动计划的派生计划方案，如组织的融资计划、生产计划、采购计划、安全计划等。另外，事物的发展有可能超出正式计划的预期，为保证企业经营活动的万无一失，通常还要针对一些不确定因素制订备用或应急计划，使企业的计划工作更加完善。

（八）编制预算

计划工作的最后一步是编制预算，即将行动计划数字化、货币化。把工作计划转化为预算，可以对工作计划进行有效控制，也可以作为衡量工作计划质量的一个重要标准。

在实际工作中，这八个步骤并不一定要全部做到，也不一定非要按照这个顺序来制订计划，应根据具体情况确定哪些步骤需要，哪些步骤可以省略，哪些步骤可以平行进行。

五、计划工作常用的工具和方法

计划的方法有很多，这里仅简要介绍三种常用的有效方法，即滚动计划法、投入产出方法和运筹学方法。

（一）滚动计划法

滚动计划法是一种将短期计划、中期计划和长期计划有机地结合起来，根据近期计划的执行情况和环境的变化情况，定期修订未来计划并逐期向前推移的方法。

滚动计划法的具体做法：在计划制订时，同时制订未来若干期的计划，但计划内容采用近细远粗的办法，即近期计划的内容尽可能地详尽，远期计划的内容则较粗略；在计划期的第一阶段结束时，根据该阶段计划执行情况和内外部环境变化情况，对原计划进行修订，并将整个计划向前滚动一个阶段；以后根据同样的原则逐期滚动。

滚动计划法的优点主要表现在三个方面。

1）使计划更加符合实际。这是由于滚动计划法相对缩短了计划时期，加大了对未来估计的准确性，从而提高了计划的质量。

2）使计划更连贯灵活。由于长期计划、中期计划和短期计划相互衔接，并能根据环境的变化及时地进行调节，从而使各期计划基本保持一致，大大增强了计划的弹性，提高了组织的应变能力。

3）增加了工作计划的弹性。这在环境剧烈变化的时代尤为重要，它可以提高组织的应变能力。

滚动计划法的不足主要表现在使计划调整和编制频繁、工作量加大等方面。

（二）投入产出方法

投入产出方法是利用数学的方法对物质生产部门之间或产品与产出之间的数量依存关系进行科学分析，并对再生产进行综合平衡的一种现代的科学方法。其基本原理是，任何系统的经济活动都包括投入和产出两大部分，投入是指在生产活动中的消耗，产出是指生产活动的结果。在生产活动中，投入和产出之间具有一定的数量关系，投入产出方法就是利用这种数量关系建立投入产出表，根据投入产出表对投入与产出的关系进行科学分析，再利用分析的结果来编制计划并进行综合平衡。

（三）运筹学方法

运筹学方法是计划工作的最全面的分析方法之一。就内容来讲，运筹学是一种分析的、实验的和定量的科学方法，用于研究在物质条件已定的情况下，为了达到一定的目的，如何统筹兼顾整个活动所有环节之间的关系，为选择一个最好的方案提供数量上的依据，以便能最经济、最有效地使用人、财、物并做出综合性的安排，取得最好的效果。

最典型的运筹学方法是线性规划法。另外，像非线性规划、整数规划、动态规划、图论、排队论、库存论等方法也已广泛应用于计划工作。

在计划工作中，应用运筹学的一般程序包括以下主要步骤。

1）建立问题的数学模型。

2）规定一个目标函数，作为对各种可能的行动方案进行比较的尺度。

3）规定模型中各参量的具体数值。

4）求解模型，找出使目标函数达到最大值（或最小值）的最优解。

20 世纪 50 年代和 60 年代是运筹学研究和应用的鼎盛时期，但有人对运筹学的作用提出了怀疑，主要集中在两个方面：一是许多运筹学家把原来的问题抽象简化，直到数学难点和计算难点都被舍去为止，从而使问题的解答失去了实际意义；二是运筹学最终要得到问题的最优解，但从管理实践的角度，由于决策目标通常有多个，且各个目标之间常常存在冲突，因此最终的解决方案一般都是折中的结果，而不是数学上的最优解。

学习任务二 编制旅游企业年度经营计划

【案例导入】

H 是一位年轻的企业家，他成功地经营着一家旅游公司。他的第一份经营计划帮助他从专业风险投资商那里筹得了启动资金。接下来的年度经营计划引导他渡过难关并走向成功。现在 5 年过去了，为了扩大业务，他需要一个新的经营计划以获得银行贷款。他清楚他在计划中要得到什么，以及如何将其付诸实施。

连续半个月来他都在熬夜准备那 20 页的经营计划，他认为这份计划书必须概括他的从业经历，详细描述他的扩展计划，还应该列出相应的财务数据……你认同他的想法吗？请试着完成这份旅游企业经营计划。

（资料来源：根据网络资料整理）

启示：

计划是良好的管理运筹的核心，是企业管理工作的依据，有计划才有管理。计划做得越好越细，工作推动越顺利，工作成果和目标的偏差越小。一位优秀的总经理是思考者而非执行者，他不仅需要考虑企业未来的生存模式和经营形态，同时还需要合理地调配各种资源——资金、产品结构、组织结构等，以使企业实现战略目标。

一、旅游企业年度经营计划的概念

旅游企业年度经营计划是指在旅游企业战略的指引下，按照企业的经营方针，结合企业内外部环境，分析企业如何支配企业资源来达到预期经营目标而制订的一系列行动方案。

年度经营计划是对企业全面工作的总体筹划和安排，是落实中长期发展战略的具体举措，编制年度经营计划是企业年度管理工作逻辑上的开端，对企业年度的经营业绩具有至关重要的作用。旅游企业经营计划可分为长期经营计划、年度经营计划、季度经营计划、月度经营计划。

二、旅游企业编制年度经营计划的意义

年度经营计划是企业从战略到执行、建立核心竞争能力、实现可持续发展的重要保障。一个好的年度经营计划是企业日常经营中重要的管理控制工具。年度经营计划对企业具有战略上和战术上的双重意义。

（一）在战略层面上的意义

从战略层面来讲，年度经营计划可以理解为具体的阶段性的战略规划分解，年度经营

计划被称为组织的第一流程。其主要意义如下。

1. 使管理工作更趋正规化

企业年度经营计划不是一套简单的方法，而是一个现代企业以年度为单位的基本运作模式。其主要内容包括：应该如何管理企业，怎样计划日常工作，如何分配、监督工作，出现问题时应当如何调整等问题。这一系列管理模式就是年度经营计划，它是企业从非正规化向正规化转型的重要转折点。

2. 促使组织进化

现代的经济发展模式已经从跑马圈地式逐步进入到了精耕细作，资源开始越来越紧张，各行各业都开始激烈的竞争，因此，组织进化成为企业必然的选择。企业应当以年度经营计划为起点，引导组织完成这种转变。

（二）在战术层面上的意义

1. 提高组织的执行力

年度经营计划通过发挥综合协调功能，能够提高组织的执行力，使企业各部门相互配合，将日常工作和计划紧密地联系在一起。

2. 提高组织的控制力

年度经营计划除了能够促使企业加强在实际工作中对每件事情的发生，包括预算、人力、物力的使用控制外，还能指导企业在出现问题时及时做出调整。

3. 体现组织的专业性

年度经营计划在战术上可以使企业变得更专业，因为它是在理论指导下的实践。从某种意义上说，由于年度经营计划具有比较清晰的流程，并且每个步骤都有相应的基本工作要求和标准，因而在实际操作中比较稳定、可靠，在质量上也容易控制。

三、年度经营计划的制订原则

制订年度经营计划时，需要遵循以下四项基本原则。

（一）自上而下的制订模式

年度经营计划不是一项孤立的计划。很多企业在制订年度经营计划时，往往只参考上一年度的计划，这是一种目光短浅的做法。因此，在制订年度经营计划时，要始终以企业的总体战略规划为指导，从全局出发，做好每一项工作。

（二）围绕目标

企业一旦确定目标，就要紧密围绕目标制定项目，切忌出现与目标毫无关系的项目，尤其不能看到竞争对手采取行动就盲目跟风，这是一种僵化的思考方式。企业应该围绕目标建立一套自己的逻辑方法，明确具体工作。

（三）以市场为导向

企业一定要以市场，即客户和消费者为导向制订年度计划。从根本上说，营销能否成功，不是取决于投入的多少，而是企业生产的产品能否满足客户的需求。以苹果公司为例，它对广告的投入并不比中国的很多公司多，但依然能赢得消费者的信任，最重要的原因是其设计出的产品以客户为导向。

企业要做到"把市场作为所有工作的中心"，在制订年度经营计划时就要真正从调研客户开始，思考或观察行情以了解行业的发展趋势，并以之为导向决定为客户提供的产品。因此，企业在制订年度经营计划时，必须要考虑的不是竞争对手在做什么，而是要牢牢抓住消费者。

（四）整合资源

年度经营计划是一个工业化的专业协作体，它不能由一个部门完成。企业在制订年度经营计划时，要把公司所有部门的主要负责人聚在一起，进行分工，全部参与。例如，生产计划由生产总监立项，销售计划由销售总监立项，人力资源计划由人力资源总监立项。最后，所有总监要达成协议，并在年度经营计划上签字，相当于对彼此和组织做出承诺，因此，必须严肃对待。

四、年度经营计划的主要内容

（一）前言

前言部分需要根据旅游企业的具体情况，简要说明制订本经营计划的目的、作用、意义、适用范围以及企业发展的总体经营状况。

（二）下年度总体经营形势分析

这部分内容需要对本企业××年度（一般是下一个年度，以下简称下年度）企业经营目标计划、企业经营环境及企业工作重点等进行较为详细分析和描述。

1. 年度企业经营目标计划

1）财务目标。例如，对年度经营销售收入、增长率、保底销售收入及年度税后利润等作出具体表述。

2）项目开发具体目标。如果有项目开发的计划，就必须写上相应的目标，如景区项目拓展、酒店附楼建设等。

3）内部管理具体目标。即企业在内部管理上将要取得的各种进展，包括旅游企业文化建设、管理体系建设、规章制度的制定、财务管理方法的提升、人力资源开发和储备等。

2. 年度企业经营环境分析

1）制订年度经营计划的依据及方法分析。例如，相关数据、资料的来源，本年度经营计划的依据等；分析企业经营环境所运用的分析方法和分析工具，如 SWOT 分析、波士顿矩阵等。

2）下年度企业经营环境分析。运用前面提到的分析方法、工具对企业下年度面临的内外部环境进行分析。外部环境分析包括：国家宏观经济状况描述分析、旅游行业发展态势分析、企业目标市场形势分析，企业所在地理位置、自身定位与经营规模等。内部环境分析包括：企业战略方针、企业文化理念、企业现行项目运行状况、企业财务资金运转状况、人力资源状况、内部组织结构运转状况、企业制度化建设状况、企业的服务设施与条件等。

3）分析结论。企业面临的机会、威胁、竞争力及弱点等的概述。

3. 年度企业工作重点描述

结合本旅游企业的实际情况，简要概述企业年度工作的重点和需要注意的事项，包括企业战略推行、企业文化建设、成本控制、经营管理理念、人力资源部配置、企业内部管理等。

（三）年度预算情况说明

1. 年度专项预算情况

视企业具体情况列出年度行政人事费用预算、营销费用预算、项目投资预算及其他各专项预算情况，最好以列表的形式进行分析。

2. 年度总项预算情况

年度总项预算情况指企业总体的资金费用需求：汇总企业各部门资金需求预算、企业各项管理费用预算、经营费用预算等。

3. 年度经营绩效评价及预算专题说明

可对年度绩效考评与企业年度绩效指标体系的各具体指标之间的关系，以及年度预算考核与绩效挂钩方案进行说明。

（四）年度重点工作实施计划

由于各旅游企业的实际情况不同，所处的企业生命期不一样，竞争环境等各方面情况不同，其年度工作重点也各有不同，可根据企业的实际情况进行阐述。例如，有些企业某年度的重点工作为内部管理方面，那么这里就可能写到企业组织和管理体系改革、企业业务流程规范及内部监督机制等措施；有些企业的重点工作为完善企业规章制度，那么就要说明企业将在制度建设上采取何种措施和相应实施计划等；有些企业需要加强企业财务管理工作或企业文化建设，同样可以依据实际情况进行个性化阐述。

（五）计划工作的总体要求

这部分内容可以写对本计划实施工作的总体要求及期望。

（六）附件

最后应该附上本计划书相关文件或附件，如“××年度公司年度财务预算计划”（由财务部负责草拟）、“××年度人力配置标准计划”（由办公室负责草拟）、“××年度销售绩效考核办法”（由营销部负责草拟），以及各业务部门下年度工作计划（酒店前厅部、客房部，旅行社接待部等）。

【案例学习】

C旅游公司年度经营计划中重点工作实施计划（经营工作计划节选）

1. 市场营销计划

实现经营收入大幅度增长，拓展客源市场，力争平均每景区游客量达到15万人次。将2018年确定为“市场拓展年”，投入资金巩固周边市场，开拓新的客源市场。可采取下列措施。

1）全公司必须以市场为导向，以营销为龙头开展经营和管理活动。公司制定相关政策，鼓励全体员工参与营销工作。

2）高薪招聘营销人才，建立高效营销团队，选择优秀的专业公司合作，成立营销公司，研讨和开发游客市场。

3）建立公司网站，开展网络营销。和新浪、百度、搜狐、中国旅游网、贵州旅游网等合作，利用网络高速、及时、全球性、全天候的特点，进行覆盖面较广的宣传。

4）……

2. 投资开发计划

2018年公司新增计划投资5亿元，重点打造佛光岩、大瀑布、四洞沟和竹海桫椤景区。

1）完成赤水各景区详规编制并通过评审。对景区基础设施投资开发建设要按照规划统一布局，把好工程建设质量关，严把工程预算，降低建设成本，加强对施工企业的管理，注重对生态环境、风景名胜、丹霞景观的保护，建立工程施工应急管理措施。

2）对经营性项目的投资要充分调研，经营项目的投资决策应当严格遵循市场规则，按照有关法律、法规及公司章程的规定，保障董事会、董事长、经理层各自的权限均得到有效发挥，做到权责分明，保证公司运作效率和降低投资风险。

……

（附：2018年项目投资计划表）

3. 制度建设工作计划

1）完善公司及子公司行政、人事、后勤方面的各项管理制度及落实、监督执行情况。定期作一次关于员工管理制度满意度调查，并根据调查结果，对需要调整、修改的制度进行修改以更好地满足公司发展的需要。严格执行公司已经颁布的各项管理制度，发现问题随时解决，避免将问题遗留下来。

（附：工作推进计划表）

2）完善行政、人事、后勤工作的成本控制体系，在服务好员工工作需要、办公效率的基础上严格控制办公费用、人工成本费用、后勤管理费用。

推进计划：制定完成各类费用预算，严格按照各种费用预算标准控制各项支出。

（附：2018年度行政人事费用预算表）

4. 人力资源保障计划（略）

5. 财务工作计划（略）

（资料来源：根据网络资料整理）

学习任务三　编制旅游企业营销计划

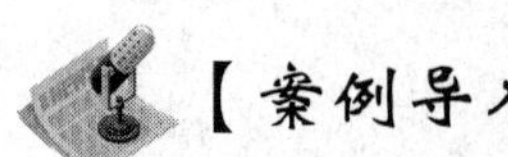

【案例导入】

2019年9月，本年度只剩下3个月了，飞翔旅游公司销售副总要求营销部抓紧时间向本年度业绩目标冲刺，并要求在9月完成2020年度营销计划的编制工作。制订年度营销计划是营销经理的基本任务，也是最令他们头疼的工作。因为，一方面营销计划是企业整体计划的一个核心，公司的其他职能部门要据此制订各自的计划，只有营销计划制订得合理，才能保证企业营销目标的实现，营销计划一旦出错则“满盘皆输”；另一方面它实在难以完美和准确，企业内外部因素的变数太多，且很多因素不受控制。但即便如此，营销经理还是要面对它，而且要尽可能做好。

（资料来源：根据网络资料整理）

启示：

成功的营销要求制订合理的营销计划，并慎重地予以实施。人们很容易陷于营销部门的日常工作而无暇去制订计划。一旦如此，营销部门的工作就很可能失去目的和方向，因此我们要学会科学地编制营销计划。

一、旅游企业营销计划的概念

旅游企业营销计划是指在对旅游企业市场营销环境进行调研分析的基础上，制定企业及各业务单位对营销目标以及实现这一目标所应采取的策略、措施和步骤的明确规定和详细说明。

旅游企业年度营销计划是指导旅游企业未来一年或更长时间营销工作的核心文件。年度营销计划是企业近期战术计划，也是执行计划。它为企业所有营销活动提供下一年的工作安排，确保营销活动与公司的战略计划一致。

年度营销计划必须在每个营销年度开始前至少半个月完成，再经过半个月的准备就要开始执行。

二、旅游企业营销计划的类型

（一）按计划时期的长短划分

1. 长期计划

长期计划的期限一般为5年以上，主要是确定未来发展方向和奋斗目标的纲领性计划。

2. 中期计划

中期计划的期限通常为2～5年，如某旅游集团2011～2015年营销计划。

3. 短期计划

常见的短期计划有年度营销计划、季度营销计划、月营销计划等。

（二）按计划涉及的范围划分

1. 总体营销计划

总体营销计划是企业营销活动的全面、综合性计划，它反映企业的总体营销目标，以及实现总体营销目标所必须采取的策略和主要的行动方案，是判定各种专项营销计划的依据。

2. 专项营销计划

专项营销计划是为解决某一特殊问题或销售某一产品而制订的计划，如产品计划、品牌计划、市场计划、渠道计划、定价计划、人员推销计划、营业推广计划、公关计划、广告计划等。专项营销计划通常比较单一，涉及的面较窄，较容易判定，但在制订这些计划时，要特别注意与总体营销计划相衔接。否则，就会出现各专项营销计划彼此之间发生冲撞并与总体营销计划相抵触的现象。

（三）按计划的程度划分

1. 战略性计划

战略性计划是对企业将在未来市场占有的地位及采取的措施所做的策划。

2. 策略计划

策略计划是对营销活动某一方面所做的策划。

3. 作业计划

作业计划是各项营销活动的具体执行性计划，如一项促销活动，需要对活动的目的、时间、地点、活动方式、费用预算等做策划。

三、旅游企业营销计划的内容

一个常见的企业营销计划通常由八个标准部分内容组成。从编制方法讲，最前面的部分的概要和目录可以在整个计划编制完成后进行，但它应放在整个计划书的最前面。

（一）计划概要

营销计划的开始应对计划的主要内容和关键点进行一个简明扼要的概括，目的是使高层主管快速浏览营销计划的主要内容，抓住计划的要点。例如，某旅游公司年度营销计划的内容概要是：“本年度计划销售额为5000万元，利润目标为500万元，比上年增长10%。这个目标经过改进服务、灵活定价、加强广告和促销努力，是能够实现的。为达到这个目标，今年的营销预算要达到100万元，占计划销售额的2%，比上年提高12%。”在概要之后要列出整个计划书的目录表。

（二）营销状况

本部分需要提供有关市场、产品、竞争对手、分销以及宏观环境等资料。具体内容如下。

1. 市场状况

列举目标市场的规模及其成长性的有关数据、顾客的需求状况等，如目标市场近年来的年销售量及其增长情况、在整个市场中所占的比例等。

2. 产品状况

列出企业产品组合中每一个品种的近年来的销售价格、市场占有率、成本、费用、利润率等方面的数据。

3. 竞争状况

识别出企业的主要竞争者，并列举竞争者的规模、目标、市场份额、产品质量、价格、营销战略及其他的有关特征，以了解竞争者的意图、行为，判断竞争者的变化趋势。

4. 分销状况

描述公司产品所选择的分销渠道的类型及其在各种分销渠道上的销售数量。例如，酒店客房产品通过携程网、各旅行社、航空公司等各种渠道上的销售分配比例等。

（三）企业的SWOT分析

首先，对计划期内企业营销所面临的主要机会和风险进行分析。其次，对企业营销资源的优势和劣势进行系统分析。在机会与风险、优劣势分析基础上，企业可以确定在该计划中所必须注意的主要问题。

（四）目标

拟定营销目标是企业营销计划的核心内容，在市场分析基础上对营销目标做出决策。计划应建立财务目标和营销目标，目标要用数量化指标表达出来，要注意目标的实际、合理，并应有一定的开拓性。

1. 财务目标

财务目标即确定每一个战略业务单位的财务报酬目标，包括投资报酬率、利润率、利润额等指标。

2. 营销目标

财务目标必须转化为营销目标。营销目标可以由以下指标构成，如销售收入、销售增长率、销售量、市场份额、企业知名度、分销范围等。

（五）营销战略战术

拟定企业将采用的营销策略，包括目标市场选择和市场定位、营销组合策略等。明确企业营销的目标市场是什么市场，如何进行市场定位，确定何种市场形象；企业拟采用什么样的产品、渠道、定价和促销策略。

（六）行动计划

对各种营销策略的实施制订详细的行动方案，即阐述以下问题：将做什么？何时开始？何时完成？谁来做？成本是多少？整个行动计划可以列表加以说明，表中具体说明每一时期应执行和完成的活动时间安排、任务要求和费用开支等。使整个营销战略落实于行动，并能循序渐进地贯彻执行。

（七）预计损益表

营销预算即开列一张实质性的预计损益表，在收益的一方要说明预计的销售量及平均实现价格，预计出销售收入总额；在支出的一方说明生产成本、实体分销成本和营销费用，以及再细分的明细支出，预计出支出总额。最后得出预计利润，即收入和支出的差额。企业的业务单位编制出营销预算后，送上层主管审批。经批准后，该预算就是材料采购、生产调度、劳动人事以及各项营销活动的依据。

（八）检查和控制

检查和控制即对营销计划执行进行检查和控制，用以监督计划的进程。为便于监督检查，具体做法是将计划规定的营销目标和预算按月或季分别制定，营销主管每期都要审查营销各部门的业务实绩，检查是否完成实现了预期的营销目标。凡未完成计划的部门，应分析问题原因，并提出改进措施，以争取实现预期目标，使企业营销计划的目标任务都能落实。

四、编制企业营销计划的注意点

1）记住本计划是写给高层管理者看的。

2）篇幅在2～4页纸为佳。

3）利用短句和简表，避免使用费解的词语。

4）用以下方法组织概述部分的写作：量化下一年的计划目标；简要描述达到目标的营销战略，包括目标市场描述；描述地区性、季节性预期目标；标明所需的费用和关键资源。

5）绝不要仅写一遍就放进计划书里。反复阅读、仔细修改，直至通顺、易于理解，有效地传递了营销计划的中心思想。

【阅读小品】

A大酒店年度营销计划

2020年，酒店将面临更好的发展机遇和更加激烈的市场竞争，销售工作要依据酒店高速发展的战略决策，遵循高层指挥，密切联系酒店内外部关系，坚持以"市场为导向，以销售为龙头"的销售工作方针，结合酒店创四星级旅游酒店的战略部署，抓服务质量提升，抓产品创新，大力拓展和稳定客户群，努力提高酒店收益和社会品牌形象。

第一章　目 标 任 务

作为B城星级酒店的领军者，我们应将提高经济效益和提升社会品牌形象作为同等重要的工作对待，充分运用这二者相互依存、相互作用提高的特性，实现酒店2020年各项目标任务。

1）经济任务：2020年酒店营业目标任务为X万元，其中客房营业收入X_1万元，餐饮营业收入X_2万元，康乐营业收入X_3万元。

2）品牌形象：营造热情、温馨、高贵的高星级旅游酒店形象，实现酒店品牌形象由三星向四星的转变和提高。

第二章　经 营 分 析

一、经营现状

"知己知彼，百战不殆"。面对今日竞争之激烈，我们更应认清自身情况，扬长避短、创新提高，才能赢得市场主导地位，赢得客户满意。

1）2019年营业情况：全酒店2019年实现主营业务收入X万元，其中客房出租a间，平均入住率为b%，平均房价c元，总收入X_1万元；餐饮总收入约X_2万元，大型宴席收入约占一半；康乐总收入X_3万余元。

2）产品情况：目前酒店能提供的产品有客房、餐饮、康乐和会议，能够满足政务接待、商务接待和散客预订。

3）虽然目前产品的组合也为酒店创造了较好的效益，但我们应当正视目前产品的缺陷。

① 硬件部分：一是目前会议设施较差，大型会场设施陈旧，配套设施不全面，严重影响会务接待。此情况导致2019年饭店大型会议接待仅Y次；二是客房设施陈旧，无高级房型；三是餐饮设施陈旧，配套不全，影响接待。

② 服务部分：目前酒店服务人员主动服务意识不强，不能急客人之急，想方设法为客人服务；服务水平不高，不能接待贵宾级客户；服务流程不畅，造成客人满意度无法提高。

二、市场分析

我们推测2020年A大酒店市场将延续2019年的良好发展态势，上升10%～19%。

其主要原因如下。

一是近些年，国家政策向好，来视察和调研的领导大大增多，2020 年此类政务接待量增加约为 15%，消费额上升约 1000 万元。

二是社会经济水平提高，消费者消费理念转变，大大提高了到酒店消费的欲望和能力，预计 2020 年此类客源增加约为 10%，消费额上升约 500 万元。

三是随着交通的大提速，投资、旅游的客人大量增多，投资企业会议增多，“黄金周”和“X 节”旅游散客增多，预计 2020 年此类客源增加约为 20%，消费额上升约 3000 万元。

三、竞争对手情况

随着消费市场情况的看好，B 城酒店业的同行数量也在急剧增加，目前共有星级宾馆 d 家（其中三星级 d_1 家，二星级 d_2 家）。

具备二星接待能力的有 d_2 家。由此可见 B 城酒店竞争之激烈，其中与我酒店接待设施、客源构成大致相同的酒店有 C 宾馆、D 饭店、E 宾馆等。

C 宾馆：三星级酒店；服务项目全面，装修豪华，最近刚进行过改造，设施设备较好，拥有 150 余间（套）客房、目前全市最好的大型会场、豪华餐厅；酒店品牌形象好；拥有丰富的，较稳定的政务接待客源和高端商务客源。

D 酒店：二星级酒店；服务项目较全面，最近刚进行过部分改造，设施设备一般；酒店品牌形象一般；拥有一定的政务接待客源和中端商务客源（主要是 B 城下辖三县区）。

E 宾馆：二星级酒店；服务项目较全面，最近刚进行过改造，设施设备一般；酒店品牌形象一般；拥有一定的政务接待客源和中端商务客源（主要是 B 城下辖三县区）。

四、优、劣势分析

通过对本酒店、市场情况、竞争对手情况综合分析，我酒店 2020 年的经营和市场竞争的优、劣势主要表现在以下方面。

1. 优势

1）三星级酒店背景、知名度较高、地理位置较好。

2）客房、餐饮、康乐三大主要营业场所功能较全、容积量大。

3）拥有大批稳定客户。

2. 劣势

1）客房部分：无高档套房，现有客房配套不完备、舒适度较差、不能体现豪华。

2）餐饮部分：高档包间设施不能体现豪华，且部分餐用具极为陈旧。

3）会议服务：无豪华会议室，现用会议室一是容积小，二是设施较差。

4）服务水平：整体服务水平不高，无贵宾级客户接待经验，服务随意性大、服务流程较乱。

五、销售市场定位

依据市场现状，结合自身实际，充分发挥酒店各项优势，发展团体消费和中、高端散客消费，2020 年我们仍将酒店目标客户群定位在以政务、商务接待和宴席接待为主，中、高端散客消费为辅。

其具体细分为以下方面。

1）政务、商务团队：延续 2019 年发展态势，将政务接待收入控制在酒店总收入 60%。

2）宴席接待：多方面加强酒店宴席销售，力争达到酒店总收入的30%。

3）旅游团队：加大与旅行社合作和做好酒店市外宣传，力争达到酒店总收入的5%

4）散客接待：力争达到酒店总收入的5%

第三章 营 销 方 案

2020年的销售，我们将立足本地市场，加大酒店宣传、提高酒店社会品牌形象；加强客户开发，不断扩充客户群；融洽客店关系，着力稳固客户群；开展阶段性销售活动，提高酒店收入；细节量化营业指标，调动员工积极性。全方位、立体化做好销售工作。

一、加大酒店宣传，提升酒店社会品牌形象

B城酒店业的领导者就应是大众耳熟能详，代表B城形象，具有强烈社会责任感的企业。因此，我们要做到以下方面。

1）拓展受关注面：在F日报或G电视台开辟一个美食栏目，展示精致菜品，拓展酒店在B市的受关注面。

2）扩大酒店宣传区域：我们要将宣传区域不仅限于B行政区划分内，可在目前已开通的H高速、I铁路沿线设置平面宣传栏，以提升酒店在外地来B城消费者群中的影响。

3）加强网络宣传：一是与政府一些门户网站协作进行宣传，二是加强与商务预订网站合作加强宣传。

二、加强客户开发，不断扩充客户群

酒店客户总是沿潜在→开发→合作→发展→休眠或消亡这一线路运行。在保持或要超过原总体客户量的前提下，我们只有不断地开发新客户来进行补充，面对今日之市场，我们主要从以下方面入手。

1）加强与市、区、县级行政单位的开发。我们应将行政单位的政务接待作为酒店经济增长和社会形象提升的一个重要组成部分。每一次高级别的政务接待所带来的经济、社会正面影响是不可估量的。我们要在原销售代表按市级领导分管行业划分区域不变的情况下，深入挖掘潜在客户，要达到市委、市府59个部门及其直属单位均为饭店协议合作单位，同时要全面覆盖其下属区、县一级单位。

2）加强旅游客户开发。加大酒店在B城外的宣传力度；更要加强与旅行社的合作力度，与周边城市的大型旅行社建立合作关系；加强与网络订房机构的合作，借助其强大的销售平台，实现散客消费的提升。

3）加强个体客户开发力度。随着B城经济发展的提速，诸多行业涌出越来越多的实力派高消费者。其中以房地产、医院、奢侈品销售和保险业为代表。2020年我们将定专人负责此行业的个体客户开发，主要采取会员卡销售形式并辅以指定合作单位形式或俱乐部形式。

4）加强商务客人的开发。

与周边城市的主流酒店形成协作关系，客户资源共享；同时与××××商会、×××商会等一些组织沟通，加强与外地××籍成功人士的合作，以加强商务客人开发。

三、融洽客店关系，稳固客户群

在工作中我们应坚持视客人为朋友，从细节着手，急客人所急、服务于客人所需，以情留客、以心留客。

一是加强跟办力度，对每一个会议或团队，负责跟办的销售代表要以酒店助手的身份为客服务，加强客店沟通从宾客预订安排、到配合落实、到迎客到店、到店内协助、到离店欢送，一一落实到位，提升顾客的满意度和扩展销售人际关系。

二是每天 8:00～9:00，派出一名销售代表到总台协助总台工作，既可以提高总台工作效率，又能收集宾客意见。

三是每次大型宴席，派出销售代表进行现场客户满意度调查。

四是加强定期客户回访和不定期客户拜访或问候，定期客户回访主要是指每个季度对所有协议单位进行一次面对面拜访，收集客户意见和加深酒店印象；不定期客户拜访主要是指每次重要接待后，由跟办的销售代表进行客户满意度调查和每月对上月消费量减少的客户进行面对面拜访；不定期问候是指节假日对客户的短信或电话问候。

四、加强阶段性销售活动开展，提高饭店营业收入

B 城酒店业营业高峰期主要是年初工作安排团队（2～4 月），年中工作小结和上级检查团队（7～9 月），年终工作总结和上级检查团队（11 月至次年 1 月）、学宴高峰期（8～9 月）、婚宴高峰期（3～5 月、10 月至次年 1 月）、黄金周（“五一”“六一”“××节”）等。我们应密切关注这些阶段性旺季、详细计划、认真执行、努力开展好各阶段销售工作，努力提高酒店收入。

五、细节量化营业指标，调动员工积极性

2020 年，我们将加大营业指标量化工作。

首先将营业总额分为协议单位 X_4 万元，个体类客户消费 X_5 万元，总台散客收入 X_6 万元，餐饮宴席或散客消费 X_7 万元，然后将各项任务额分至相应销售人员。按每天为单位进行月统计、季分析、年总结的方式进行。员工绩效工资部分完全按任务额完成情况兑现，超出任务额部分按照超额任务×1%兑现，以充分调动员工积极性。

第四章　每月营销工作计划

根据淡、旺季月份不同，各黄金周及本地市场特性，制定各月工作重点。

1 月

1）加强对春节市场调查，制订新春宴销售方案并执行。

2）拜访协议单位，发放春节贺卡。

3）加强春节前各单位总结会的会议促销。

4）协约客户月收入实现 X_8 万元。

2 月

1）加强春节期间的团、散预订。

2）除夕和新年初一对所有协约客户和潜在客户短信或电话问候。

3）年度第一次市场全面调查。

4）年度第一次协约客户拜访。

5）加强年初政府部门工作安排会务消费的促销。

6）收集建筑、医药行业潜在客户信息。

7）开发新客户三家。

8）第一次员培训。

9）协约客户月收入实现 X_9 万元。

3 月

1）加强对本地市场调查，进一步调查餐饮、客房的价格。

2）加强各协约客户的拜访，建立稳固的客源渠道。

3）与周边城市旅行社联系，每个城市至少签订 10 个旅行社。

4）建筑、医药行业新开发客户五个。

5）与外地××商会组织沟通，取得初步联系。

6）协约客户月收入实现 X_{10} 万元。

4 月

1）一季度经营情况分析。

2）年度第二次市场调查。

3）对“三县一区”进行酒店推广活动，挖掘消费潜力。

4）第一次酒店内部质量调查：客房消费客人意见和宴席客人意见收集、问卷调查。

5）发展新客户三家。

6）发展外地××商会关系。

7）协约单位月收入实现 X_{11} 万元。

5 月

1）做好“五一”销售情况统计和市场专题调查。

2）年度第二次协约客户拜访，主要了解客户消费倾向。

3）“五一”短信问候客户。

4）2020 年学宴策划。

5）发展新客户 15 家。

6）与 B 城周边城市同行业佼佼者联系，建立合作关系。

7）与协议旅行社加大沟通力度，推销旅行社用房。

8）协约客户月收入实现 X_{12} 万元。

6 月

1）与各单位加强联系，挖掘半年工作总结消费机会。

2）两次客户问候。

3）学宴的宣传和促销工作。

4）发展新客户四家。

5）协约客户月收入实现 X_{13} 万元。

7 月

1）二季度经营情况分析。

2）第二次饭店内部质量调查，协约客户接待意见收集和消费倾向调查核实。

3）两次周末短信问候。

4）年度第三次协约客户拜访，主要了解客户消费倾向。

5）策划慰问部队客户。

6）发展新客户三家。

7）协约客户月收入实现 X_{14} 万元。

8月

1）搞好学宴销售，力争突破3000万元。

2）年度第三次市场调查。

3）策划中秋节客户拜访和销售方案。

4）一次短信客户问候。

5）发展新客户15家。

6）加强个体客户、旅行社、酒店同行联系。

7）协约客户月收入实现X_{15}万元。

9月

1）第二次员工培训，主要针对星级酒店复查工作，对各岗位工作标准、防查规范、对照部门存在的问题进一步规范、整改。

2）两次短信问候客户。

3）教师节对教育系统客户问候。

4）实施中秋销售和拜访。

5）制订“十一”黄金周及××节的销售方案。

6）协约客户月收入实现X_{16}万元。

10月

1）三季度经营情况分析。

2）密切关注“十一”黄金周及××节的预订、入住率和房价情况。

3）年度第四次协约客户拜访。

4）联系重阳节活动。

5）开发新客户15家。

6）协约单位月收入实现X_{17}万元。

11月

1）第三次饭店内部质量调查。

2）圣诞节和元旦节策划。

3）协约单位月收入实现X_{18}万元。

12月

1）加强年终工作总结会议。

2）年度第五次协约客户拜访。

3）春节销售策划。

4）年终工作总结和下年度工作计划。

5）四季度经营情况分析。

6）向所有客户短信或电话问候“元旦”。

7）协约单位月收入实现X_{19}万元。

（资料来源：作者根据相关资料整理）

单元六 旅游企业组织管理

学习目标

◇ 知识目标：熟悉旅游企业组织职能、结构、职权及人员配备的概念；熟悉职权与权力的关系；理解并掌握组织职能、结构、职权设计及人员配备的内容、方法与步骤；了解影响组织结构设计的因素。

◇ 能力目标：会初步应用组织设计方法；能简单点评旅游企业人员配备相关问题；会初步评价不同旅游企业的组织管理工作。

◇ 素质目标：养成以管理者的角度思考旅游企业管理问题的习惯。

学习任务一 旅游企业组织职能设计

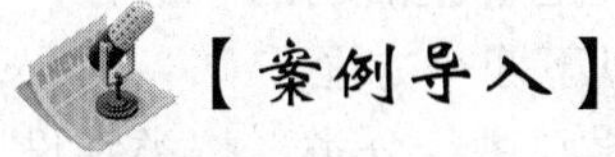

【案例导入】

北京某知名酒店组织管理诊断案例

A公司是北京某知名酒店——B酒店的上级企业。于2000年收购B酒店44%的股份，并投入0.8亿元进行改造。A公司以发展旅游业作为公司发展战略，B酒店是该战略中的第一步棋，其经营管理的好坏直接影响到公司发展战略的执行。

从2001年起，B酒店的业绩增长缓慢，到2003年，企业进入了亏损阶段。问题出在哪里呢？A公司请来公司的专家，进行企业诊断。在了解到B酒店的背景情况后，专家认为，酒店组织管理方面的问题是其症结所在。之后采取了一系列措施，如以现场调研的形式考察企业状况并对B酒店的高层管理人员和部分中层管理人员进行访谈，了解企业的组织机构状况和经营状况后提出诊断结果并给出了组织发展建议。

（1）诊断结果

1）员工组织管理观念与经营思想有较大欠缺。

2）组织内部责、权、利关系不明确，高层管理人员的角色意识不清晰，行为规范尚未建立。

3）考核制度不合理，激励机制不完善。

4）与上级组织的关系不明确，监控机制不健全。

（2）对于组织发展的建议

1）规范组织运作关系，健全和完善管理办法。通过约束机制、监控机制和激励机制引导和保证组织成员开展工作。

2）重新构建绩效考核制度，从考核评价入手，促进管理人员组织行为规范的建立。

3）调整组建新的领导班子。提高高层管理人员经营管理水平。

4）加强对中高层管理人员的培训，将培训重点从学习知识转换到促进接受现代组织管理观念和经营思想。

A 公司领导在接到专家提出的诊断报告后，认真进行了分析和讨论。他们认为，专家的报告切中问题的要点，所提的建议是建设性的。最终，A 公司决定重新组建 B 酒店的领导班子，并提出在公司的帮助下构建新的绩效考核系统。

（资料来源：http://www.ren.manage.com/benchmark-case-good/1373/，有改动。）

学习任务：

请考察几家旅游企业，熟悉该企业组织设计的方法，并弄懂该企业这样设计的原因。

启示：

旅游企业进行组织设计时需要考虑其部门应承担的职能，并能按经营管理要求有效运行。

一、旅游企业组织管理的概念

组织管理就是通过建立组织结构，规定职务或职位，明确责权关系，以使组织中的成员互相协作配合、共同劳动，有效实现组织目标的过程。组织管理是管理活动的一部分，也称组织工作或组织职能。组织管理的工作内容概括地讲，包括以下四个方面。

第一，确定实现组织目标所需要的活动，并按专业化分工的原则进行分类，按类别设立相应的工作岗位。

第二，根据组织的特点、外部环境和目标需要划分工作部门，设计组织结构。

第三，规定组织结构中的各种职务或职位，明确各自的责任，并授予相应的权力。

第四，制定规章制度，建立和健全组织结构中纵横各方面的相互关系。

因此，组织管理应该使人们明确组织中有些什么工作，谁去做什么，工作者承担什么责任，具有什么权力，与组织结构中上下左右的关系如何。只有这样，才能避免由于职责不清造成的执行中的障碍，才能使组织协调地运行，保证组织目标的实现。

二、旅游企业组织职能设计流程

旅游企业组织职能设计是指对旅游企业的管理业务进行总体设计，确定旅游企业的各项管理职能及其结构，并分解为各个管理层次、管理部门、管理职务和岗位的业务要求。

（一）确定基本职能

企业生存和发展的过程，就是利用各种资源以及与外界进行信息、能量和物质交换的过程，这样企业就需要具备一些基本的生产经营和管理的职能。然而，由于每个企业的具体情况有很大差别，一般性的基本职能不可能完全符合每个企业的实际需要。因此，基本职能设计需要从企业的实际情况出发，使设计能适合本企业的发展。

确定基本职能有多种方法，以下分述之。

1. 根据行业特点分析设计

不同的行业存在不同的特点，如旅游业中住宿业与旅行社业的特点是不同的，其差别主要表现在所需主要资源的性质和来源不同；产品种类不同；服务接待过程所需技术不同；市场需求的性质、需求及其发展变化不同，销售和服务方式不同，所以行业特点是进行基本职能设计的较佳的切入点。基本职能的设计主要包括简化、合并某些基本职能；强化某些基本职能；细化某些基本职能或增加新的基本职能。

2. 根据企业技术特点分析设计

企业在技术方面的差异对基本职能的影响很大。企业技术特点的差异性一般反映在技术类型、技术水平、技术创新速度、技术实力和技术系统在生产经营中的地位等方面。技术实力的强弱将对某些基本职能提出不同的要求；技术水平的提高将引起基本职能的增加和细化。

3. 根据企业外部环境分析设计

除了内部因素，外部环境也影响着企业基本职能的设计。为了加强与外界的交流，企业往往需要专门设置承担对外联系职能的部门，对于旅游企业而言，随着互联网的发展，网络营销成为新的趋势，扩充基本职能就成为必然。

4. 根据企业规模分析设计

规模大的企业，业务活动量也大。只有细化专业分工，才能承受繁重的工作负荷，提高管理工作效率。这就必然要求将基本职能细化。因此，大型企业同小型企业相比，基本职能的设计会更加复杂。

5. 根据企业组织形式分析设计

随着生产的现代化、社会化，企业的组织形式也在发生着巨大的变化。因此，进行基本职能分析时，对于专业公司和联合公司、连锁与独立经营的企业、独资经营与合资经营或实行股份制的企业等不同组织形式的企业，应注意研究它们之间的区别，以便合理地设计出企业的基本职能。

经过以上分析，可以确定企业的基本职能，从而进一步指导有关管理层次和部门设计工作，评价设计方案的工作。

（二）明确中心职能

在企业的基本职能中，根据其重要性的不同，可区分为中心职能与非中心职能。成功企业总是把中心职能配置在企业组织结构的中心地位。否则，平均使用力量，不能最大限度地形成竞争优势，会使企业的资源得不到充分利用，企业在竞争中将处于不利地位，甚至会走向失败。

明确企业中心职能的方法有以下几种。

1. 以质量管理为中心职能

在激烈的市场竞争中，如果一家旅游企业选择以优质取胜的经营战略，质量管理便成为企业的中心职能。因此旅游企业往往考虑在组织设计时如何更好地实施全面质量管理，将质量管理作为企业组织运转的核心功能。

2. 以技术开发为中心职能

旅游企业不属于技术密集型企业，因此一般不会将技术开发作为中心职能。

3. 以市场营销为中心职能

随着旅游业的发展，企业之间的竞争日益激烈，尤其是在 2012 年 12 月中央提出“八项规定”，2013 年 1 月中纪委出台“六项禁令”，倡导厉行节约、反对浪费的形势下，市场基本处于供过于求的状况，各企业在竞争中不容易建立价格优势，在这种情况下，许多企业把市场营销作为企业的中心职能。市场营销部门的地位被提升到决策性的管理层次，并通常把经营决策与计划的职能同销售职能紧密结合在一起，这样有利于更好地从市场需求出发来制订企业经营战略和经营计划，使企业在激烈的竞争中能够生存和发展。

（三）职能分解

在确定了基本职能和中心职能之后，下一步的任务就是进行职能分解。明确各组织单位和个人的业务内容，避免各部门和个人之间工作不清、责任不清、相互推诿。使当事人明确自己在其所属组织单位中的位置，有利于个人与组织之间的相互配合，有利于组织机构的合理化，使组织的运行更加顺畅。

职能分解的基本要求如下。

1. 业务活动的独立性

经过职能分解后，各项业务活动应当具有一定的独立性，也就是不可把性质不同的业务活动混合为一项活动。例如，由管理公司管理的酒店中，其外方经理与中方经理的业务活动应该明确区分，否则就会出现责、权、利不对等的现象。

2. 业务活动的可操作性

在分解职能时，应当考虑到，分解出来的业务活动是否具有操作性。否则，职能无法落实，达不到职能分解的目的。例如，将人事职能分解，列出“选拔优秀人才”这样一项业务活动，就难以具体操作。但是，这又是劳动人事职能的一个重要方面，必须落实。这时，可以将该业务活动变化为“组织对企业各级干部的系统考核”“职工民主评议干部的组织工作”“对外招聘技术人员和管理干部”“按照职务资格制度进行全员培训与考核”等几项操作性强的业务活动，使“选拔优秀人才”的目标能够实现。

3. 避免重复和脱节

在职能分解中，应该避免业务活动重复，或出现遗漏业务活动的问题。尤其是涉及多个部门配合的工作，必须列出相应的协作业务，不能遗漏。如果在职能分解中出现了重复或脱节，将会给以后的工作带来极大的不便。

【阅读小品】

香格里拉酒店的放权机制

香格里拉酒店建立了一些下放权力机制，他们参照财务机构的做法，将授予的职权限定为一定的金额，比如说，一个员工最多可以支配1000美元。如今公司正寻找办法，将这个机制应用到非管理层。当一个员工与顾客打交道时，如果他不是管理人员，就有一个规定的金额。无论是什么花费方式，只要员工觉得那样可使顾客满意，他就可以随意支配。

香格里拉用的另一个重要工具是调整评估调查。每一年半，集团公司会进行一次系统性评估，每一个员工，从行政总裁到最底层的员工，都接受这项调查。该调查关注的其中一件要事是权力下放问题。权力下放使得公司的组织结构扁平化。这样可以更迅速地做出决定，比起管理阶层更多的组织，它的授权要容易得多。

（资料来源：根据网络资料整理）

学习任务二 旅游企业组织结构设计

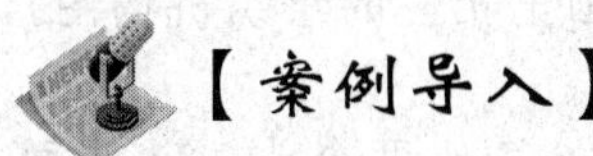

一整天的公司高层例会结束后，D公司S总经理不禁陷入沉思。例会由S总经理主持、几位副总经理参加。原本他就想商谈一下公司今后的发展方向问题，不过会上的意见争执却出乎他的预料。很明显，几位高层领导在对公司所面临的主要问题和下一步如何发展的认识上，存在着明显的分歧。

六年来，D公司由初创时的几个人、1500万元资产、单一开发房地产的公司，发展到今天的1300余人，5.8亿元资产，以房地产业为主，集酒店、餐饮、景区、汽车维护、综合娱乐及百货零售等业务于一体的多元化实业公司，已经成为本市乃至周边地区较有竞争实力和有知名度的企业。

作为公司创业以来一直担任第一把手的S总经理在成功的喜悦与憧憬中，更多了一层隐忧。公司现在虽然做大了，但也面临着许多新问题：一是企业规模较大，组织管理中管理信息沟通不及时，各部门协调不力；二是市场变化快，过去先入为主的优势已经逐渐消失，且主业、副业市场竞争都渐趋激烈；三是原本的战略发展定位是多元化，在坚持主业的同时，积极向外扩张，寻找新的发展空间，应该如何坚持这一定位？

科班出身、主管公司经营与发展的L副总经理在会上说："公司的成绩只能说明过去，面对新的局面必须有新的思路。公司成长到今天，人员在膨胀，组织层级过多，部门数量增加，这就在组织管理上出现了阻隔。例如，总公司下的各部门都自成体系，公司管理层次过多，如总公司有3级，各分公司又各有3级以上管理层，最为突出的是娱乐中心的高、中、低管理层次竟达7级，且专业管理机构存在重复设置现象。总公司有人力资源开发部，而下属公司也相应设置人力资源开发部，职能重叠，管理混乱。管理效率和人员效率低下，导致管理成本加大，组织效率下降。从组织管理理论的角度看，一个企业发展到1000人左右，就应以制度管理代替'人治'，而本公司可以说正是处于这一管理制度变革的关口。我们公司业务种类多、市场面广、跨行业的管理具有复杂性和业务多元化的特点，现有的直线职能制组织结构已不能适应公司的发展，所以进行组织变革是必然的，问题在于我们应该构建一种什么样的组织机构以适应企业发展的需要。"

主管财务的C副总经理则认为，"公司之所以有今天，靠的就是最早创业的几个人，他们身上的敬业、拼搏精神正是公司的立足之本。认为公司要走出困境，关键是要强化内部管理，特别是财务管理。现在公司的财务管理比较混乱，各个分部独立核算后，都有了自己的账户，总公司可控制的资金越来越少。要进一步发展，首先必须做到财务管理上的集权"。

高层会议各领导的观点在公司的管理人员中亦引起了争论，各部门和下属公司也产生了各自的打算：房地产开发部要求开展铝业装修，综合娱乐部想要租车间搞服装设计，甚至有人提出公司应介入制造业，成立自己的机电制造中心。

（资料来源：http://blog.chinaceot.com/blog-htm-do-showone-uid-9849-type-blog-itemid592073.html，有改动。）

学习任务：

1）该公司目前进行改革是否成熟？

2）请根据以上信息，为该公司设计一套合适的组织结构，并画出相应的组织机构图。

启示：

不同的组织结构适合不同规模的企业，直线职能制组织结构适合中小型企业，D公司已由原来的小公司发展成为超过1300人的大企业，公司应该选择一种合适的组织结构类型，然后构建公司的组织结构，使公司的规模与组织结构相协调。

组织结构设计就是创造出能够充分协调任务分解和任务整合的组织结构的过程。组织结构设计是组织工作中最重要、最核心的一个环节，组织结构设计的有效程度对企业运作成本和效率有显著的影响，并因此逐渐成为企业间竞争的关键领域。优秀的组织应当规划成持续适应型和不断演进型的，而不是永久固定在某种预先确定的形式上。因为组织系统从本质上来说是一个运动着的系统，它要适应企业内外部条件的变化，不断地进行调整和改革。

一、影响旅游企业组织结构设计的因素

组织结构是组织功能发挥的载体，合理的组织结构可以保障组织运行的效率和秩序。影响旅游组织结构的因素，主要包括以下几个方面。

（一）组织目标和经营战略

不同的组织目标和经营战略，要求组织结构有相应的职能与任务与之适应，即目标和战略影响着组织中职能、职位、职权等的设计。战略重点的改变，必然要求调整功能设计，从而调整和创新组织结构。美国著名管理学家艾尔弗雷德·钱德勒（Alfred Chandler）对美国100家大公司进行50年的考察后，得出公司战略的变化优先于组织结构的变化并且导致组织结构变化的结论。因此，如果旅游企业组织战略发生变化，就应该对旅游企业的组织结构做出相应的调整。

（二）环境因素

任何一个组织都是生存在一定的环境当中的，组织的外部环境必然会对内部的结构设计产生一定程度的影响。构成旅游企业组织外部环境的因素，包括社会经济、政治、文化、自然环境，以及社会需求结构、目标市场、业内竞争等。外部环境对组织结构设计的影响主要体现在以下两个方面。

1. 对职务和部门设计的影响

组织是社会经济大系统中的一个子系统。组织与外部的其他社会子系统之间也存在分工问题。社会分工方式的不同决定了组织内部工作的内容，从而影响着组织内部所需完成的任务，以及职务和部门的确立。在我国企业处在计划经济体制下时，其内部组织结构主要偏重于围绕生产过程设置。随着经济体制的改革，在市场经济体制下，国家逐步把企业推向市场，使企业内部增加了要素供应和市场营销的工作内容，要求企业必须相应地设立或强化资源筹措、产品销售等部门。

2. 对各部门关系的影响

环境不同，使完成组织中各项工作的难易程度以及对组织目标实现的影响程度也不同。同样在市场经济的体制中，当商品供不应求时，企业关心的是如何提高接待能力、扩大规模，开发新的旅游资源，企业的接待部门等业务部门就会显得非常重要，而相对要冷落营销部门和营销人员；一旦商品供过于求，从卖方市场转变为买方市场时，营销职能会得到强化，企业的营销部门也会成为组织的中心。

（三）组织的技术

组织的活动需要利用一定的技术和反映一定技术水平的物质手段来进行。技术以及技

术设备的水平不仅影响组织活动的效果和效率，而且会影响组织活动的内容、方式、职能配置和职位设置。在传统企业中，各个企业的技术都差不多，企业的主要利润点不在技术上，那么技术就不会过多地影响企业组织结构的设置，组织结构的设置更多地考虑诸如渠道管理、成本降低等，并以这些因素作为组织结构设计的主线。当技术和其发展能够带来高额利润时，技术管理和利用就显得相当重要，技术管理成为企业组织结构设置的核心问题，成为组织结构设置的主线。例如，用于信息处理的酒店计算机管理系统、酒店预订网络系统等对组织的结构形式和人们的工作方式产生了深刻影响。

（四）组织的规模

组织规模也是影响组织结构的因素。一个小型酒店的结构形态不可能与大型酒店的结构形态完全一样。很多研究表明，组织的规模不同，其内部结构也存在明显的差异，这些差异体现在组织的结构层次、组织内部的分权程度、人员结构等方面。首先，一般来说，企业规模越大、员工数量越多，管理层次也多，企业内部就越容易采用机械性的组织结构，越需要制定详细的规章制度，并通过严格、规范的程序和工作标准对员工和部门进行控制；其次，企业规模越大其组织结构越复杂，组织分工越细，部门和职务的数量越多，分权越多；最后，管理层次增加、分工细化后更需增加专业人员的比例，增大横向沟通协调工作量。

（五）组织的生命周期

组织的结构形态还受到组织所处的生命周期的影响。组织的规模并不是永远不变的。一般情况下，组织存在着四个阶段的生命周期：第一个阶段是诞生；第二个阶段是青年阶段，其特征是全面的扩张和成长；第三个阶段是壮年阶段，是一个由成长逐渐转为稳定的阶段；第四个阶段是成熟阶段，组织在这个阶段中相当稳定，最终也许还会向衰落转化。在生命周期的不同阶段，组织都应当做出相应的调整。一般来说，随着组织的成长，它将变得更大、更机械、更分权，计划的工作量将更大，专业化程度也将更高。

二、旅游企业组织结构设计的基本原则

组织结构设计是否合理有效对于组织成功与否举足轻重。因此，在设计组织结构时，必须遵循以下基本原则。

（一）恰当的集权与分权原则

法约尔认为，采用集权与分权的管理方法并无一定标准也并无好坏之分，应视企业规模而定。一个大的旅游企业集团，从最高管理层到最基层，必然有较多的中间层次，因此从上到下的工作指令和从下到上的信息反馈在经过若干中间层次时，往往会有意或无意地加入这些层次的意见，以致产生一些偏差。该原则要求在设计管理层次，实行分级管理时，把集权和分权正确地结合起来。一般来说，凡是关系到组织全局的一些重要权力，如旅游企业战略决策与经营计划的制订，旅游企业资源的统筹安排，职工收入分配方案，主要规章制度的建立、修改或废除等，均应集中于企业最高管理层，以保证整个企业的生产经营活动正常、有序地进行。而属于履行企业日常管理中的职权问题，则应逐级分散授予中层

或基层去管理。这样做不仅可以充分调动各级管理组织的积极性，还可以使企业高层领导人摆脱许多日常行政事务，集中精力研究和解决全局性、战略性的问题。

（二）权责对等原则

法约尔认为，人们对负责任的恐惧心理和对权力的爱好心理是相等的。因此行使权力者就必须承担相应的责任。即在委以一个人某些责任的同时，必须委以其完成这些工作所必需的权力，权责必须相对等，这是管理组织原则中非常重要的一项。权力是完成任务的必要工具，如果没有一定的职权，就无法尽到责任去完成任务；如果有权无责，会助长瞎指挥、滥用权力和官僚主义。只有做到权责对等，才能调动各级管理者的积极性，把责任落到实处，保证组织任务的完成。在实践中，若责大于权时，要求及时适当授予职权；若权大于责时，也应要求收回授权或增加职责，从而保持权责大体平衡和对等。例如，要求一位旅行社市场部经理履行某些责任，那就要授予他充分的权力以使他履行责任。如果这些权力授给他后，但该经理不能承担相等的责任，那么就应收回这些权力，或者将派给他的职务做某些变动，或者把这位经理作相应的调动。

（三）分工协作原则

所谓“分工”，就是按照管理的专业化程度和工作效率的要求，把组织的任务、目标分成各个层次、各个部门以及各个人的任务目标，明确与其相适应的工作及完成任务的手段、方式和方法。分工是提高工作效率的有效手段。旅游企业内存在各种不同的工作，其中有大量简单重复的工作。因此，对各项工作进行较细的分工，将大大提高工作效率。

协作是与分工密切相连的一个概念，它是指明确部门与部门之间以及部门内部的协调关系和配合方法。旅游组织作为一个系统，各部门都是其子系统，各部门不可能脱离其他部门而单独运行，必须经常与其他部门相互协调，实现本部门目标，同时保证整个组织的目标实现。可见，分工与协作是相辅相成的，只有分工没有协作，分工就失去了意义；而没有分工就谈不上协作。因此，在进行组织结构设计时，要同时考虑这两方面的问题。

（四）目标统一、指令一致原则

组织结构的设计和组织形式的选择必须有利于组织目标的实现。旅游组织是由它的特定目标决定的，组织中的每一部分应该都与既定的组织目标有关，否则它就没有存在的意义。因此，旅游组织设计中要以事为中心，因事设立机构、岗位，做到人与事高度地配合，即事事有人做，而非“人人有事做”。

指令一致就是要求按一致性目标任务设置组织机构，其目的是使组织的各层次及各层次上所有机构都在统一指令系统之下，追求同一目标，使组织在运行中能够步调一致，精干高效。指令一致原则要求各级管理机构在业务行政上都必须实行领导人负责制，下级领导对上级领导负责，副职对正职负责，以避免分散指挥和无人负责的现象。为了保持各级管理机构在自己的职权范围内正常有效运转，避免出现分散指挥现象，在一般情况下，各级管理机构都不应实行越级指挥。如果下级部门的领导确实不能胜任工作，应该把调整下级领导作为最终的解决办法。

三、旅游企业组织结构设计程序

遵循上述原则，旅游企业组织管理制度的设计程序如下。

第一，围绕旅游企业目标的完成进行业务流程的总体设计，并使流程达到最优化。这是组织管理制度设计的出发点。

第二，按照优化业务流程设计服务岗位，根据服务岗位数量和专业化分工的原则来设计管理岗位，管理岗位是组织结构的基本单位，可用组织结构图来表示。

第三，对各岗位定职、定员、定编。要对每个岗位进行工作目标与工作任务分析，规定每个岗位的工作目标、工作职责、作业程序，用职位说明书将其固定下来。按照岗位上工作量的需要确定相应数量的人员编制，尤其要确定岗位所需要的人员的素质与特点，因为它直接影响着工作效率与事业发展。

第四，规定各种岗位人员的职务工资和奖励级差。应根据该岗位在业务流程中的重要程度、任务量轻重、劳动强度大小、技术复杂程度、工作难易程度、环境条件差异、政策水平高低、风险程度大小八个指标来考虑劳动报酬的差别。

通过严密的组织结构设计，整个旅游企业应达到如下标准。

1）直接的、明确的权力和职责路线。

2）顺利而连续的工作流程与全部经营管理活动的自然结合。

3）组织中各个阶层的向上、向下和横向传递信息迅速而协调。

4）每一职位具有合理的工作职能和评价标准。

5）组织中的每一个人都能胜任工作、都有良好的士气和高度的工作满足感。

四、旅游企业组织结构的类型

旅游组织结构是指表现旅游组织各部分排列顺序、空间位置、聚集状态、联系方式以及各要素之间相互关系的一种模式。组织结构是随着生产力和社会等环境的发展而不断变化的。旅游企业常见的组织结构的基本形式有：直线制组织结构、职能制组织结构、直线职能制组织结构、项目型组织结构、矩阵型组织结构等。

（一）直线制组织结构

直线制组织结构是一种最早也是最简单的组织形式。它的特点是旅游企业各级、各部门从上到下实行垂直领导，下属部门只接受一个上级的指令，各级主管负责人对所属部门的一切问题负责。企业不另设职能机构（可设职能人员协助主管领导工作），一切管理职能基本上都由主管领导自己执行。从最高层领导到基层一线人员，通过一条纵向的直线的指挥链连接起来，上下级之间关系是直线关系，即命令与服从关系。直线制组织结构形式使得管理人员任务比较繁重，重大决策都集中于高层管理人员。这种组织结构形式通常适用于小型旅游企业。图 6.1 所示是一家小型酒店的组织结构图。

直线制组织结构的优点：组织结构设置简单，权责明晰，信息沟通快，便于统一指挥、集中管理，成本低等。

直线制组织结构的缺点：存在着缺乏横向的协调关系，权力过于集中，管理幅度过宽等。

直线制组织结构要求行政负责人通晓多种知识和技能，亲自处理各种业务。这在业务比较复杂、企业规模比较大的情况下，把所有管理职能都集中到最高主管一人身上，显然是难以胜任的。因此，直线制组织结构只适用于规模较小、生产技术比较简单的旅游企业，对规模大、经营管理比较复杂的企业并不适用。

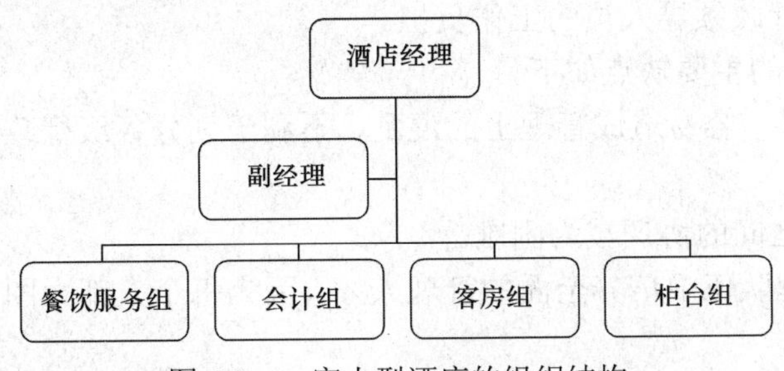

图 6.1 一家小型酒店的组织结构

（二）职能制组织结构

直线制组织结构形式不可能无限制地扩展。例如，酒店生意做得很成功，发展分店时就很难采用直线制组织结构。这时需要有专门的人员来研究推出新产品，聘请专门的市场营销人员进行市场推广，财务工作也需要聘请一些人专门打理。所以随着组织规模的扩大，原来那种单纯的直线制组织结构的形式无法再维系机构的运作，这就需要借助各方面专门的人才来打理事业。由财务人才构成了财务部门；由新产品、新项目开发人才构成了新产品、新项目开发部门；由营销人才构成了营销部门；由生产人才构成了生产部门。他们的活动集中在某一个特定的部门，显然这是一种专业化分工的方式，是一种按照职能来划分部门的方式，这种形式称为职能制组织结构。一般来说，这种结构比较适合中型旅游企业。

职能制组织结构是在各级直线指挥人员或行政领导人员之下，按专业分工设置相应的职能机构，这些职能机构受上一级直线指挥人员的领导，并在各自的业务范围内有权向下级直线指挥人员下达命令。例如，在旅游公司总经理下面设立职能机构和人员，协助总经理从事职能管理工作。这种结构要求行政主管把相应的管理职责和权力交给相关的职能机构，各职能机构就有权在自己业务范围内向下级行政单位发号施令。因此，下级行政负责人除了接受上级行政主管人指挥外，还必须接受上级各职能机构的领导。我们再以一家中型酒店为例来说明这种旅游企业的组织结构形式，其结构形式如图 6.2 所示。

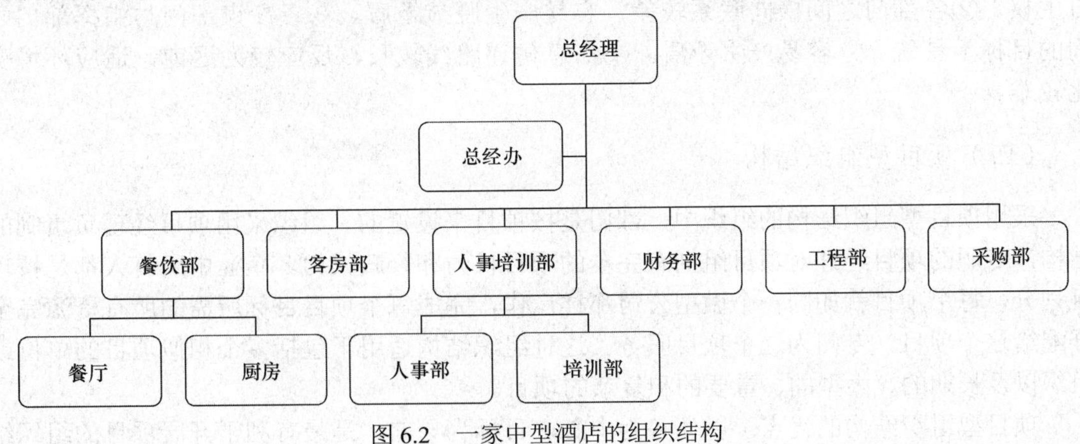

图 6.2 一家中型酒店的组织结构

职能制组织结构的主要优点如下。

1）职能部门分工细密，专业分工明确，可以避免人力和物资资源的重复配置。

2）便于发挥职能专长，激发人员发挥技术专长和能力。

3）减轻了各级行政领导人员的工作负担。

职能制组织结构的主要缺点如下。

1）形成多头领导，容易造成管理上的混乱，不利于划分各级行政领导人员和职能部门的责任权限。

2）各职能部门之间的协调较为困难。

3）不利于在管理队伍中培养全面的管理人才，因为每个人都力图向专业的纵深方向发展自己。

（三）直线职能制组织结构

我们可以将旅游组织内部分为两大类部门，一类称为业务部门，另一类称为职能部门。业务部门按直线层级的形式进行组织，实行垂直指挥；职能部门按分工和专业化的原则执行某一类管理职能。职能部门和各业务部门实行横向联系，以自身的职能管理为各部门服务。企业的业务由业务部门负责，其管理者在自己的职责范围内有对业务的决策权和指挥权。职能部门拟订的计划、方案以及有关指令，统一由直线指挥人员或行政领导下达，职能部门只能对业务部门提出建议和相关管理职能的业务指导，不能直接指挥和命令业务部门。因此，下一级直线指挥人员或行政领导人，只会接受上级直线指挥人员的命令。由此可见，直线职能制组织结构是综合了直线制和职能制两种类型组织特点而形成的组织结构形式。它的产生使组织管理大大向前迈进了一步，这种结构是当前国内各类旅游企业中最常见的一种组织结构。

直线职能制组织结构的主要优点如下。①分工细密，任务明确，且各部门的职责具有明确的界限。②这种结构既保持了直线制组织结构集中统一指挥的优点，又吸收了职能制组织结构专业管理的长处。③具有较高的稳定性，在外部环境变化不大的情况下，易于发挥组织的集团效率。

直线职能制组织结构的主要缺点如下。①权力集中于最高管理层，下级缺乏必要的自主权。②各部门之间横向联系较差，容易产生脱节矛盾。③各参谋部门与指挥部门之间的目标不易统一，容易产生矛盾。④信息传递路线较长，反应较为迟钝，适应环境变化较难。

（四）项目型组织结构

采用项目型组织结构的组织中，部门是按项目来设置的。组织采用项目经理负责制的结构，专职的项目经理对项目组拥有完全的项目权力和行政权力。企业中所有人都是按项目划分，每个项目就如同一个微型公司那样运作，完成每个项目目标所需的所有资源完全分配给这个项目，专门为这个项目服务。这种组织结构适用于包括多个相似项目的单位或组织以及长期的、大型的、重要的和复杂的项目。

项目型组织结构的优点：以任务为中心，目标为导向，是最有利于开展项目的组织结构形式。

项目型组织结构的缺点：一个项目配一套人马，工作、设备、人员都存在重复设置现象，资源使用效率低；每个项目中专业人员都可能是单枪匹马地奋斗，不像职能型组织结构中同专业的人员集中在一个部门，技术上可以相互支持；某个项目完成后要等下一个项目到来，情况轻的是一段时间内资源闲置，情况严重的则要解雇职员。

（五）矩阵型组织结构

矩阵型组织结构又称“规划—目标结构”，是职能制组织结构与项目型组织结构的混合，既有项目型组织结构注重项目和客户的特点，也保留了职能制组织结构的职能特点。它是把依据职能划分的部门和按产品（项目或服务）划分的部门结合起来组成一个矩阵，使同一名员工既同原职能部门保持组织与业务上的联系，又参加产品或项目小组的工作。为了保证完成一定的目标，每个项目小组都设项目经理（或称负责人），项目小组是由一群具有不同背景、不同技能、不同知识、分别选自不同部门的人员所组成的，每一个项目组由项目经理负责，项目组成员业务上向项目经理汇报，行政上向职能经理汇报。其结构如图 6.3 所示。

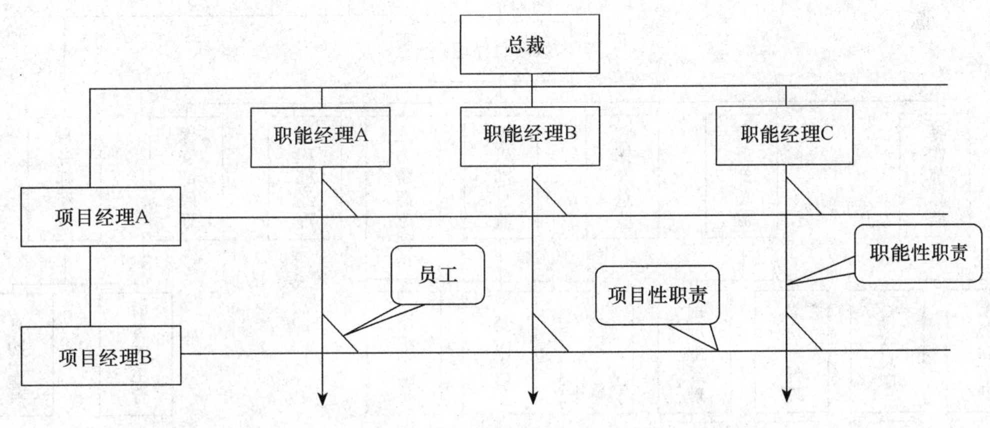

图 6.3　矩阵型组织结构

矩阵型组织结构的主要优点如下。

1）项目目标显而易见，责任明晰，客户直接与项目经理沟通，对客户的反应迅速。

2）在跨职能环境中，有利于培养有能力的项目经理或项目管理人员，也有利于发挥各方面专业人员的综合优势。

3）最大限度地利用公司资源，职能专业知识可供所有的项目使用，由项目与职能部门分担资金成本。

4）可以得到职能经理的更多支持，更好地协调，可广泛征求意见，解决问题。

5）加强了不同部门之间的配合和信息交流。

矩阵型组织结构的主要缺点如下。

1）在资源管理方面存在复杂性。

2）稳定性差和权责不清。这主要是因为项目组的成员均是不同部门抽调来的，容易产生临时感，常常会对工作产生不利影响。

3）双重领导可能使执行人员无所适从，容易产生责权不清、管理混乱的现象。例如，在人员绩效评定和奖惩方面常常会因为这种双重领导受到影响。

矩阵型组织结构非常适用于横向协作和攻关项目，特别适用于开发、管理项目为主的组织，如大型的酒店管理公司、跨国集团公司等。

【案例分析】

宏图大酒店组织结构图

宏图大酒店是一家四星级商务型酒店，拥有各类客房410余套，装潢清雅大方，各类商务设施一应俱全，酒店的餐饮以淮扬菜为主，并经营中西式菜肴。另有卡拉OK、棋牌室、健身房、乒乓球室以及大型休闲浴场等娱乐场所，是一家集住宿、餐饮、会议、商务、休闲、娱乐等多项功能的综合型酒店。图6.4是宏图大酒店组织结构图。

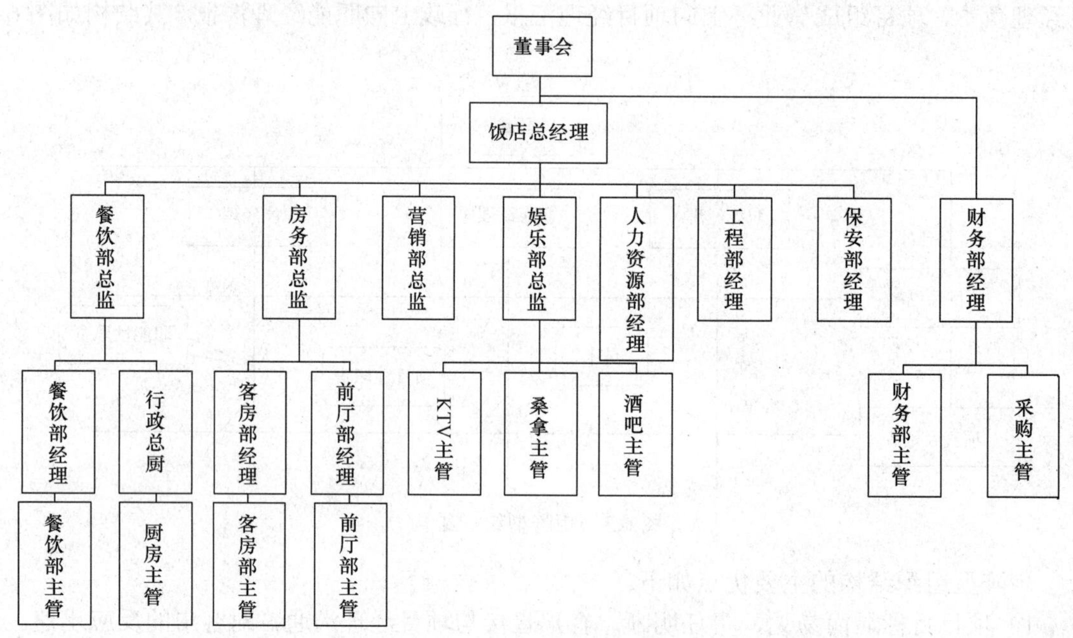

图6.4　宏图大酒店组织结构

（资料来源：根据网络资料整理）

讨论：

1）试分析宏图大酒店的组织结构属于哪种类型？

2）这种组织结构形式有何优缺点？

学习任务三 旅游企业组织职权设计

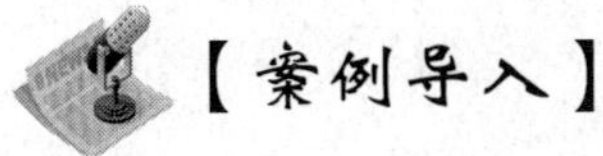
【案例导入】

谁拥有管理酒店的权力

周永存近来感到十分沮丧。一年半前，他获得某名牌大学旅游管理硕士学位后，在毕业生人才交流会上，凭着他满腹经纶和出众的口才，力挫群英，荣幸地成为某旅游公司的高级管理职员。由于其卓越的管理才华，一年后，他又被公司委以重任，出任该公司下属的一家面临经营困境的酒店的总经理。当时，公司总经理及董事会希望周永存能重新整顿企业，使其扭亏为盈，并保证周永存拥有完成这些工作所需的权力。考虑到周永存年轻，且肩负重任，公司还为他配备了一名高级顾问柳琪（总公司副总），为其出谋划策。然而，在担任总经理半年后，周永存开始怀疑自己能否控制住局势。他向办公室高主任抱怨道：在我执行酒店改革方案时，我要各部门制定明确的工作职责、目标、工作流程和服务标准，完善酒店管理制度，而柳副总却认为眼下的首要工作是抓市场开拓。由于两人意见不同，发出的工作指令自然也常常不一致，结果导致经集体讨论的管理措施无法执行。更糟糕的是，酒店的管理层中原来在总公司跟着柳副总工作过的多数管理人员也支持柳副总的观点，致使自己发布的一些命令就像石头扔进了水里只看见了波纹，过不了多久，所有的事情又回到了发布命令以前的状态，什么都没改变。

（资料来源：http://baike.boraid.com/doc_51956.html，有改动。）

学习任务：

1）周永存和柳琪的权力各来源于何处？

2）柳琪在实际工作中行使的是什么权力？你认为柳琪作为顾问应该行使什么样的职权？

3）这家酒店在管理中存在什么问题？请谈谈你的整改建议。

启示：

旅游企业在组织职权设计时，应遵循统一指挥及职责对应原则，以确保组织权力系统按上下级之间的联系形成系统的指挥链。

一、旅游企业组织职权的概念

（一）职权的定义

职权是赋予某个正式职位的合法权力，它与企业组织的结构和管理联系在一起。这种权力来自管理者在企业中的正式职位，离开了职位，也就失去了相应的职权。

（二）职权与权力

组织职权是一种权力，但是它的内涵要小于权力。权力是指组织中的部门或个人影响他人实现某种目的、做某件事情的能力。权力可以存在于两个人或更多人之间，可以在纵向和横向上使用，并不仅仅局限于企业的所有者或管理者。一个企业的所有员工都可能因为他们的知识、技巧及所控制的资源而拥有很大的权力。

（三）职权的特点

和一般权力相比，职权的特点如下。

1）职权总是与某一具体的职位相联系，而不是仅仅因为管理者的个人特性或品格。

2）职权必须为下级所接受。这就有了一个下属必须认为职权具有合法性的前提，才服从这个管理者所发出的指令或要求。

3）职权通过纵向层次自上而下流动，存在于正式的命令中。

二、企业组织职权的类型

（一）按作用划分

企业组织职权若按作用进行划分，可以将职权划分为直线职权、参谋职权、职能职权三种类型。

直线职权是某个职位或部门所拥有的权力，包括决策、发布命令等，就是通常所说的指挥权。每一管理层的负责人都具有这种职权，只是大小、范围不同而已。

参谋职权是指那些向直线管理者提供建议和服务的个人或团体所拥有的职权，是某个职位或部门所拥有的辅助性职权，包括提供咨询、建议等。

职能职权是指参谋人员或某部门的主管人员所拥有的原属直线主管的那部分权力。在纯粹参谋的情形下，参谋人员所具有的仅仅是辅助性职权，并无指挥权。但是，随着管理活动的日益复杂，主管人员仅依靠参谋的建议还很难做出最后的决定，为了改善和提高管理效率，主管人员就可能将职权关系做某些变动，把一部分原属自己的直线职权授予参谋人员或某个部门的主管人员，这便产生了职能职权。

在处理直线职权、参谋职权和职能职权的关系时，应注意以下几点。

1）发挥好参谋职权的作用。从直线主管与参谋的关系上看，参谋为直线主管提供信息，应独立提出建议。直线主管可广泛听取参谋的意见，但要切记，直线主管才是企业组织的最终决策者。

2）适当限制职能职权。职能职权的出现是为了有效地实施管理，但也带来了多头领导的问题。一般认为，限制职能职权的使用所得常常大于所失。职能职权应是组织中关系最接近直线职权的那一级。

参谋人员和直线人员之间的界限是模糊的。作为一名主管人员，他既可以是直线人员，又可以是参谋人员，这取决于他所起的作用及行使的职权。当他处在自己所领导的部门中，他行使直线职权；当他同上级或别的部门打交道时，他又成为参谋人员。

（二）按层次划分

从层次上看，职权一般由高层的经营决策权、中层的专业管理权及基层的作业管理权三个部分组成。将这三个组成部分联结起来，使之成为上下衔接、贯穿到底的纵向系统，靠的是决策权在各个层次的合理配置。

三、组织职权设计的内容

为更好地实施组织职能，在职权设计时就应考虑全面、正确地处理企业上下级之间及同级之间的职权关系，将不同类型的职权合理分配到各个层次和部门，明确各部门、各种职务的具体职权，建立起统一的协调配合的职权结构，以保证各部门能够真正履行相应的职责，实现组织的协调一致。

（一）职权设计的要求

在职权设计过程中，首先，应采用首脑负责制，以保证旅游企业及其每一个部门都能确定一个人负总责并进行全权指挥的功能；其次，需要明确的是旅游企业及各部门的正职与副职的关系必须是上下级的领导关系，而非协作关系；再次，根据法约尔的组织管理理论，无论哪种组织结构类型，作为旅游企业更需要体现唯一上级的原则，以确保命令一致，以防止在管理服务过程中出现混乱现象；最后，从企业最高领导起，应按照领导与被领导的关系，逐级委任职权，在工作中，实行逐级指挥和逐级负责。

（二）旅游企业组织职权设计中应考虑的因素

企业组织的职权设计因不同企业的特点而定，其结果将是相对的集权或分权，影响集权和分权的因素如下。

1. 决策的代价

应同时考虑经济指标和其他一些无形的指标，如信誉、士气等。对于重要的决策或耗费较多的决策，由较高的管理部门做出决策的可能性较大。

2. 政策统一性的要求和现代控制手段的使用情况

旅游企业组织内部执行同一政策，集权的程度就会较高；如果组织内部具备良好的控制手段，企业可以进一步分权。

3. 组织的规模和空间分布广度

企业组织规模大，决策数目多，协调、沟通及控制不易，宜于分权；相反，组织规模小，决策数目少，分散程度较低，则宜于集权。

4. 组织的历史和管理者的情况

若组织是由小到大扩展而来的，则集权程度较高；若组织是经联合或合并而来的，则分权程度较高。管理人员的素质与数量也会影响职权的分散与集中，若管理人员数量充足，经历丰富，训练有素，管理能力较强，则可较多地分权；反之，则趋向于集权。

5. 企业组织的动态性与职权的稳定性

当组织正处于发展中，则要求分权；老的、较完善的组织，趋于集权。

6. 外部环境的影响

客观地看，决定分权程度的因素大部分属于组织内部的，但影响分权程度的还有一些外部因素，如政治、经济因素。这些外部因素不确定时，常促使企业走向集权。在困难时期和竞争加剧的情况下，也会助长企业走向集权。

（三）旅游企业组织职权设计的方法

组织职权设计的方法主要有授权和控制两个方面，并由此产生出相应的集权和分权。

1. 授权

授权也是一种行使职权的艺术。授权的范围很广，有用人之权、做事之权等，对于管理者来讲，如果授权过分，就等于放弃权力；如果授权不足，管理者仍会被杂乱事物困扰，下级就会事事谨慎，样样请示，事事报告。管理者要掌握和运用一些基本的授权技巧，包括“因事择人，视能授权”；明确权、责范围；授权的责任要适度；授权而不放任；只能对直接下属授权，绝对不能越级授权。

2. 控制

旅游企业组织的职权通过合理的授权与分权，就进入了运作阶段，权力运作最经常的结果是服从，但不可避免地还会有冲突或不和谐，致使职权的运作发生偏差。它们可能发生在个人身上、个人之间或互相竞争的群体和联盟之间，也可能存在于组织的结构或具体的工作程序中。它产生的根源一定是与现实利益的矛盾或分歧有关。就管理层而言，必然要考虑企业的职权分配之后，应如何进行监督并做到有效控制。

职权控制是指组织约束、支配、协调管理者拥有职权的方法和形式。组织职权控制的方式多种多样，主要有权力制约、场力控制和信息控制等。

（1）权力制约

在旅游企业组织中，权力制约可以表现为部门之间、管理者之间的制约与平衡。现代大型旅游企业多采用事业部制，一个积极的作用就是分散职权，特别是经营决策权。显然，一旦某一项决策失误时，其他的事业部不至于受到大的挫折，这就从职权的控制上消除了由于权力的失衡而导致对整个企业造成的重大影响。

（2）场力控制

场力实质上就是影响力。场力是一种软约束力，作为一种支配力量，它是通过影响管理者的心理以实现其对组织权力行为的制约控制的，是对组织职权的软约束和软控制。

（3）信息控制

现代旅游企业管理要求决策和控制必须建立在客观、科学的基础之上，而信息的及时、准确、全面，是决策和控制科学化的前提。高层管理者通过对具体信息的筛选，掌握了决策权。而不同层次的管理人员也拥有各自的信息来源渠道。

【案例分析】

一封辞职信

尊敬的何总：

您好！

我叫李玲，是酒店餐饮部中餐厅的一名主管，我当主管已经有半年了，但我再也无法忍受这种工作了，我实在干不下去了。我有两个上司，他们都有不同的要求，都要求优先处理自己布置的事情。然而我只是一个凡人，没有分身术，我已经尽了自己最大的努力来适应这样的工作要求，但看来我还是失败了。让我给您举个例子吧，最近因春节临近服务员回家过年的比较多，餐厅里人手非常紧缺，我经常不得不顶服务员的工作。昨天晚上 7 点多，我刚给大厅 6 号桌客人结完账，台面还没整理，餐厅经理王晓娟就把我叫到 1、2 号包厢值台去了。我正忙着的时候，餐饮总监赵能发来找我，而且当着员工和客人的面直接质问我大厅里为什么只有两名服务员，餐厅管理工作怎么做得一塌糊涂，人员怎么安排的……我说还有两名服务员王经理借调给西餐厅了，赵总监一听就叫我立即把那两名服务员叫回来，还说半个小时后他回来检查我是否把餐厅服务工作理顺了，我左右为难。这样的事情举不胜举，经常发生，我一个小小的主管，实在无法胜任餐厅里的工作，特向您辞职，请批准！

李　玲

2019.1.20

（资料来源：根据网络资料整理）

讨论：

1）案例中李玲所在的这家酒店餐饮部在组织结构的运行上合理吗？为什么？

2）应如何避免案例中的这种结局？

学习任务四　旅游企业组织人员配备

【案例导入】

R 酒店是 C 城最高档的休闲娱乐型酒店，酒店集 SPA 沐浴、餐饮、客房、休闲、养生为一体，总营业面积达 7000 余平方米。根据所提供的服务种类酒店设了运营部、技师部、财务部、工程部、人事部、管家部六个部门，其中运营部又下设前厅部、男宾部、女宾部、综合部、保安部五个部门。酒店实行24小时工作制，对于运营部、技师部等这些部门采取的是倒班制的工作方式。由于不同时段客流量差异很大，导致员工忙闲不均，人工成本增加，在工作量与人员配置方面无法实现有效的平衡；而且，在各个服务部门工作衔接的过程中，往往出现部门之间人员工作配合不到位，尤其当客人从一个部门转到另一个部门享受服务时，总是出现无人接待的现象，致使宾客满意度降低，影响了企业效益；另外，日常管理中经常出现不同的管理人员对同一员工的工作评价大相径庭的现象，致使员工产生自己工作好坏取决于谁来检查和检查人员的心情的共识。企业管理成本增加居高不下，管理权限无法有效地下放。

（资料来源：http://www.docin.com/p-419893148.html，有改动。）

学习任务：

1）R酒店该如何避免员工忙闲不均现象？

2）如何解决案例中各部门工作衔接配合不到位的现象？

3）试分析酒店出现不同管理人员对同一员工的工作评价不一致的原因，并谈谈你的整改建议。

启示：

旅游企业组织人员配备时应充分考虑旅游业的综合性与季节性特点，应根据旅游企业特殊任务及目标安排岗位人员数量，并对员工进行系统的针对性培训，确保员工能胜任相应及相近岗位；同时要明确各部门之间的相互关系，在分工协作的基础上形成规范化、程序化的协调方法。

一、旅游企业组织人员配备的概念

旅游企业组织人员配备是人力资源部根据组织目标和任务正确选择、合理使用、科学考评和培训人员，以合适的人员去完成组织结构中规定的各项任务，从而保证整个组织目标和各项任务完成的职能活动。

前面三个任务中我们通过组织职能、组织结构和职权设计为管理系统的运行提供了可供依托的框架。框架要能发挥作用，还须由人来操作。因此，旅游企业在完成了合理的组织结构设计的基础上，还须为这些机构的每个岗位选配合适的人员。

要做到人力资源的合理配备，就需要把人员配备在适宜的岗位上，在可能的情况下得到充分的运用，并与其他资源之间在属性配比、数量组合、空间分布和时序衔接等方面协调一致。同时，特别要注意人力资源之间的优化组合和协调一致，以实现较高水平的资源生产率。

二、人员配备的任务、程序和原则

（一）人员配备的任务

1. 物色合适的人选

组织各部门是在任务分工基础上设置的，因而不同的部门有不同的任务和不同的工作性质，必然要求具有不同的知识结构和水平、不同的能力结构和水平的人与之相匹配。人员配备的首要任务就是根据岗位工作需要，经过严格的考查和科学的论证，找出或培训合适的人员。

2. 促进组织结构功能的有效发挥

只有当人员配备适应各类职务的性质要求，组织设计的要求才能实现，组织结构的功能才能发挥出来，因此合适的人员配备是确保组织功能发挥的最重要的因素。

3. 充分开发组织的人力资源

在管理过程中，通过适当选拔、配备和使用、培训人员，充分挖掘每个成员的内在潜力，实现人员与工作任务的协调匹配，做到人尽其才，才尽其用，从而使人力资源得到高度开发。

（二）人员配备的程序

在人员配备时，旅游企业组织应按以下程序进行操作。

1）应首先制订旅游企业用人计划，使用人计划的数量、层次和结构符合组织的目标任务和组织结构设置的要求。

2）需确定人员的来源，即明确是从外部招聘还是从内部重新调配人员。

3）对应聘人员根据岗位标准要求进行考查，确定备选人员。

4）确定人选，必要时进行上岗前培训，以确保能适用于组织需要。

5）将所定人选配置到合适的岗位上。

6）对员工的业绩进行考评，并据此决定员工的续聘、调动、升迁、降职或辞退。

（三）人员配备的原则

1. 经济效益原则

组织人员配备计划的拟订，要以组织需要为依据，以保证经济效益的提高为前提，它既不是盲目地扩大职工队伍，更不是单纯为了解决职工就业，而是为了保证组织的正常运行。因此，当组织发展感到人员不足时，应该首先挖掘内部的潜力，提高劳动生产率，通过人员的余缺调剂来解决。

2. 任人唯贤原则

在组织的员工招聘过程中，贯彻任人唯贤的原则，就是要求在人事选聘方面，从实际需要出发，大公无私，实事求是地发现人才，爱护人才，本着求贤若渴的精神，重视和使用确有真才实学的人。这是组织不断发展壮大，走向成功的关键。

3. 因事择人原则

因事择人就是员工的选聘应以职位的空缺情况和实际工作的需要为出发点，以职位对人员的实际要求为标准，选拔、录用各类人员。因为人事任用的目的是谋求人与事之间的有效配合，因此，只有从实际的职位需要去选聘合适的人才，才能实现这一目标。否则，必然导致机构臃肿，人浮于事，降低工作效率，给企业造成不必要的损失。

4. 量才使用原则

简单地说，量才使用就是根据每个人的能力大小而安排合适的岗位。行为科学关于个别差异原则告诉我们，人的差异是客观存在的，一个人只有处在最能发挥其才能的岗位上，才能干得最好。早在泰勒科学管理时代，人们就认为，不优秀的工人是指那些没有得到合适的工作的人。

对于每位管理者来说，都应在充分掌握每位职员的基本条件，如知识、经历、智力、体力、气质、品质、兴趣、爱好、特长等情况的基础上，贯彻量才使用的原则，尽量把每个人安排到适合的工作岗位上，使其聪明才智得到充分发挥。

5. 程序化、规范化原则

员工的选拔必须遵循一定的标准和程序。科学合理地确定组织员工的选拔标准和聘任程序，是组织聘任优秀人才的重要保证。只有严格按照规定的程序和标准办事，才能选聘到真正愿为组织的发展作出贡献的人才。

三、旅游企业组织人员配置的方法

（一）确定人员需要量

旅游企业在一定时期内应该占用的人力资源总数，取决于经营、管理、服务等方面的工作量与各类人员的工作效率。它的配置是在旅游组织设计的基础上，根据实际设计出岗位数量（是指每种类型的岗位需要多少数量的人）和类型（是指每种类型的岗位需要什么样的人）为依据。由于旅游企业人员复杂、工作各异，很难综合反映他们的工作量和劳动效率。因此，必须根据不同的工作性质，采用不同的方法分别确定各类人员的编制和配备。其常用方法如下。

1. 效率定员法

按劳动定额计算定员方法，如客房部服务员按每人每天清扫 12 间客房的定额来计算客房总服务员人数。

2. 设备定员法

根据完成一定的生产任务所必须开动的设备台数和班次计算编制定员的方法。例如，按一辆旅游车的团队，配备一名导游员。

3. 岗位定员法

它是按岗位定员标准、工作班次和岗位数计算人力资源配置的方法。例如，饭店的总台、楼层服务台等岗位，可按每天的早、中、晚班三次配置服务员人数。

4. 比例定员法

它是以服务对象的人数为基础，按定员标准比例来计算编制配备的方法，如餐饮部大厅服务员以每餐就餐客人的数量和桌数配置服务人员数量。

5. 职责定员法

它是按既定的旅游组织结构和它的职责范围，以及结构内部的业务分工和岗位职责来确定人力资源配备的方法。这种方法适用于旅游企业管理人员和工种技术人员的定员，如餐饮部经理、康乐部经理、电脑技术员等的定员。

（二）选配人员

职务设计和分析指出了旅游组织中需要具备哪些素质的人。为了保证担任职务的人员具备职务要求的知识和技能，必须对旅游组织内外的候选人进行筛选，作出最恰当的选择。把不合适的人安排在不合适的岗位上，无论对个人还是对旅游组织都会带来灾难性的后果。所以必须研究和使用适合人才市场环境与本企业实际要求的一系列科学的测试、评估和选聘方法。

【案例分析】

2018 年 4 月下旬，上海市 X 旅行社华东部朱总经理上任的第一天，碰到了几件令其措手不及的事。

首先，收到几份辞职书，华东部业务经理姜某及员工王某等五人集体辞职。其次，接到一家合作旅行社的电话，询问为什么将对方来的团转给 H 旅行社了。朱总感到十分诧异，来到业务办公室，发现人去屋空，打开电脑，所有业务信息已经全部被删除。随后，从另一业务伙伴处得知，原业务部的五名员工全部跳槽到 H 旅行社了。

令她费解的是，员工为什么会从全国十强旅行社跳槽到一家名不见经传的小旅行社，并且要删除所有的业务信息？

后经律师了解，姜某认为旅行社对她不公平，她在 X 旅行社工作多年，职位已升至董事，工资却一直不变，全部医疗费也都是个人承担，公司是家族企业，经营管理混乱。而朱总则以姜某等人在“五一”黄金周前夕未与单位解除劳动合同私自离开公司，带走大量商业机密，加入他社，导致 X 旅行社直接损失两三百万元，且违反了员工协议中关于“如辞职，三年之内不得从事相同行业工作以保商业秘密”的规定为由将 5 人及 H 旅行社一起告上法庭。最后法庭判决主要责任人赔偿 X 旅行社经济损失。此外，三年内不得继续使用此商业机密，并在《中国旅游报》等三份报纸上刊登“道歉声明”。

（资料来源：http://wenku.baidu.com/link?url=nHFp67MtDJz7A5ZZov6W4_jFZpHgqDtHI2ZZpFTJE0-HYWBdJlk7VH9ysIYTBvMbivxq4xGIJos3SocTxJ_G7TBqk1EjyTfZn1lqju69ypm，有改动。）

点评：

从上述案例可以看出，促使姜某等人离开旅行社的原因主要在于企业管理中岗位职责和薪酬体系设计不合理，激励处罚措施不完善，致使员工感到自我价值未得到实现，缺乏成就感；再加上企业前景不明朗或内部管理混乱，使员工没有归属感。旅行社想要留住优秀的员工，一定要注意责、权、利对等的原则。

单元七 旅游控制管理

学习目标

◇知识目标：理解旅游控制的概念，掌握旅游管理控制系统；理解控制管理作为协调和激励员工方式的优缺点；理解行为控制的作用。

◇能力目标：会运用旅游管理的各种控制方法；会搜集并会对信息进行处理；会对工作进行总结与评价。

◇素质目标：养成分析旅游管理问题的思维方式；培养学生在工作场所中的应变能力和对信息反馈的敏感性。

学习任务一 旅游控制概述

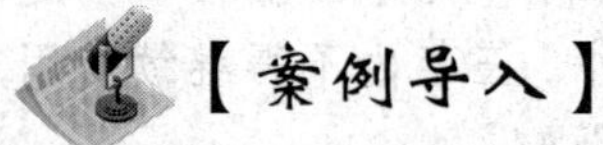

【案例导入】

酒店餐厅成本控制

一家酒店餐厅经理，平时十分关注成本控制。当他在厨房巡视时，发现正在制作当日面包圈的面包师并没有计量各种原料，这已经是经理第二次看见他没有计量原料了。经理第一次见到他这样做时就与他谈过话了，厨师告诉经理他这样做已有两年了，因此不需要使用标准化食谱来制作面包圈。该面包师为人可靠，工作热情很高并且总是随叫随到。经理回到办公室检查面粉的采购情况，发现该面包圈产品浪费很大。经理不希望挫伤该面包师的工作积极性，但是希望他能够计量各种原料，保持产品的一致性，这样餐厅就可以控制所有产品的成本并保持产品的一致性。

（资料来源：陈肖静，2012．旅游企业战略管理[M]．合肥：合肥工业大学出版社．）

启示：

控制的目的是给管理者提供一种能够激励下属朝着实现组织目标方向努力的手段，并给管理者提供有关组织及其成员如何适当完成任务的具体反馈。组织结构提供组织骨骼；组织控制提供管理者用来控制和管理组织行为的肌肉、肌腱、神经和知觉。组织和控制的管理职能是不可分离的，有效的管理者必须学会使它们协调地发挥作用。

一、旅游控制的概念

控制作为一项管理职能，是指通过监督组织的各项活动，采取必要的措施保证它们按计划进行，以实现组织目标的过程。组织的控制体系越完善，管理者实现组织的目标就越容易。

从上述定义中可以看出，组织目标是控制的总方向，控制职能必须以实现组织目标为基本条件。计划是控制的必要前提，也是其工作的具体参照物。而发现问题、解决问题则是控制的主要工作内容。控制工作通过比较和分析各项活动的实际运行状态与计划的差异，及时发现问题，并针对问题，采取各种纠偏措施，使管理活动重新回到计划轨道上来。

控制职能是管理系统的重要组成部分。组织制订出各项活动的计划后，在具体实施过程中，由于内外环境因素的不确定性，以及组织内部的各种不稳定因素，总是会或多或少地出现与计划不一致的现象。如果对此不采取相应的控制措施，所制订的计划就有可能由于这种偏差而无法最终实现；相反，管理者如果能够及时发现这种不一致的现象，分析其产生的原因，并采取有针对性的解决办法，偏差就可能消除，造成的影响也能够予以弥补，从而使实际活动能够顺利地沿着计划的轨道进行。

旅游控制是为了保证旅游企业计划与实际作业动态适应的管理职能。旅游控制工作的主要内容包括确立标准、衡量绩效和纠正偏差。旅游控制是旅游企业管理过程中不可缺少的一部分，是旅游企业各级管理人员的一项重要工作内容。

二、旅游控制的必要性

亨利·西斯克指出："如果计划从来不需要修改，而且是在一个全能的领导人的指导下，由一个完全均衡的组织完美无缺地来执行的，那就没有控制的必要了。"然而，这种理想的状态是不可能存在的。无论计划制订的如何周密，由于各种各样的原因，人们在执行计划的活动中总是会或多或少地出现与计划不一致的现象。旅游管理控制的必要性主要是由下述原因决定的。

（一）环境的变化

如果旅游企业面对的是一个完全静态的市场，市场供求条件永不发生变化，每年都以同样的费用取得同样性质和数量的资源，同时又能以同样的价格向同样的客户销售同样品种和数量的产品，那么旅游企业管理人员便是年复一年、日复一日地以相同的方式组织企业经营，员工可以以相同的技术和方法进行作业，因而，不仅控制工作，甚至管理的计划职能都将成为完全多余的东西。事实上，这样的静态环境是不存在的，旅游企业外部的一切每时每刻都在发生着变化。这些变化必然要求企业对原先制订的计划有所改变，从而对企业经营的内容做相应的调整。

（二）管理权力的分散

只要旅游企业经营达到一定规模，企业主管就不可能直接地、面对面地组织和指挥全体员工的劳动。时间与精力的限制要求他委托一些助手代理部分管理事务。由于同样的原因，这些助手也会再委托其他人帮助自己工作，这便是企业管理层次形成的原因。为了使助手们有效地完成受托的部分管理事务，高一级的主管必然要授予他们相应的权限。因此，任何企业的管理权限都制度化或非制度化地分散到各个管理部门和层次。企业分权程度越高，控制就越有必要；每个层次的主管都必须定期或不定期地检查直接下属的工作，以保证授予他们的权力得到正确的利用，利用这些权力组织的业务活动符合计划与企业目的的要求。如果没有控制，没有为此而建立的相应控制系统，管理人员就不能检查下级的工作情况，即使出现权力不负责地滥用，或活动不符合计划要求等其他情况，管理人员也无法发现，更无法采取及时的纠正行动。

（三）工作能力的差异

即使企业制订了全面完善的计划，经营环境在一定时期内也相对稳定，对经营活动的控制也仍然是必要的。这是由不同组织成员的认识能力和工作能力的差异所造成的。完善计划的实现要求每个部门的工作严格按计划的要求来协调地进行。然而，由于组织成员是在不同的时空进行工作的，他们的认识能力不同，对计划要求的理解可能会发生差异；即使每个员工都能完全正确地理解计划的要求，但由于工作能力的差异，他们的实际工作结果也可能在质和量上与计划要求不符。某个环节可能产生的这种偏离计划的现象，会对整个企业活动的进行造成冲击。因此，加强对这些成员的工作控制是非常必要的。

【阅读小品】

高星级饭店人力资源成本控制

高星级饭店是指旅游饭店中的四星级和五星级（含白金五星级）完全服务型饭店。近年来，随着星级饭店数量的急速增长，国际品牌酒店的强势扩张，国内星级饭店行业竞争激烈，即使高星级饭店也难以幸免，不得不与其他类型饭店甚至是社会餐饮相互竞争，其早先的超额利润逐渐消失。同时人力成本、原材料价格以及能耗费用快速上升，效益进一步降低，经营收入和利润增长陷入窘境，不少高星级饭店已经出现亏损。

高星级饭店作为饭店行业的高端产业，拥有得天独厚的硬件资源和高端人才，如何实现自身的比较优势，在激烈的市场竞争中更好地生存与发展，做好成本控制尤为重要。

合理控制人力资源成本，适度降低员工薪酬支出比率是饭店控制成本的重要渠道。其控制人力资源成本主要方法如下。

1）建立员工薪酬的动态考核机制。建立具有灵活性和成长性的薪酬架构和绩效考核机制，使员工薪酬增长与饭店收入增长挂钩；缩短兑现时间，提高月薪酬占总薪酬收入的比重，减少年终兑现比例；加大货币薪酬的发放比重，能以货币化的福利、薪酬，尽可能地做到货币化。

2）整合岗位，人尽其用。随着信息技术、网络技术的发展，有的岗位及岗位工作时间已无实际意义或工作量极少。高星级饭店必须充分利用信息化、网络化的便利条件，整合相关岗位，一岗多职，如收银、接待合二为一，商务中心、销售文员、前台适当整合，房务中心、总机房人员整合，美工业务外包外聘，按个别事项支付费用，减少固定员工薪酬支出；减少专职销售经理编制，整合调整到餐饮部、前厅部；减少专职迎宾的数量或缩短其在岗时间。二线部门精减岗位，压缩整编，办事有人，交叉负责，相互补位，一人多能。

3）适度使用实习生和钟点工。推行部分岗位、部分时段业务外包，按岗位和时段提供服务事项，推行按小时、时段结算薪酬，增加小时工的使用频率。实行做（查）房员弹性工作时间制，减少固定薪酬费用，增加计件薪酬比重，以实际做（查）房量计酬，做（查）房员上、下班时间随做（查）房量大小、急用程度灵活调整。推行洗衣房、清洗餐具等业务外包，按件付酬。

4）坚持以人为本，从待遇上关爱员工。将整编减员后减少的薪酬支出主要用于提高在岗员工薪酬，让员工充分享受减员增效的实惠，留住业务技术精良、忠诚敬业的优良员工，保证他们的薪酬有所增长，对表现突出的优秀员工采取个别奖励方式，让其享受额外的薪酬惊喜；加强员工技能培训，把培训作为提高福利待遇的组成部分，让其感受到薪酬外的关爱；对个别困难职工，通过工会、党、团组织开展送温暖、送关爱活动，让其感受到高星级饭店的团队关爱。

（资料来源：禹贡，等，2010．旅游景区景点经营案例解析[M]．2版．北京：旅游教育出版社．）

学习任务二　旅游管理控制系统

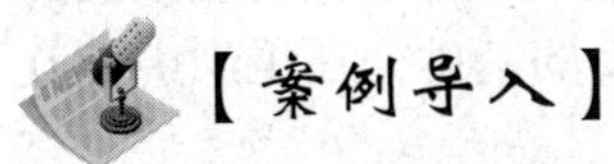

【案例导入】

国内外旅游企业控制差异

国内旅游企业与国外旅游企业的最大差别在于国内旅游企业的控制是由人来完成的，而不是通过制度与流程系统完成的。中国旅游企业这种情况最大的危害在于企业的管控变成“老板的游戏”，这种管控方式在短期内可以在量上获得扩张，但不能获得质的提升。人为管控存在风险，不能培养员工的职业感，因为只有按照流程、按照程序办事才会有职业感。

世界级旅游企业都有完善的人力资源的程序，从招聘到培训、到提拔，每个人有非常明确的预期，每个人都非常清楚做什么会得到嘉奖，做什么会受到惩罚，这样培养出来的人是有职业精神的，而不是中国企业采取“人带人”的管理方式，最后带来的必然是小圈子、小宗派，最后变成没有利润的企业。

（资料来源：陈肖静，2012．旅游企业战略管理[M]．合肥：合肥工业大学出版社．）

启示：

随着全球旅游产业的发展，旅游企业在激烈的市场竞争环境下，面临的不确定性越来越大。国内旅游企业为了生存和发展应加强自身内部的有效管理，因此，迫切需要建立一个有效的内部管理控制系统，健全管理控制制度，以保证企业战略目标的实现。

一、旅游管理控制系统的概念

系统是指若干相互联系、相互作用的部分组成在一定环境中具有特定功能的有机整体。就其本质来说，系统是过程的复合体。系统从组成要素的性质看，可划分为自然系统和人造系统。自然系统是由自然物组成的系统，如生态系统、气象系统等。人造系统是人们为了达到某种目的而建立的系统，如生产系统、交通系统、商业系统、军事预警系统等。

从控制系统的主要特征出发来考察旅游管理控制系统，可以得出这样的结论：旅游管理控制系统也是人造系统。旅游管理控制系统是指为实现旅游管理控制而设计的相互关联和彼此互相沟通的组织和机制。

旅游企业是一个复杂的人造系统，它是为了达到一定的目的，由相互关联的元素组成，并依靠因果关系链接在一起的集合体。这样，就有可能和有必要对其经营活动与过程实施控制，实现科学有效的管理，提高经济效益。

二、旅游管理控制系统的特征

1）旅游管理控制系统更重视共享价值观。一些适合环境并被员工广泛和深入地共享的价值观往往比正式实施的控制制度更有效。如客户至上、终身学习、团队精神等。

2）旅游管理控制系统强调沟通和集中的做法。例如，通过小组、各层次的机构委员会、培训项目、信息和沟通来统一分散的组织。

3）旅游管理控制系统强调全方位的奖励。例如，正式的物质奖励、提升和非正式的奖励及组织价值对员工的行为的认同和鼓励。

4）旅游管理控制系统应用顾客满意度、员工满意度、效率、绩效等来直接衡量绩效的好坏。要考虑旅游管理控制系统的道德观，它是管理控制系统成功的基础。在组织中相互信任是旅游管理控制系统成功的关键要素。

三、旅游管理控制系统应达到的要求

旅游控制的目的是保证旅游企业活动符合计划的要求，以有效地实现预定目标。为此，有效地控制应具有下述要求。

（一）适时控制

旅游企业经营活动中产生的偏差只有及时采取措施加以纠正，才能避免偏差的扩大，或防止偏差对旅游企业不利影响的扩散。及时纠正偏差，要求管理人员及时掌握能够反映偏差产生及其严重程度的信息。如果等到偏差已经非常明显，且对旅游企业造成了不可挽回的影响后，反映偏差的信息才姗姗而来，那么即使这种信息是非常系统、绝对客观、完全正确的，也不可能对纠正偏差带来任何指导作用。

纠正偏差的最理想方法应该在偏差未产生以前，就注意到偏差产生的可能性，从而预先采取必要的防范措施，防止偏差的产生；或者由于某种企业无力抗拒的原因，偏差的出现不可避免，那么这种认识也可指导企业预先采取措施，消除或遏制偏差产生后可能对企业造成的不利影响。

预测偏差的产生，虽然在实践中有许多困难，但在理论上是可行的，即可以通过建立旅游企业经营状况的预警系统来实现。我们可以为需要控制的对象建立一条警报线，反映经营状况的数据一旦超过这个警戒线，预警系统就会发出警报，提醒人们采取必要的措施防止偏差的产生和扩大。

（二）适度控制

适度控制是指控制的范围、程度和频度要恰到好处。这种恰到好处的控制要注意以下几个方面的问题。

1）防止控制过多或控制不足。控制常给被控制者带来某种不愉快，但是如果缺乏控制则可能导致组织活动的混乱。有效的控制应该既能满足对组织活动监督和检查的需要，又能防止与组织成员发生强烈的冲突。适度控制应能同时体现这两个方面的要求。一方面，过多的控制会对组织中的成员造成伤害，会扼杀他们的积极性、主动性和创造性，抑制他们的首创精神，从而影响个人能力的发展和工作热情的提高，最终会影响企业的效率。另一方面，过少的控制不能使组织活动有序地进行，不能保证各部门活动进度和比例的协调，将会造成资源的浪费；此外，过少的控制还可能使组织中的个人无视组织要求，我行我素，甚至利用在组织中的便利地位谋求个人利益，最终导致组织的涣散和崩溃。

2）控制程度适当与否，受许多因素的影响。判断控制程度或频度是否适当的标准，通常要随活动性质、管理层次及下属受培训程度等因素而变化。一般来说，旅游开发科研机构的控制程度应小于旅游生产企业；对受过严格训练、能力较强的管理人员的控制要低于那些缺乏必要训练的新任管理者或单纯的执行者。此外，旅游企业本身的环境特点也会影响人们对控制的严厉程度的判断：在旅游淡季，为了共渡难关，部分职工会同意接受比较严格的行为限制；而在旅游旺季，则希望工作中有较大的自由度。

3）处理好全面控制与重点控制的关系。旅游企业不可能对每一个部门、每一个环节的每一个人在每一时刻的工作情况进行全面的控制。由于存在对控制者的再控制的问题，这种全面控制甚至会造成组织中控制人员远远多于现场作业者的现象。值得庆幸的是，并不是所有成员的每一项工作都具有相同的发生偏差的概率，并不是所有可能发生的偏差都会对组织带来相同程度的影响。企业工资成本超出计划的5%对经营成果的影响要远远高于行政系统的邮资费用超过预算的20%。这表明，全面系统的控制不仅代价极高，是不可能的，而且也是不必要的。适度的控制要求企业在建立控制系统时，利用ABC分析法和例外原则等工具，找出影响企业经营成果的关键环节和关键因素，并据此在相关环节上设立预警系统或控制点，进行重点控制。

4）使花费一定费用的控制得到足够的控制收益。任何控制都需要一定的费用，衡量工作成绩，分析偏差产生的原因，以及为了纠正偏差而采取的措施，都需支付一定的费用；同时，任何控制，由于纠正了组织活动中存在的偏差，都会带来一定的收益。一项控制，只有当它带来的收益超出其所需费用时，才是值得的。控制费用与收益的比较分析，实际上是从经济角度去分析上面考察过的控制程度与控制范围的问题。图 7.1 说明了控制费用与收益是如何随控制程度而变化的。

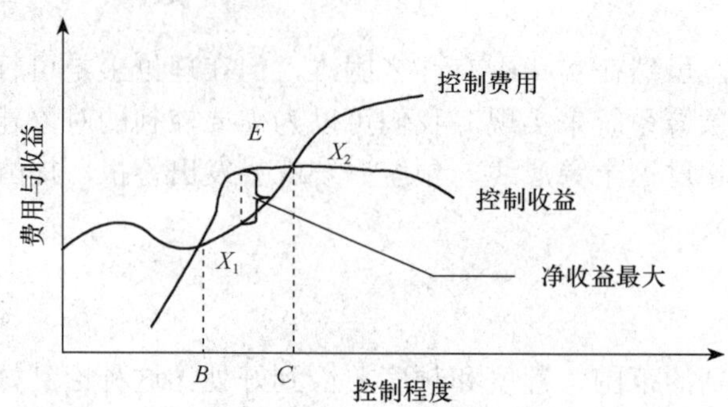

图 7.1　控制费用、收益与控制程度的变化关系

从图 7.1 中可以看出，控制费用基本上随着控制程度的提高而增加，控制收益的变化则比较复杂。

在初始阶段，较小范围和较低程度的控制不足以使企业管理者及时发现和纠正偏差，因此控制费用的需要会高于可能产生的收益。随着控制范围的扩大和控制程度的提高，控制的效率会有所改善，能指导管理者采取措施纠正一些重要的偏差，从而使控制收益能逐渐补偿并超过控制费用。图 7.1 中，控制费用与收益曲线在 X_1 至 X_2 点的变化便反映了这种情况，在 E 点，控制净收益达到最大。在 X_2 点，控制收益与控制费用曲线再度相交，自此点开始，控制所需的费用重新超过其收益。之所以会出现这种情况，是因为组织活动的主要偏差在 X_2 点以前已经解决，这以后的控制只能解决一些次要的、影响不大的问题，因此带来的收益甚小；同时，由于过度的控制会抑制组织成员的工作积极性，从而影响劳动生产率和经济效益的提高。

从理论上来说，控制程度在 X_1 和 X_2 相对应的 B、C 两点之间为适度控制；低于 B 点，为控制不足；高于 C 点，为控制过多。虽然在实践中企业很难确定各种控制的费用与收益之比，但这种分析告诉我们，过多的控制并不总能带来较高的收益，企业应根据活动的规模特点和复杂程度来确定控制的范围和频度，建立有效的控制系统。

（三）弹性控制

旅游企业在经营过程中可能经常遇到某种突发的、无力抗拒的变化，这些变化使旅游企业计划与现实条件严重背离。有效的控制系统应在这样的情况下仍能发挥作用，维持旅游企业的运营，也就是说，应该具有灵活性或弹性。

弹性控制通常与控制的标准有关。例如，预算控制通常规定了企业各经营单位的主管人员在既定规模下能够用来购买原材料或生产设备的经营额度。这个额度如果规定得绝对化，那么一旦实际营业额或销售量与预测数发生差异，预算控制就可能失去意义。经营规模扩大，会使经营单位感到经费不足；而销售量低于预测水平，则可能使经费过于富绰，甚至造成浪费。有效的预算控制应能反映经营规模的变化，应该考虑到未来的旅游企业经营可能呈现出不同的水平，使预算在一定范围内进行变化。

一般地说，弹性控制要求旅游企业制订弹性的计划和弹性的衡量标准。

【阅读小品】

贵州百里杜鹃风景名胜区季节性旅游环境承载力控制管理

百里杜鹃风景名胜区位于贵州省西北部，毕节地区中部大方、黔西两县交界处。该景区开发于 1984 年，如今是贵州省“十大风景名胜区”之一。1993 年 5 月，林业部批准建立百里杜鹃国家级森林公园；1997 年被批准为国家级森林公园，是贵州西北部次生地带性植被中保存最好的一部分，杜鹃花品种多达 40 余种。该景区的资源属于生态资源，季节性非常明显，景区开放初期，管理者为了追求利润最大化，忽视了景区的最大接待量限制，在旅游旺季每天都超负荷运转。然而这种经济效益是短暂的、短期的、非持续发展的，是以牺牲环境为代价的效益。景区游客的饱和超载，最终导致旅游环境质量下降、旅游活动舒适度变差、旅游设施遭受破坏，并且直接影响到旅游经济的持续发展。因此，为了保护景区旅游资源和资源生态系统少受冲击，保证旅游质量不下降，促进景区经济可持续发展，尽量避免人满为患，即旺季旅游者在景区游览时，应该有一个合理的密度，景区管理团队请教相关专家，结合该景区资源条件，制订了一套游客管理控制方案，把旅游活动强度和游客进入量控制在一个合理范围内。

（资料来源：禹贡，等，2010．旅游景区景点经营案例解析[M]．2 版．北京：旅游教育出版社．）

启示：

季节性旅游资源是珍贵的自然旅游资源，近年来很多季节性旅游景区因“短期、旺季”的竞争造成了景区资源的破坏，给景区带来了一系列的环境问题。其实旅游活动对环境的影响可以通过管理而控制在一定的范围内。为了让季节性旅游资源得到合理的开发与利用，实现可持续发展，在季节性旅游景区建立环境管理体系，应采用合理的控制管理模式。贵州百里杜鹃风景名胜区就是典型的例子。以可持续发展为目标，从保护的观点出发，提出景区游客控制管理模式。

学习任务三 旅游控制的类型

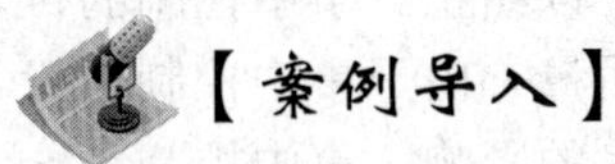
【案例导入】

摆 梯 子

在某集团酒店后勤间的一个角落，因工作需要，工人需要爬上爬下，因此，甲放置了一个梯子，以便上下。可由于多数工作时间并不需要上下，屡有工人被梯子羁绊，幸亏无人受伤。于是，管理者乙叫人改成一个活动梯子，用时，就将梯子支上；不用时，就将梯子合上并移到拐角处。由于梯子合上倾斜放置，屡有工人碰倒梯子，还有人受伤。为了防止梯子倒下砸着人，管理者丙在梯子旁写了一个小条幅：请留神梯子，注意安全。一晃几年过去了，再也没有发生梯子倒下砸着人的事。

一天，总部领导来视察工作，他们注意到这个梯子和梯子旁的小条幅，驻足良久。总部领导提议将小条幅修改成这样：不用时，请将梯子横放。很快，梯子边的小条幅就改过来了。

（资料来源：陈肖静，2012．旅游企业战略管理[M]．合肥：合肥工业大学出版社．）

启示：

通过本案例的教学，了解控制职能的地位、控制类型与过程。该案例说明无论管理层次高低，控制职能都很重要。总部领导属于事前控制；乙和丙属于事后控制。控制效率最高的是事前控制。本案例给我们的最重要的一个启示是控制并非投入越大，取得收益越多。

一、事前控制、事中控制、事后控制

（一）事前控制

事前控制也称预先控制或前馈控制，是一种在工作开始之前进行的控制。其特点是能在偏差发生之前就告知旅游管理者，使他们一开始就采取各种预先防范措施，预防或尽可能地减少偏差的出现，从而把偏差带来的损失降到最低。事先控制的目的是在工作开始之前就将问题的隐患排除掉，做到“防患于未然”。

事前控制的优点：由于在工作开始之前进行，避免了事后控制对已铸成的差错无能为力的弊端。在工作开始之前针对某项计划行动所依赖的条件进行控制，不是针对具体人员，因而不易造成对立面的冲突，易于被员工接受并付诸实施。

事前控制的困难：需要及时和准确的信息，并要求管理人员充分了解事前控制因素与计划工作的影响关系。

在旅游管理控制活动中，事前控制的内容包括对人力资源、资金、原料设备等的事前控制。例如，旅游人力资源必须适应任务的要求，数量和素质方面有能力完成指派的任务，并控制机构臃肿，人浮于事的现象；利用抽样统计来控制原料质量，根据抽样不合格率决定接受或退货；根据库存理论控制库存储备量等。

（二）事中控制

事中控制也称即时控制、过程控制、现场控制、实时控制，是一种在工作进行时同步进行的控制。其特点是在工作进行过程中，一旦发生偏差，马上予以纠正。事中控制的目的是及时纠正工作中发生的偏差，改进本次而非下次工作活动的质量。由于事中控制一般在现场进行，旅游管理者的工作作风和领导方式对控制效果有较大的影响。事中控制是一种主要为基层旅游管理人员所采用的控制方法。

事中控制有监督和指导两项职能。监督是指按照预定的标准检查正在进行的工作，以保证目标的实现。指导是指旅游管理者针对工作中出现的问题，根据自己的经验指导下属改进工作，或与下属共同商讨矫正偏差的措施，使工作人员能够正确地完成所规定的任务。

事中控制的优点是有指导职能，可提高工作能力及自我控制能力。其缺点是受管理者时间、精力、业务水平的制约；事中控制的应用范围较小，易形成心理上的对立。因此事中控制不能成为日常性的控制办法，只能是其他方法的补充。

（三）事后控制

事后控制也称反馈控制，是一种在工作结束之后进行的控制。传统的控制方法几乎都属于事后控制。其特点是把注意力集中在工作的结果之上，通过对前一阶段工作的总结、对比标准进行测量、比较、分析和评价，发现存在的问题，并以此作为改进下一次工作的依据。

事后控制的优点在于总结规律，为进一步实施创造条件，实现良性循环，提高效率。但事后控制的最大弊端是实施措施前损失已经造成，偏差已产生；控制存在时间滞后问题。

总的说来，这三种控制方式都各有优缺点，有效的旅游管理控制不能只依靠一种控制方式，而必须根据特定情况将各种方式各有侧重地结合起来使用，以取得综合控制效果。它们的关系如图 7.2 所示。

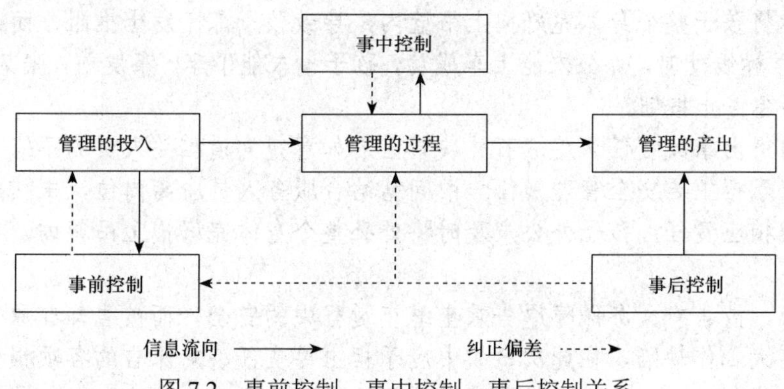

图 7.2　事前控制、事中控制、事后控制关系

二、直接控制、间接控制

（一）直接控制

旅游管理中的直接控制是指主要通过行政命令和手段对被控制对象直接进行控制的形式。实现直接控制的关键是对施控人员的精心选择和有针对性地培养。

直接控制是以人们会犯错误这一事实为依据的。在管理实际中，由于不确定因素造成的管理失误，直接控制是不能起作用的；但对由于主管人员缺乏经验而导致的决策偏差，运用直接控制就可帮助其纠正错误，总结经验教训，提高管理水平。

（二）间接控制

间接控制通常是指不对运行过程直接干预，而是通过间接的手段来引导和影响运行过程从而达到控制的目的。间接控制是以合格的主管人员差错最少为指导思想，通过主管人员的素质进行控制工作的。所谓“合格”，就是他们能熟练运用管理概念、原理和技术，能以系统的观点来进行工作，这样的合格主管人员能觉察到存在何种问题，并能及时地采取纠正措施，实施有效控制。

【阅读小品】

北京石林峡景区儿童缆车坠落事故

2017 年 10 月 3 日，6 岁男童小华（化名）和外公一起在石林峡景区游玩。家属称，二人交费搭乘缆车，但工作人员把孩子带进缆车后，拒绝外公同时乘车，并启动运行缆车。后缆车突然停止，由于工作人员未将缆车门关闭导致孩子从距离地面约 10 米高的缆车内滑出坠地，导致其构成九级和十级两处伤残。小华家人要求景区赔偿护理费等共计 571 540 元。

事故发生后，北京市平谷区质量技术监督局对该事故进行了立案调查。报告确认：站台服务人员刘某，未按规定在遇到两名游客乘坐索道时，安排游客在“上车起始线”两侧分别上车；张某未按要求站在上车区域提供服务。站台服务人员也未按规定要求，在遇到特殊人群乘坐缆车，在上下缆车时控制缆车慢速行驶。孩子与其外公在站台上车过程中，外公未能及时将孩子整个身体完好抱上吊篮内，导致孩子惊慌发生推阻，而吊篮运行到达“上车禁止线”标线处时，外公未能上车成功，孩子也未能下车。事发前，张某未在其岗位，未及时按下紧急停止按钮。

质监部门得出事故责任认定：石林峡景区对如意苑索道相关人员的不安全行为安全管理不到位，应承担主要安全管理责任；中间站站台服务人员脱离岗位，未按规定要求履职尽责，应承担相应责任。孩子外公未及时将外孙整个身体完好抱上吊篮内，也应负有一定责任。

法院认为，被告有义务保障原告乘坐缆车过程中的安全，而被告却在原告乘坐缆车过程中，存在重大工作缺陷，在此次事故中应承担主要责任，对原告的各项损失承担赔偿责任。据此，法院判决被告赔偿小华医疗费、住院伙食补助费等共计 398 779.77 元，其中被告已给付 126 018.63 元，尚欠 272 761.14 元未付。

［资料来源：高健，2019-10-18. 石林峡景区儿童缆车坠落案宣判[N]. 北京晚报，(9).］

学习任务四　旅游控制的过程

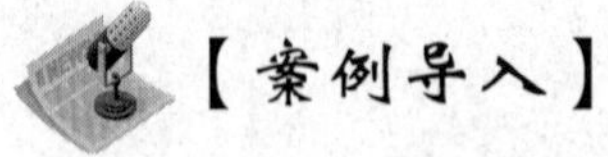

【案例导入】

平遥古城——另辟新城，保护旧城

平遥古城是我国的世界文化遗产之一，它地处黄河中游、太原盆地西南端、泰岳山麓。古城距山西省省会太原 100 千米，面积 2.25 平方千米。平遥古城有 2700 多年的历史，它完整地保留了明清时期的城墙、街道、店铺、庙宇和民居，文物古迹布局严谨，其古城墙全长6.4千米，墙高约12米，墙身以素土夯实，外抱青砖，筑有瓮城6座，城楼6座，角楼4座，敌楼72座，垛口3000个。因整座城市是仿灵龟样式设计，平遥古城又称“龟城”。鸟瞰古城，南门似龟头，面向中都河，可谓“龟前戏水，山水朝阳”，城外原有水井两眼，喻为龟之双目，北城门拱极门为龟尾，东西4座城门和瓮城双双相对，形似龟的四足。古城的布局完全秉承了中国封建的“礼制”和“习俗”，县城由四大街、八小街、七十二条蚰蜒巷组成一个庞大的八卦图案；全城以南大街为中轴线，以古市楼为中心，形成左城隍(庙)、右县衙，左文庙、右武庙，左道观、右寺庙相互对称的格局。充分体现了中国汉民族文化左祖右社、左文右武、上下有序的城市礼制规范。黄色和绿色的琉璃瓦铺顶的官衙、寺庙建筑，在大片青堂瓦舍的民居店铺烘托下形成了强烈的色彩对比，显示出封建礼制的威严。平遥有驰名中外的中国第一家票号“日昇昌”等20多家票号，具有保护价值的民宅3000多处，地上、地下文物遗存287处。1997年12月3日，在意大利那不勒斯城，平遥古城被联合国教科文组织正式确定为“世界文化遗产”，列入“世界遗产名录”，联合国教科文组织世界遗产委员会给出的评语是“平遥古城是中国汉民族城市在明清时期的杰出范例，平遥古城保存了其所有特征，而且在中国历史的发展中为人们展示了一幅非同寻常的文化、社会、经济及宗教发展的完整画卷”。

从平遥古城的保护、申报世界遗产的成功到旅游业的全面发展并非一帆风顺。这座古城保护如此完美，是因为其遵循了可持续发展的原则，也遵循了文化遗产保护标准及科学的保护方法。

1982年，由同济大学、山西省建设厅建筑规划设计院与平遥县共同编制的《平遥县城总体规划》，确立了全面保护平遥古城的总体思想。

平遥古城按照世界文化遗产标准完善古城保护的思路和以后的实施状况主要有：第一，建规立制，依法保护古城；第二，着力开发新城区，减轻古城保护压力；第三，加强古城保护，改善环境质量；第四，健全保护机构，落实保护资金。

（资料来源：禹贡，等，2010．旅游景区景点经营案例解析[M]．北京：旅游教育出版社．）

启示：

平遥古城的开发和保护并非一帆风顺，期间也走过一些弯路，但经过专家指点，平遥发展终于走向成功，其成功的原因，主要体现在保护控制管理过程中，遵循了规范的标准，采用了科学的技术方法。

尽管旅游控制类型多种多样，控制的对象各种各样，但控制的基本工作是相同的。旅游控制过程分为三个基本环节：制定旅游控制标准，衡量实际工作，矫正偏差。

一、制定旅游控制标准

旅游控制标准的制定是旅游控制能否有效的关键。没有切实可行的控制标准，旅游控制就可能流于形式。

控制标准来源于计划，但不同于计划。从逻辑关系上说，制订计划本身实际上构成控制过程的第一步。但由于计划相对来说都比较概要，不可能对组织运行的各方面都制定出非常具体的工作标准。一般来说，计划目标不可能直接地用作控制的标准。因此，需要将制定专门的控制标准作为旅游管理控制过程的开始。因此，确定具体的控制标准是必需的。

二、衡量实际工作

假如旅游企业的经营活动中的偏差都能在产生之前就被发现，旅游管理者就可以预先采取必要的措施，并取得良好的效果。这是一种理想的控制与纠偏的方式，但并非所有的管理人员都有卓越的见识能预估出问题。在客观的限制下，最满意的控制方式是必要的纠偏措施能在偏差产生之后迅速采取。为此，要求管理者及时掌握能够反映偏差是否产生并判定其严重程度的信息。

该步骤的主要内容是将实际工作成绩和控制标准相比较，对工作做出客观的评价，从中发现二者的偏差，为进一步采取控制措施提供全面、准确的信息。

三、矫正偏差

对实际工作成效加以衡量后，下一步就应该将衡量的结果与标准进行对比。如果有较大的偏差，则要分析造成偏差的原因并采取矫正措施；如果没有偏差，则宜首先分析控制标准是否有足够的先进性，在认定标准水平合适的情况下，将其作为成功经验予以分析总结，以用于今后的或其他方面的工作。

（一）分析造成偏差的原因

并非所有的偏差都可能影响组织的最终结果。有些偏差可能反映了计划制订和执行工作中的严重问题，而另一些偏差可能是偶然的、暂时的、区域性因素引起的，从而不一定会对经营活动的最终成果产生重要影响。因此，在采取任何纠正措施以前，首先要判断偏差的严重程度，即是否足以构成对组织经营活动效率的威胁，从而值得去分析原因，采取矫正措施，然后探讨导致偏差产生的主要原因。

（二）采取矫正措施

对于计划操作原因而产生的偏差，可采取以下措施：重申规章制度，明确责任，明确激励措施，按规定处罚有关人员，或调整工作人员，加强员工培训，改组领导班子等。对于外部环境发生重大变化原因而产生的偏差，应在仔细分析的基础上采取一些补救措施，以尽量消除不良影响，然后改变策略，避开锋芒，或变换目标，另辟蹊径。对于计划不合理原因而产生的偏差，应根据具体情况，及时调整目标，使之处在合理的水平。

在矫正措施的选择和实施过程中要注意以下几点。

1）保持矫正方案的双重优化。矫正偏差，不仅在实施对象上可以进行选择，而且对同一对象的矫偏也可采取多种不同的措施。这里，判断矫正方案的合适性需要考虑两方面要求：一方面是矫正工作的经济性，需要考虑矫正方案实施的成本是否大于听任偏差发展所可能带来的损失，这也是决定该矫正措施是否有必要采取的前提条件。在此基础上要考虑的另一方面是，矫正措施必须在满足经济性要求的前提下，通过对各种可行的矫正方案的分析比较，找出其中相对最优的方案，实现追加投入最少、成本最小、解决偏差效果最好的目的。

2）关注原有计划实施的影响。由于对客观环境的认识能力提高，或者由于客观环境本身发生了重要变化而引起的矫偏需要，可能会导致原先计划与决策的局部甚至全局的否定，从而要求对组织活动的方向和内容进行重大的调整。这时要关注原有计划实施已经消耗的资源，以及这种消耗对客观环境造成的种种影响。

3）消除组织成员对矫正措施的疑惑。任何矫偏措施都会在不同程度上引起组织的结构、关系和活动的调整，从而会涉及某些组织成员的利益，并对所采取的措施产生抵触。因此，控制人员要充分考虑到组织成员对矫偏措施的不同态度，注意消除执行者的疑虑，争取更多人的理解、赞同和支持，以保证避免在矫偏方案的实施过程中可能出现的人为障碍。

以上控制过程的三个基本步骤构成了一个完整的控制系统，完成了一个控制周期。通过每一次循环，使偏差不断缩小，保证组织目标的实现。

【阅读小品】

餐饮业吧台内部控制管理实践

饭店老板提出一个财务管理问题，说吧台商品营业收入可能存在问题，营业员有“漏柜”嫌疑。

这家酒店吧台经营高档卷烟、进口红酒、国内知名白酒等商品，开始时由老板夫人做吧台收银员，生意红火，业务繁忙。后又聘用了自己的亲戚做收银员，由于是亲戚，对她还是挺放心的。但是工作一段时间后，老板发现商品营业毛利率指标异常，于是心生疑惑。经调查，这种现象在餐饮业普遍存在。餐饮业是改革开放后发展速度较快的第三产业，由于资本投入不多，门槛不高，几乎都是民营资本，家族为主体的经营模式。经过多年积累，产业发展较迅速，涌现出一批有规模的餐饮业大亨。家族经营，通常是使用自己认为信得过的人来负责收款业务。初期这种形式既节省成本又简便易行，财物不外流，即能满足管理要求。当业务发展到开分店、开连锁店的时期，家族式管理的弊端凸显，难免出现贪污事情的发生。吧台商品销售管理，缺少有效制约制度。

“同行不同利”。经营好一家餐馆，关键要抓住三个方面问题：一是吧台的货币收入管理；二是材料物资购进的支出管控；三是后厨内部的成本控制。对于材料物资购进、后厨内部成本控制，比较容易管理好，可是实践中吧台的管理常常使经营者手足无措。

对于餐饮业吧台存在的问题，按照以上控制管理理论，可以借用零售商业管理中使用的“拨付计价、实务负责制”，这是一种售价记账与实务负责相结合的管理制度，它不仅仅是一种商品核算方法，更是一种商品管理制度。其核心就是“给你多少货，你交多少钱”，这种制度管理要点如下。

1）实行实物负责制。明确吧台人员对所管商品的种类、品种、规格以及数量、质量和管理要求负责。

2）按零售价格记账。财务部门对商品的进、销、存一律按零售价格记账，“库存商品”总分类账只记售价总金额，其明细分类账按吧台售价金额核算，监督所经营的全部商品，也就是，给你多少商品，就要交回多少货币。餐饮部门如设有仓库，也要设置商品数量账，登记商品的收、付、存数量。

3）设置“商品进销差价”账户。由于“库存商品”按零售价记账，所购进的商品以进价结算，因此，需要设置“商品进销差价”账户，用来反映商品进价和售价的差额，假如售价没有折扣等其他因素影响的话，商品进销差价就相当于毛利润。

4）月末成本结转。对于已销商品的成本，平时按售价结转，月末财务部门根据“商品进销差价”账户的余额，按照商品存销比例，分摊进销差价，调整商品销售成本。

5）加强商品盘点。由于吧台所经管的商品价值较高，所以应有经常的盘点制度，如交接班实物清点、月末总清点。

6）加强商品价格的监管。要求每一实物负责人所经管的商品必须有主管人员定价，做到明码标价，遇到商品调价，及时办理变价手续，调整库存商品的售价金额。

7）建立健全吧台商品管理。对所经管的商品的购销、调价、盘点、升溢、损失、交接程序等事项，必须按照规定的手续制度办理，填制完备的凭证，按程序及时传递。及时报账、对账，实施吧台日报表制度，记录当日的收发存等事项，当日账实核对。

8）商品折扣的处理。贵宾卡类的折扣，在折扣单上应有顾客签名；临时性的折扣，应明确各级主管领导折扣权限，并在收款单上签字。会计核算上还应设置“商品销售折扣与折让”科目。

（资料来源：http://www.cqvip.com/QK/90793A/201120/40092779.html，有改动。）

学习任务五 旅游控制的方法

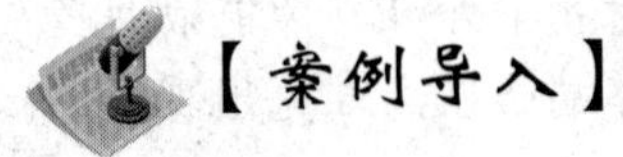

麦当劳的企业文化

麦当劳公司具有丰富的企业文化。尽管麦当劳是一家在全球119个国家拥有40万名员工的公司，但只要你走进任何一家麦当劳，你都可以清晰地感受和辨识出麦当劳的文化。

麦当劳是一种家庭式的快乐文化，强调其快乐文化的影响，甚至说有麦当劳的国家不会进入战争。麦当劳的同事之间不论管理级别彼此均称呼对方名字，大家在一起感觉很轻松，像一家人。员工在工作上犯错误没关系，只要你不是严重违反公司的有关政策和规定，麦当劳不会开除你。人在于用，每个人都有长处，麦当劳一直提倡对人应表扬于众，提倡分享经验而不是高压……

（资料来源：http://baike.haosou.com/doc/6255716-6469131.html，有改动。）

启示：

组织文化是一种规范和管理员工态度和行为的控制方法。组织文化之所以是控制的一个重要方法，有两个原因。首先，它使控制在不能使用监督控制的场合成为可能。其次，也是更重要的一点是，当一组强大且有内聚力的价值观和规范发挥作用时，员工会非常不辞辛苦地为企业工作。

一、行政控制

当直接监督的成本过于昂贵，目标管理又不适合时，管理者可以转向另一种塑造和激励员工行为的机制——行政控制。行政控制能规范、指导员工行为，并对员工所碰到的需要解决的问题做了详细说明。制定使员工可以有效完成工作的规则，是管理者的责任。当员工遵循管理者制定的规则时，他们的行为是标准化的，即行为是以相同方式一遍遍重复进行，而且可以对工作结果进行预测。

所有的组织都大量使用行政控制，因为规则和标准操作程序可以有效地控制程序性的组织行为。随着行政控制系统发挥作用，管理者根据例外原则进行管理，只在必要的时候进行干预，采取纠正行动。然而，管理者必须认识到，大量的问题与行政控制有关，因为它们可能降低组织的有效性。

首先，建立规则一般要比废止规则容易得多。随着时间的流逝，组织会变得过于官僚主义，因为管理者做任何事情时，都要遵守规则手册。如果“官样文章”的数量太多，决策速度将放慢，导致管理者对正在变化的环境反应迟钝。如果出现灵活的新竞争对手，则行动迟缓可能危及组织生存。

其次，因为规则约束行为并使之标准化，使人们按照可以预料的方式行事，人们变得如此习惯于自动遵守规则，以至于停止思考，这是危险的。因此，如果管理者和员工把注意力放在错误规则上的话，以至于过度标准化，那么实际上降低了组织内部的学习水平，使组织偏离轨道。当组织成员始终思考提高效率、质量和对顾客响应的新方法时，它就兴旺。根据定义，新的主意并不来自盲目遵守标准化的程序。同样，追求创新意味着管理者做出发现从事工作新方法的承诺。然而，创新却与大量使用行政控制相冲突。

因此，管理者必须对自己使用行政控制的方式始终保持一种敏锐的洞察力。当组织行为是属于程序性的，行政控制非常有用。在必须做出非程序化决策，以及管理者必须对环境变化做出快速反应的场合，行政控制的用处不大。

【阅读小品】

景中村发展中土地控制管理策略

景中村是在空间景观、功能结构等方面与风景名胜区有着密切联系的村庄。作为一种特殊的村庄类型，景中村的自然生态资源和历史文化资源一般比较丰富而优质。伴随着全民旅游时代的到来，多数景中村均面临着发展与保护的双重压力。由于我国农村土地的特殊性，建立在集体土地所有制基础上，以宅基地为基本建设管理单元的土地使用制度，使得农民对其宅基地拥有完全的使用权。我国不同层面的景中村建设用地控制方法如下。

1. 村庄层面

由于景中村新建土地空间稀少，居民乱搭乱建侵占公共空间等现象严重，村庄层面的景中村建设用地控制策略研究必须重视以宅基地为基本单元的土地控制策略。

首先，将宅基地概念引入景中村建设用地分类标准中，根据景中村功能发展的需求创新建设用地分类方法，以宅基地用地替代传统的居住用地，更好地延续景中村的传统村落格局。同时，明确公共空间用地的概念，避免村民私自搭建侵占村庄公共空间，破坏景中村整体的空间格局和风貌。

其次，引入宅基地作为土地控制的基本单元，使得景中村的土地控制规划内容细化到每户农户，随着控制内容的细致化和标准化，可以有效保障其对景中村建设用地发展建设的把握更加精准和明确。

2. 宅基地层面

由于我国农村的土地制度允许农民在自家宅基地范围内进行自主建设，因此，宅基地层面的景中村建设用地控制策略研究，应该重点关注宅基地内部建设活动的引导和约束。景中村内的建设活动基本以局部拆建改建为主，而现行的详细规划方法则大多适用于指导新建重建的建设活动，无法适应景中村内建设活动的控制目标和需求。因此，在提出景中村具体建设活动的控制策略之前，必须首先对景中村建设的功能需求和提升目标进行分析，才能总结出切合景中村发展规划需求的建设用地控制策略。

（资料来源：禹贡，等，2010．旅游景区景点经营案例解析[M]．北京：旅游教育出版社．）

二、组织文化和小团体控制

当亲自监督用处不大时；当不能制定规则，告诉员工做什么时；当产出和目标根本无法衡量，或者只有经历较长时期才能有效衡量时，管理者如何控制和规范下属的行为？越来越多的组织正在使用的一种控制方法，就是强大的组织文化控制。

组织文化是另一种规范和管理员工态度和行为的控制方法。组织文化是指控制个人与群体相互作用和影响方式的价值观、规范、行为标准和共同愿景的总和，以实现组织目标。小团体控制是通过分享价值、规范、行为标准和共同愿景，对组织内个人和群体施加控制。组织文化不是通过外部强制和发挥作用的约束系统，相反，员工首先内化组织价值观和规范，然后这些价值观和规范指导他们的决策和行动。正如社会上人们通常按照可以为社会所接受的价值观和规范行事一样，组织内的个体也要考虑组织价值观和规范的力量。

组织文化之所以是控制的一个重要来源，有两方面的原因。第一点，它使控制在不能使用产出控制或行为控制的场合成为可能。第二点也是更重要的一点是，当一组强大且有内聚力的组织价值观和规范发挥作用时，员工考虑的中心问题是，哪些事情长期而言对组织有利，他们的所有决定和行动，都以有助于组织良好发展为出发点。例如，一位导游员在一天行程结束后还会主动关心游客饮食起居。多数研究者和管理者相信，一些组织的员工不辞辛苦地帮助企业，因为这些组织有一个强大的内聚组织文化，即控制员工态度和行为的文化。建立强有力的组织文化主要从如下几个因素着手。

（一）创始人价值观

创始人是组织中对组织文化类型影响最大的管理者。组织创始人及其个人的价值观和信念，对组织内部随着时间流逝发展起来的价值观、规范、行为标准产生实质性的影响。

创始人为文化价值观和规范发展方式设定了舞台，因为他们雇用其他的管理者，帮助他们经营企业。创始人很有可能挑选与自己有着同样组织目标见解和应该做些什么的管理者。在所有情况下，新的管理者很快就从创始人那里了解到怎样的价值观和规范在组织内是合适的，以及对他们的期望是什么。下属模仿创始人的风格，依次又把价值观和规范传递给自己的下属。随着时间的推移，创始人的价值观和规范逐渐渗透到整个组织。

创始人的个人价值观往往影响整个组织的竞争优势。例如，麦当劳的创始人雷·克罗克从开始就坚持麦当劳餐馆要做到顾客服务的高标准和清洁。微软公司的创始人比尔·盖茨在微软公司倡导同样的组织价值观。尽管公司期望员工具有创造性和努力工作，但是鼓励他们随意穿着，可以使办公室个性化。比尔·盖茨还建立了一系列公司活动，如户外烧烤、野餐、运动会等，借此向员工强调既作为个人也作为团队成员的重要性。

（二）社会化

随着时间的推移，组织成员相互学习，了解哪些价值观在组织内是重要的；按公司规范以及哪些行为是适当的，哪些是不适当的。最后，当组织成员按照组织的价值观和规范行事时，往往没有意识到是在这样做。组织社会化是新成员学习组织价值观和规范，掌握有效从事工作所必要的行为规范的过程。作为经历社会化的结果，组织成员内化组织价值观和规范，并依据它们行事，这不仅是因为他们认为必须这样，而且是因为这些价值和规范规定了正确的和合理的行为方式。

大多数组织都有某种类型的社会化计划，帮助新员工学习规则，即价值观、规范、所在组织的文化等。例如，军队以严格的社会化程序而闻名，它使新兵成为受过训练的战士。有些组织，也通过严格的培训项目使新职员社会化。这些培训项目不仅向员工提供有关做好本职工作所需的知识，而且还向他们介绍公司的情况。因此，通过组织社会化计划，组织创始人和高层管理者能够向员工传递组织价值和规范，塑造组织成员的行为。

（三）仪式和典礼

仪式和典礼是另一种管理者用来创造或影响组织文化的方式。管理者通过制定组织仪式和典礼之类的正式活动，使员工识别对组织整体和特定个人来说重要的事件。组织经常使用的向员工传递文化规范和价值的仪式和典礼有过程仪式、一体化仪式和强化仪式。

过程仪式决定个体如何加入组织、在组织内提升和离开组织。例如，组织为提升员工举行的培训就是过程仪式。一体化仪式，如参加组织业绩发布会、办公室聚会和户外烧烤等，建立和强化组织成员间的共同约束。公司的年度会议也可以作为一体化仪式，它为管理者、员工和股东提供了一个交流组织价值观的机会。强化仪式，如颁奖晚餐会、新闻发布会和员工提升等，使组织公开承认和奖赏员工贡献，因此强化了他们对组织的承诺。通过把员工和组织牢固地联系在一起，强化仪式有助于推动小团体控制。

（四）故事和语言

故事和语言也可用来交流组织文化。组织英雄、恶棍以及有关他们所作所为的故事，提供了组织价值和规范的重要线索。这些故事揭示哪些是组织认为有价值的行为类型和反对的行为类型。

由于口头语言是组织内交流的主要媒介，所以典型的俚语或行话——它们是组织专用的词汇，或者是人们用来表达和描述事件的词汇——提供了有关规范和价值观的线索。例如，麦当劳语言在麦当劳公司的所有层级都是流行的。在“血液中加入了番茄酱”的员工，是指那些完全按麦当劳方式行事的员工，这些员工已经完全融入它的文化中。麦当劳文化中，还有一个密集的培训计划，教授新员工掌握“麦当劳式的说话方式”。

组织语言的概念不仅包括口头语言，还包括人们的身体语言和物语言，如何穿着、举止、使用的办公室、驾驶的小汽车，以及他们与他人交谈时使用礼节的程度。正式的服装支持着诚信和保守文化，它强调遵守组织规范。

组织文化对员工行为的塑造和控制，在管理者执行四项主要职能——计划、组织、领导和控制——过程中的作用是显而易见的。组织文化的价值观和规范对管理者执行管理职能的方式产生了极大的影响。管理者对组织价值观和规范的认同程度，影响他们对世界的看法、他们的行为和特定环境下他们所做的决策。管理者采取的行为反过来又影响组织的业绩。因此，组织文化、管理行为和组织业绩，是相互联系的。

【案例分析】

中国旅游饭店业成本控制管理

中国旅游饭店业兴起于 20 世纪 80 年代初。曾几何时，能下榻长城饭店，能在白天鹅用餐，甚至能就职于那些高档次的五星级饭店是多么的让人引以为荣。饭店业是“荣誉”和“利润”的象征。而如今，随着改革开放的不断深化，市场经济的不断成熟，饭店业已从暴利时代走向微利时代，已不再是当年的“霸王”行业。如何合理利用有限的资源，开拓市场，发现新的利润增长点，全面降低运营成本，建立有效的内部管理和监控系统，已经是企业生存发展的关键，是饭店的管理者现实中所着重思考的问题。

在市场竞争激烈的今天，中国旅游饭店业管理上现存的弊端主要表现在以下两个方面。

1）成本管理失控。成本管理不善，尤其是战略决策的失误，使企业失去了成本控制的第一步。酒店的投资额巨大，对选址的要求更高，一旦决策失误则难以挽回经济损失。

2）缺乏有效的监控手段。酒店的物品采购不仅种类多，而且质量标准难以掌握。例如，日常采购中，大量的是餐饮部的食品采购，涉及的种类、质量、价格纷繁复杂，尤其是生猛海鲜价格更是差异很大，酒店的采购控制的好坏将直接影响酒店产品的质量和价格的高低。

（资料来源：http://www.hotel-sight.com/lvxhWeb/web/Xh_news/newsInfo.aspx?nid=927，有改动。）

点评：

成本费用控制的基本方法在旅游饭店管理中常运用的有以下两种。

1）预算控制法。预算是旅游饭店未来一定时期计划的货币数量表现。预算成本是按标准成本计算的一定业务量下的成本开支额。这种控制方法是以预算指标作为控制成本费用支出的依据，通过分析对比，找出差异，采取相应的改进措施，来保证成本费用预算的顺利实现。

这种方法是利用国家及宾馆酒店内部各项成本费用管理制度来控制成本费用开支。作为旅游饭店本身来讲，为有效地控制成本费用，必须建立健全各项成本费用控制制度和相应的组织结构。

2）标准成本控制法。标准成本实际上就是单位成本消耗定额。它是采用科学的方法，经过调查、分析和测算而制定的在正常生产经营条件下应该实现的一种目标成本。它是控制成本开支、评价实际成本高低、衡量工作质量和效果的重要依据。例如，客房部出租单位客房的物料用品消耗定额，餐饮部制作单位餐食制品应消耗的原材料定额，提供单位产品服务所消耗的人工费定额等，这些定额作为标准成本发挥着控制成本支出的作用。

单元八

旅游企业的沟通与协调

学习目标

◇知识目标：充分理解旅游协调的含义和作用，了解旅游协调管理的原则，理解旅游企业协调管理的内容，掌握旅游冲突的含义、特性。

◇能力目标：能运用旅游沟通的方式进行有效沟通；能初步运用旅游协调的内容。

◇素质目标：激发学生学习本课程的兴趣，熟悉管理者的沟通技巧和克服组织协调障碍。

学习任务一 旅游协调管理概述

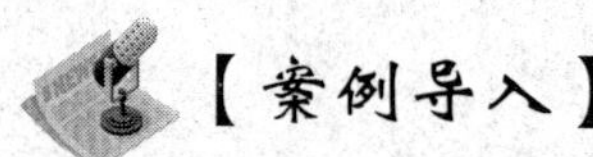

【案例导入】

53名游客在寒风中被“晾”6个半小时

由南京某旅行社组织的53名游客参加香港歌星谭咏麟在上海举行的演唱会，按行程，下午从南京出发，演唱会结束后当夜返回。

23时30分左右，歌迷们看完演出后离开会场，却发现自己乘坐的大巴车上没有座位，经了解才知道旅行社同去的另一辆面包车空调坏了，于是该车的乘客们都挤到大巴车上，结果协调了半小时，到零点左右，大巴车才踏上返程。凌晨2点左右，车到无锡、苏州交界处，许多游客都闻到一股焦味，接着车就开不动了。司机、导游先后下车察看，但没有任何人向游客解释，直到两个小时后即凌晨4时左右，游客才被告知车坏了。

由于刹车系统损坏，沪宁高速公路交警队无法将车拖走。交警考虑到高速公路上车速太快，而这辆车尾灯亮度不够，要求大家都要离开车，站到隔离栏外的斜坡上。众人又冷又饿，在寒风中发抖，苦苦等待旅行社派车来接。但直到第二天 8 时 30 分，这家旅行社才派来一辆“跑起来浑身抖”的旧公共汽车，将冻了一宿的游客接走。

（资料来源：http://www.docin.com/p-1389278395.html，有改动。）

启示：

旅游企业的组织协调的内容很多，既包含组织内部人与人之间、部门之间的协调，同样也包括企业组织与外部环境的协调，任何一个环节发生不协调时，都会对企业经营管理产生不利因素甚至是严重的后果。

一、旅游协调管理的含义和作用

（一）旅游协调管理的含义

旅游协调是指旅游企业的一切工作都能和谐地配合，以便使本企业的经营活动顺利进行，并有利于企业取得成功。它要求旅游企业各部门、部门内各成员都要对自己在完成企业共同目标方面必须承担的工作和应相互提供的协助有准确的认识；同时，必须反对各自为政、互不通气和不顾企业整体利益的行为。

像旅游企业这样的组织，是由人、财、物、技术、信息等要素共同构成的。旅游企业要顺利运转，必须根据旅游企业经营目标对各生产要素进行统筹安排和全面调度，使各要素间能够均衡配置，各环节相互衔接、相互促进。这里的统筹安排和全面调度就是协调，它需要管理者的管理行为来执行。其实，这种协调就是理顺组织内部的各种关系，如部门间的关系、员工之间的关系等。同时，旅游企业是开放的系统，在其运转过程中，必然会与外部环境发生多种关系，如旅游企业与政府之间的关系、与旅游者的关系、与相关行业和非行业部门的关系等。这些关系处理是否得当，也会影响旅游企业的正常运转。所以，旅游企业的管理者也必须正确处理这些关系，为本企业正常运转创造良好环境。

（二）旅游协调管理的作用

旅游协调管理的作用主要表现在以下几个方面。

1. 使个人目标与企业目标一致

若旅游从业者目标与旅游企业目标相一致，人们的行为就会趋向统一，企业目标就容易实现。但是我们知道，人在市场经济环境中，人是追求个人最大合理效用的经济人，人们加入企业是为了满足个人的某些需要（物质或非物质的报酬），如生存的需要、安全的需要、自我尊重的需要、自我实现的需要等，这使得个人目标往往与企业目标不能完全一致。为此，企业管理者可以通过协调工作，使个人目标与企业目标相辅相成，从而促进企业目标的实现。

2. 解决冲突，促进协作

人与人之间、人与企业之间、企业与企业之间的矛盾、冲突是不可避免的，并且这种矛盾和冲突如果积累下去就会由缓和变到激烈、由一般形式发展到极端形式。如果这样下去，轻则干扰企业目标的实现，重则会使企业崩溃、瓦解。所以，管理者必须通过协调，很好地处理和利用冲突，发挥冲突的积极作用，并使部门之间、人与人之间相互协作、很好地配合。

3. 提高企业效率

协调企业各部门、各成员都能对自己在完成企业总目标中所需承担的角色、职责及应提供的配合有明确的认识，企业内所有能力都集中到实现企业目标的轨道上来，各个环节紧密衔接，各项活动和谐地进行，那么各自为政、相互扯皮、不顾企业整体利益的现象就会大大减少，从而会极大地提高企业的效率。

【问题讨论】

王董事长和李总经理是从小一起长大的好朋友，这种难得的友谊促使他们在大学毕业之后共同创业，不分彼此也不拘名分。董事长和总经理不过是形式上的称呼，实际上凡事商量办理。

他们不分大小，谁也不想去管谁，谁也不想替对方做决定。

近来，情况稍微有些变化。为了某些事情，双方的意见很难一致。以往遇到类似情形，两人总会坦诚地表示自己的意见，就算大声争吵，也不至于伤感情。现在却不是这样，见面时打招呼，却很少面对面地谈问题。大多数事宜，都通过朱秘书来联系解决。

朱秘书夹在中间，相当为难。遇到问题，请示王董事长，答案不外乎“你应该去问总经理”。转过头来请教李总经理，却又听到“你先去问问董事长”的指示。谁都不愿意先说，弄得朱秘书转来转去，很难得到具体的解答。

实在没有办法的时候，朱秘书只好含含糊糊地编造一套对方的说辞，结果竟然是“怎么可以这样？”因而说出刚好与对方相反的论点。

朱秘书转过来转过去，费好大的劲才能够解决一个问题，觉得苦恼万分，却又很难突破。

（资料来源：根据网络资料整理）

讨论：

1）王董事长和李总经理原本关系很好，为什么共同创业之后反而貌合神离？

2）朱秘书的沟通，主要困难是什么？

3）如何解除董事长和总经理之间的问题，促进彼此的协调呢？

二、旅游协调管理的原则

（一）目标一致原则

旅游协调管理的目的是使企业成员充分理解企业的目标和任务，并使个人目标（或群体目标）与企业目标相一致，从而促进企业目标的实现，所以管理者的协调工作必须围绕企业总目标进行。

（二）效率原则

旅游协调管理的目的不是掩盖、抹杀问题，也不是“和稀泥”，而是通过发现问题、解决问题，使部门之间、个体与个体之间更好地分工、合作，每个人都能满腔热忱、信心十足地去工作，从而提高企业效率。

（三）责任明确原则

明确责任是旅游协调管理的基本手段。明确责任就是规定各部门、个人岗位在完成企业总目标方面所应承担的工作任务和职责范围。除了要明确自己的职责范围，还要明确互相协作的责任，提高企业间、部门间、同事间发扬主动支援、积极配合的精神，反对各自为政、相互扯皮的恶劣作风。

（四）加强沟通原则

沟通是旅游协调管理的杠杆，旅游企业内部以及旅游企业与外部环境之间的信息沟通越有效，彼此间的理解、支持就越容易建立，发生误会、摩擦、扯皮的可能性就越小，而企业的协调性就越强；反之，沟通效果越差，企业协调性也越低。所以，旅游企业管理者在工作中要掌握有效的沟通技能，合理选择信息沟通渠道，积极排除沟通障碍，充分发挥信息沟通在协调管理中的积极作用。

（五）调查研究和抓主要矛盾的原则

企业管理过程的协调工作，主要是正确处理管理过程中出现的各种矛盾。处理这些矛盾的前提和基础是调查研究，查清情况，研究和判断矛盾性质以及矛盾双方的要求，然后在此基础上作出协调决定，进行协调工作。否则会造成被协调者不服的局面，其后果将是越协调矛盾越大，而不协调，又达不到管理的目的。在做好调查研究和查清存在问题的同时，要善于抓住主要矛盾，集中精力解决主要矛盾，带动其他次要矛盾的解决。只有这样，才能达到协调的目的。

（六）局部利益服从总体利益的原则

在不损害国家和公共利益的前提下，企业的总体利益高于中层及基层部门的利益。各中层及基层部门的需要必须服从企业总体目标的需要，这是进行协调工作的又一个基本原则。因为企业的需要往往带有全局性、战略性、长远性、根本性，而处于局部地位的中层及基层部门往往只注重眼前和局部的需求，当二者的需求出现矛盾时，局部的利益必须服从全局的利益。不如此，企业的发展就会受到阻碍，得不到应有的发展，必然使企业中层及基层部门的发展受到严重束缚，企业中层及基层部门的发展就不能持久，更难以取得良好的经济效益。

（七）依照相关法规处理问题的原则

协调各方面之间的关系，处理各类矛盾，都需要有一定的依据。这些依据，主要是国家的法律、法规及企业的规章制度。协调人员必须熟悉和理解这些法律、法规及相关文件的精神，并在协调工作中认真、准确地贯彻执行，严格按规定公正办事。

（八）灵活的处事原则

在市场经济条件下，企业面临的内外部环境的变化较大，在企业管理过程中经常会出现一些新问题，有些是企业经营者事前无法预料的，有些是由于经营计划本身不周全造成的，有些是由于管理制度不完善，责任不清、互相扯皮造成的。面对这些新问题，协调人员必须具有灵活性，根据实际情况，从有利于全局利益出发，兼顾维护各方的利益，便于调动各方人员的工作积极性，认真妥善地解决和处理问题。

【阅读小品】

龚专员陪同刘经理出席公司的汇报会。刘经理站起来，把本部门的情况向大家做了一番报告。龚专员洗耳恭听，发现刘经理遗漏了一件相当重大的事情。他不慌不忙地在便条纸上写下“老李赌气要打架”七个大字，然后偷偷地递给刘经理看，希望提醒他把“警卫老李为了星期天出货居然没有人事先通知他，气愤地要找人打架”这件事也顺便说一下，以免引起大家的误解，认为本部门办事不够谨慎才引起老李的不满。想不到刘经理看了一眼，便随手把便条纸往口袋一塞，提都不提一下，弄得龚专员丈二和尚——摸不着头脑，不知道刘经理葫芦里卖的什么药。

汇报结束之后，龚专员尾随刘经理回到自己的部门。他小心地问：“经理，刚才为什么不报告一下老李的事情？”

刘经理说：“谢谢你的好意，拿纸条提醒我。但是，这件事情我并没有忘记。我想来想去，总觉得不方便在开会的时候讲，免得老李恼羞成怒，吵闹得更凶，大家都不好看。”

（资料来源：根据网络资料整理）

三、旅游协调管理的内容

像旅游企业这样的由多要素组成的、开放的组织，在其生存和发展过程中，需要协调管理的关系很多也很复杂，但它们大体上可以分为两部分：一部分是旅游企业内部关系，如旅游企业内部各部门间的关系、旅游企业与股东的关系、领导与被领导间的关系等；另一部分是旅游企业与外部环境间的关系，如旅游企业与旅游者的关系、旅游企业与政府主管部门的关系、旅游企业与大众传媒的关系等。通过对旅游企业内部关系的协调，可以使旅游企业内部各种力量都统一到为实现旅游企业目标而努力的轨道上来；通过与旅游企业外部的沟通、协作，可以为旅游企业发展创造良好的外界环境。

（一）旅游企业内部关系的协调

1. 对企业投入的各种经济资源的协调

企业要顺利地运转，必须根据企业总目标的要求，对企业各生产资源进行统筹安排和合理配置，并使各环节相互衔接、相互配合。在生产资源配置过程中，就产生了各种各样的关系。而这些关系大多表现为部门与部门间的关系。

1）编制计划。对旅游企业投入的各种经济资源进行协调主要是通过编制计划来完成的。在旅游企业发展中，要编制的计划主要有旅游企业发展总体规划、旅游产品设计规划、旅游资源规划、财务计划、人力资源计划等。在编制这些计划时，必须注意三点：一是加强信息传递、沟通，使计划工作有充分、准确的依据；二是学会使用连续式计划法，这种方法能够灵活地适应环境变化；三是实施目标管理，建立企业目标体系，并把目标的完成

情况作为部门和个人绩效考评的依据。

2）完善科学的规章制度。完善科学的规章制度是协调工作能够顺利进行的基本保证。企业的规章制度主要由管理制度、工作制度或程序等组成。管理制度是为了规范组织内各种关系而制定的，它明确了各部门在完成企业目标中应承担的责任范围及应提供的配合，是协调工作的主要依据。工作制度或程序主要说明工作任务及要求、工作程序、责任范围等，是每个工作岗位行为的依据。

3）组织会议加强联系和沟通。企业横向部门间可采用定期或不定期的会议方式（如协调会、调度会、总结会、信息发布会等），加强彼此间的联系、沟通。通过协调性会议方式，使企业横向部门间步调一致，进展平衡，相互衔接，按期完成任务。

2. 旅游企业与投资者之间的协调

旅游企业与投资者的关系，是重要的内部关系。在所有权和经营权相分离的现代企业制度下，股东出资形成了企业的原始资本，并交由专门的经营管理层来运营。所以，旅游企业与投资者的关系，是旅游企业生存与发展的基础。

在协调旅游企业与投资者之间的关系时，应做好以下工作。

1）完善旅游企业法人治理结构。在产权清晰和责权利统一的基础上，实现对企业控制权的合理配置，形成企业所有者和经营者之间相互制衡的机制和有效的激励及约束机制，以最大限度地提高企业运营效率。

2）规范运作制度。旅游企业应按《中华人民共和国公司法》等法律制度的要求，规范自己的信息披露行为，为投资者提供充分、准确的投资信息，通过提供信息，加强与投资者及社会公众的交流和沟通，促进了解和信任。

3. 对旅游企业内部人际关系的协调

企业内部人际关系主要指的是正式途径以外的非正式关系，如同学关系、非正式组织群体关系、亲朋关系等。

协调企业内部人际关系应坚持以下原则。

1）平等相待。与人交往最重要的是要尊重对方，不管对方是你的上级还是下级，或是同级，都应一视同仁，不能因为对方级别低或专业知识少等原因而歧视对方，也不能因为对方地位显赫就趋炎附势。

2）互助互利。个体都是因一定的个人需要而加入企业的，所以在协调企业内部人事关系时，要尽可能满足个体的一些需求，以此激励个体的工作热情，增强其对企业的归属感。

3）诚实守信。诚实守信是做人的基本原则，也是处理人际关系时应坚持的基本原则。对人诚实，才能取得对方的信任；信守承诺，才能深入交往。

（二）旅游企业与外部关系的协调

1. 旅游企业与旅游者关系的协调

在社会主义市场经济体制下，没有了旅游者就没有旅游业的发展，旅游企业也就失去了生存和发展的基础。

协调旅游企业与旅游者关系的目的，是为了促进旅游企业与旅游者的有效沟通，并使旅游企业及时、准确地掌握旅游者需求变化趋势，把握客源市场信息，从而有效地为旅游者提供有价值的旅游产品或服务。

为协调好旅游企业与旅游者的关系，企业和政府主管部门还需要做好以下工作。

1）做好旅游市场调查和预测。做好旅游市场调查和预测，了解旅游者需求变化趋势及旅游者对旅游产品、旅游服务、经营管理等方面的意见和需求，并通过提供及时、优质、独特的旅游产品和服务，满足旅游者的需要。

2）改进和完善旅游产品及服务体系。良好的旅游服务可以使旅游者高兴而来，满意而去，并导致连续的旅游消费欲望和购买行为，优质的旅游服务是企业信誉的保证。此外，还可以把服务体系作为信息反馈的重要渠道，通过它收集有关旅游者的信息，改进旅游产品和服务。

3）认真对待和妥善处理旅游消费投诉及纠纷，及时、准确地审理各类旅游投诉。应按照《旅行社条例实施细则》和《旅游投诉处理办法》等规定的要求，以高度负责的精神，认真做好旅游投诉调查取证和审理工作，所作赔偿决定、行政处罚决定，程序要到位、手续要完备、运用法规要准确，并在规定的时间内完成审理工作，及时将审理结果予以回复。

4）高度认识和积极做好旅游纠纷的调解工作。在游客旅游过程中产生的旅游纠纷，有很多不在旅游质监工作的审理范围内，但我们对接到和反映的旅游纠纷都要积极主动做好调解工作，不管是现场纠纷调解，还是会议纠纷调解，要坚持“两个”维护原则，应积极热忱地去化解矛盾，促进相互谅解，达成一致协商意见的调解工作，为旅游消费者、旅游经营者排忧解难，维护好旅游目的地旅游诚信的良好形象。

2. 旅游企业与政府主管部门关系的协调

旅游业是综合性产业，涉及许多相关部门和行业，这些部门和行业间关系的协调有利于旅游业的健康有序发展。政府控制着工商、税务、法律等监督、管理部门；同时，政府还可以通过宏观经济政策对企业施加影响。企业作为社会的一员，必须接受政府的统一监督和管理。

协调好企业与政府的关系，是企业对外关系的重要内容，它有助于企业顺利发展和实现目标。

（1）加强企业与政府的信息沟通

一方面，企业要认真学习、理解政府的方针政策、法律法规，为企业决策提供政策和法律的依据，保证企业一切活动都能够在政策法律许可的范围内进行，并随时按照政策法令的变化修正自己的行为；另一方面，利用一切可能的时机和渠道，向政府提供决策参考，提高政府行为的合理性、有效性。

（2）掌握政府机构办事流程

熟悉政府机构的内部层次、部门职能和办事程序，这样可以提高办事效率。

（3）扩大在政府部门的影响和信誉

利用一切机会，扩大企业在政府部门的影响和信誉，如积极参加旅游业的重大活动和会议，邀请政府有关领导参加旅游论坛等形式。通过这样的活动可以提高政府对企业的信心和重视程度，以便在政策上取得政府的支持。

3. 旅游企业与大众传媒关系的协调

大众传媒主要指报纸、电视台、电台等大众传播媒介机构。新闻界通过新闻报道、新闻评论、开展社会讨论等形式来引导公众舆论。新闻界既是企业处理对外关系的一个重要媒介，同时又是企业对外关系的一个方面。企业可以借助新闻界迅速扩大影响，塑造自己的良好形象，加强与政府、旅游者等外界间的沟通。但如果社会舆论对企业不利，则可能扼制企业的生存和发展机会。新闻界对企业有一定的监督作用。

与新闻界的关系，应注意以下几点：第一，尊重新闻界人士，了解他们的工作性质和工作方式，给予工作上的方便和合作，提供真实信息；第二，经常与新闻界沟通、联络，增进双方的了解和信任；第三，根据新闻媒体的特点、背景，选择合适的新闻中介。

【管理游戏】

明确上下左右的关系

游戏背景：由小队成员组成一个五人的篮球队、十一人的足球队，或者组成四人重唱小组、十二人的民乐队或其他需要合作才能完成的任务小组。由熟悉这种团队的爱好者提供指导，给每一个小队成员安排一个在团队中的位置。例如，篮球队的中锋、足球队的守门员、重唱小组的男低音、民乐队的扬琴演奏者。每个人绘制出自己在这个团队中的位置图，叙述自己与其他队员之间的相互关系。

游戏要求：在小卡片上写上各个岗位的名字。用粗实线、细实线和虚线等线条，将这些方框连接起来。不同的线条，能够区分合作关系的密切程度。

以这个活动为范例，画出自己在职业活动中的职业位置图。注明合作者的名字、岗位、职务、职责。重点掌握职业内圈、中圈的情况。合作者众多的人，需要整理自己的电话记录、名片夹、通讯簿，按照交往的频率和合作目标，进行分类。

学习任务二　旅游企业中的冲突协调

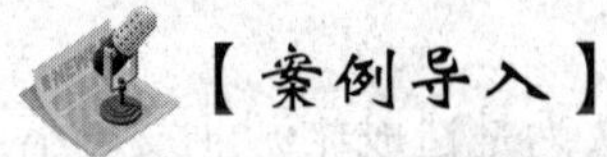

【案例导入】

旅行社部门之间的冲突

宁波市城市边缘旅行社采用了职能制的组织结构形式，下设若干职能部门。各职能部门的成员都具有本科以上的学历，其中计调部和销售部大多是女性，且这两个部门用的是同一个办公室，其目的是希望有利于这两个业务十分接近的职能部门之间的合作与交流。然而，遗憾的是，这两个部门从来就没很好地合作过，相反，他们不仅不互相合作，甚至怀有敌意。在休息时间、午餐时间，这两个部门的人也很少和对方接触。

根据旅行社总经理的分析，这两个部门之间的矛盾只是源于其中的两个人性格差异而已。一个是计调部经理刘静静，另一个是销售部经理卢燕燕。两年前，刘静静被安排到销售部工作，在这里，她的生活方式与她的部门经理卢燕燕发生了冲突。简言之，刘静静是一位年轻、有吸引力且单身的女白领。她爽朗、活泼的个性，以及很强的工作力，使她成为一位非正式的领导者，尤其是在年轻同事中很有人缘。相反，卢燕燕在旅行社已经工作了12年，且已做了6年的销售部经理。她是一位40多岁的中年女性，虽然不是老古板，但与刘静静的生活方式格格不入。二人的性格差异导致了工作上很难有好的协作，且矛盾越来越深。

基于二人矛盾的无法调和，刘静静申请调动到计调部，并由于工作出色很快晋升为计调部经理，但她与销售部经理卢燕燕的矛盾并未得到化解，且愈演愈烈，私人的冲突逐渐扩大到两个职能部门，成为旅行社里的一个棘手问题。

（资料来源：根据网络资料整理）

启示：

冲突是个人与个人之间、个人和团体之间或团体和团体之间由于对同一事物持有不同的态度与处理方法而产生矛盾。有人的地方就有冲突，团队上的冲突可能无时无刻随时发生，它可能阻碍组织运作，但也可能提升绩效，管理者的任务是将冲突维持在适当的水准。

一、旅游冲突的含义及其特性

（一）旅游冲突的含义

旅游冲突广泛存在于旅游业的各种经济活动之中，影响和制约着旅游行业、旅游企业及其从业人员的行为倾向和行为方式，是旅游业经济活动的基本内容和基本形式之一。

从不同的角度，对旅游冲突的认识会有不同。例如，从旅游经济学角度看，旅游冲突是“旅游者为了达到不同的需求目标和满足各自相对利益而在旅游活动中发生的某种形式的斗争”。从旅游心理学角度看，旅游冲突是“两个或两个以上的旅游者或两个或两个以上的旅游者群体的需求目标互不相容或互相排斥，从而产生心理上的矛盾”。

总之，旅游冲突可以理解为两个或两个以上的旅游者行为主体在特定问题上由于旅游需求目标不一致、看法不相同或意见分歧而产生的相互矛盾、排斥和对抗的一种状态。

（二）旅游冲突的特性

一种观点认为，旅游冲突对旅游业的发展是不利的，而且被认为是造成旅游业发展不健康，旅游行业发展不平衡，旅游企业内部不安、紧张、不和乃至导致分裂、瓦解的主要原因之一，因此是必须加以克服和予以否定的因素。

另一种观点认为，旅游企业中的冲突是不可避免的；由于冲突是不可避免的，所以应该接纳冲突。此外，人们从实践中还发现，旅游冲突有时能给旅游企业带来好处，如旅游冲突可以使旅游企业里一些被忽视的问题及时地暴露出来以便管理者及早加以解决。

今天的旅游冲突理论则认为：旅游冲突具有正面和负面两种性质；没有冲突的旅游企业将表现的呆滞，对市场环境变化适应慢和缺乏创新精神，因而绩效也不是最好的；而存在一定水平的冲突，可以促进旅游企业变革，使企业充满活力，因而绩效水平可以大大提高。因此，管理者的任务不再是防止和消除冲突，而是管理好冲突，减少其不利影响，充分发挥其积极的一面。

二、旅游冲突的分类

（一）根据冲突对旅游企业的作用划分

1. 正面冲突

正面冲突是指对企业生存和发展有促进作用的冲突，其冲突水平（或次数）适度，属于功能正常的冲突。在这种情况下，企业充满活力，对环境变化反应快，企业效率较高。

2. 负面冲突

负面冲突是指对企业生存和发展有不利影响的冲突。其冲突水平过分激烈（或太多)，也可能没有冲突，属于功能失调的冲突。在这种情况下，企业或显得呆滞、没有活力；或秩序混乱甚至出现分裂，企业效率较低。

（二）根据旅游冲突的强度不同划分

1. 战斗

战斗是冲突程度最激烈的一种情况。在这种情况下，冲突双方自我控制能力都急剧下降，并且其中一方的任何行为都可能成为另一方产生类似行为的起点。在企业内部，战斗的情形会经常发生，如两人为争夺同一职位而相互对对方进行人身攻击。

2. 竞争

在竞争的状态下，双方的对抗程度要小于战斗的状态，而且对抗双方对自己的行为都有一定的理性控制。在竞争中，双方都会考虑采取什么样的策略会对自己有利，自己的行为会对对方产生什么样的影响，最终自己会得到什么。在竞争中，双方都会避免两败俱伤。例如，两个旅游企业为争夺同一个客源市场而进行价格竞争、产品竞争等，就属于这种类型的冲突，争夺的结果往往是双方达成一种均衡状态而共生存。此外，在竞争中往往会产生一些新的思想或新的技术，这必然会对旅游的进一步发展产生积极的促进作用。

3. 辩论

这是一种理性的和有控制性的对抗。在辩论中，双方都各抒己见，并通过批驳对方来维护自己。此外，通过辩论还可以使对方得到一定的情感发泄。

（三）根据旅游冲突的主体不同划分

1. 旅游企业内部冲突

旅游企业内部冲突是指旅游企业中人与人之间的冲突、部门与部门之间的冲突、个体与企业之间的冲突。旅游企业内部冲突经常因为个人利益（或局部利益）与企业整体利益不一致而发生。

2. 旅游企业外部冲突

旅游企业外部冲突是指旅游者之间的冲突、旅游行业部门之间的冲突、旅游者与旅游企业之间的冲突、企业与政府部门之间的冲突。旅游企业与外部环境的冲突也是冲突管理的重要内容，若协调不好同样会影响企业目标的实现。

【阅读小品】

曾获得“五连冠”的中国女排，是一个能征惯战，敢于拼搏的战斗集体，为了祖国的荣誉、集体的利益，她们团结奋斗，以旺盛的斗志和精湛的技术，夺得了一次又一次世界冠军，为祖国争得了许多荣誉。然而，在成功与胜利的背后，却有着许多鲜为人知的故事，而这些故事诉说着我国体育健儿识大体、顾大局，以集体利益为重的精神境界。1981 年 11 月 8 日，东京代代木体育馆，正在进行第三届世界杯女子排球赛中国对苏联的一场比赛。第一局 15∶4，中国队领先。第二局一开始，形势发生逆转，苏联队以长距离重飘发球破坏中国队一传，再凭借空中优势拦网屡获成功，以 9∶0 的悬殊比分，使中国队处于极其被动的境况之中。当时的袁伟民教练视场上情况，果断地用 1 号曹慧英换下了 7 号陈招娣。作为一名老将，曹慧英功夫过硬，在上届世界杯比赛中，曾获得了“敢斗奖”“最佳拦网奖”“最佳运动员奖”等三项大奖，轰动了世界排坛。袁伟民教练在场上出现波动的关键时刻换曹慧英上场，旨在调节队员们的情绪，稳定战局。同样也是主力队员，也是场上“台柱子”的陈招娣毫无怨言，愉快地服从了教练的安排和比赛大局的需要。而曹慧英也不负重托，连续接住了苏联队发来的八个怪球，一传到位率高达 88%，坚定了全队信心。就这样，从 0∶9，一直追到 10∶10，最后以 16∶14 反败为胜。接着又是 15∶0 轻取第三局，历史上中国女排第一次战胜了苏联队。

（资料来源：根据网络资料整理）

三、协调旅游冲突的对策

面对冲突，管理者可以采取以下协调方法。

（一）回避

这是解决冲突最简单的一种方法，即让冲突双方暂时从冲突中退出或抑制冲突。一般当冲突微不足道时，或当冲突双方情绪非常激动时采用此法。此法中管理者没有追究冲突原因，因此冲突会依然存在，并可能在某个时刻以更激烈的形式复发。所以，采取回避方法，要考虑冲突的程度和严重性，以及对企业可能产生的影响。

（二）强行解决

强行解决即管理者利用职权强行解决冲突。强行解决的优点是，花费时间少，管理者的一个命令就可以解决问题。因此，当你需要对一件事情做出迅速的处理时，或当你的处理方式其他人赞成与否无关紧要时，可以采取强行解决的办法。但强行解决往往会妨碍或牺牲某一方的利益。

（三）妥协

妥协即要求冲突各方都做出一定的让步，使问题得到解决。当冲突各方势均力敌时，或当希望就某一问题尽快取得解决办法时，可采取这种处理办法。

（四）设立共同目标

设立共同目标的作用，是使冲突各方感到紧迫感和压力。当其中任何一方单靠自己的能力不能完成目标时，冲突双方可能会进行合作并做出一定的让步，为达到目标而统一起来。

（五）协商

协商即将冲突各方召集到一起，让他们进行开诚布公的讨论，搞清楚分歧在哪里，并商量可能解决的办法。这种方法可以使各方的利益都得到满足，因此从结果来说是最好的选择。

【管理游戏】

多人穿大鞋

准备两块长条木板，宽约 8 厘米，长约 2 米。再准备一定数量的、可以捆绑的绳子。在 10 人小队中选择一个人做观察员，一个人喊口令，两个人备选，其余 6 个人站成一列纵队，间隔一个小臂的距离，双脚站在两块木板上面，用绳子将鞋和木板捆绑在一起。

由站在最后位置的人喊口令，一起配合向前走。每个人用双手扶着前面人的肩膀，一起迈步前行，看哪个小队走的最快，配合的最协调。

学习任务三　信息沟通及其障碍克服

【案例导入】

1990 年 1 月 15 日 19:40，阿维安卡（Avianca）51 航班飞机正飞行在美国南新泽西海岸上空 3.7 万英尺的高空。机上的油量可以维持近两个小时的飞行，在正常情况下飞机降落至纽约肯尼迪机场仅需不到半小时的时间，可以说油量充足且十分安全。然而，此后发生了一系列的耽搁。

20:00，肯尼迪机场航空交通管理员通知 51 航班的飞行员，由于严重的交通问题他们必须在机场上空盘旋待命。

20:45，航班的副驾驶员向肯尼迪机场报告他们的“燃料用完了”。管理员收到了这一消息，但在 21:24 之前，飞机仍没有被批准降落。在此之前，阿维安卡机组成员再没有向肯尼迪机场传送任何情况十分危急的信息，但飞机座舱中的机组成员却相互紧张地通知他们的燃料供给出现了危机。

21:24，航班第一次试降失败。由于飞机高度太低以及能见度太差，因而无法保证安全着陆。当肯尼迪机场指示 51 航班进行第二次试降时，机组成员再次提到他们的燃料将要用尽，但飞行员却告诉管理员新分配的飞机跑道“可行”。

21:31，飞机的两个引擎失灵，1 分钟后，另外两个也停止了工作，耗尽了燃料的飞机于 21:34 坠落于长岛，机上 73 名人员全部遇难。

当调查人员考察了飞机座舱中的磁带，并与当班的机场管理员讨论之后，他们发现导致这场悲剧的原因是沟通的障碍。为什么一个简单的信息既没有被清楚地传递，又未被充分地接受呢？

（资料来源：http://futures.money.hexun.com/1331777.shtml，有改动。）

启示：

信息沟通是双向的一种交流，能产生多种障碍，克服障碍的方法：一是要对重要信息的传递建立反馈机制；二是在接受信息过程中，要认真感知，集中注意力，以便信息准确而又及时地传递和接受，避免信息错传和接受时减少信息的损失。

一、信息沟通的含义和作用

（一）信息沟通的含义

在组织机构内部，由于分工、部门专业化而形成许多个部门。部门对于组织，如同生命体的各个器官对于生命有机体一样，有机体的正常运行，要求各器官相互协调配合，组织整体的正常运行也要求各部门之间具备协调机制。要协调必须沟通，没有沟通就没有协调。

所谓组织的信息沟通，就是组织机构内部各部门之间通过交流和传递信息，实现彼此了解和相互协调的过程。

要准确理解信息沟通的含义，须注意以下几点。

1. 信息沟通首先是信息的传递

如果信息没有被传递到接收者那里，信息沟通就没有发生。在企业经营管理中，因信息不能传递到位而导致沟通失败的情况普遍存在，如低层的员工因对环境、对条件不满而提出了一些意见或建议，这些意见或建议在向上传递中经常被中途截留而使管理者听不到，导致一些问题久拖不决，并深深影响了员工的工作热情。从这种意义上讲，保持沟通路径畅通是实现有效沟通的重要环节。

2. 成功的信息沟通还要被理解

如果主管人员拿给下属一份专业性很强的文件请他提出看法，而这个下属恰恰不懂这个专业的知识，那么主管人员也就很难从这个下属那里得到什么满意的答案。因此，成功的信息沟通应包括传递和理解两层含义，即经过传递之后接受者所感知到的信息与发送者发出的信息完全一致。

3. 沟通是双方之间的行为

信息沟通的主体是人，即信息沟通主要发生在人与人之间。沟通是双方之间的行为，信息沟通是人与人之间的信息沟通，即人际沟通。

4. 信息沟通就是管理信息系统

由于管理过程中各种沟通信息相互关联、相互交错，管理者把各种信息沟通过程看成是一个整体，即管理信息系统。管理信息系统可以定义为能够经常地为管理层提供所需信息的系统。现代社会已进入信息社会，组织管理也开始进入信息化阶段，利用高度发达的信息技术、网络技术，可以全面、科学地处理各类管理信息，为组织管理和决策提供全面、及时、准确的信息服务，促进组织目标的实现。

（二）信息沟通的作用

1. 提高管理者决策能力

管理者是根据各种信息做出决策的，而有效的、及时的、全面的信息沟通能够极大地改进管理者获取信息的数量、质量和速度。因此，成功的信息沟通可以提高管理者的决策能力。

管理者决策所需的信息来自各个方面，自上而下的信息沟通，经常因路径太长，造成传递速度慢、信息失真等沟通障碍，并因此而影响了决策时机和决策质量，所以企业内的信息沟通要充分考虑信息传递的路径、时间和范围，必要时要做积极的改进。从这个意义上讲，管理者与下层员工的直接的、有效的沟通可能会对决策和管理有重要帮助，经常可以得到一些意想不到的信息。所以，管理者不能总是高高在上，应经常深入基层，与普通群众多沟通、多联系，克服信息沟通中的“噪声”和失真，提高决策的准确性、合理性。

2. 解决冲突，协调企业运行

沟通的目的之一就是协调冲突。冲突广泛存在于企业的各项活动中，影响和制约着企业和个体的行为倾向和行为方式，影响着企业目标的实现。每一个人加入企业都有自己的目标，个体目标并不完全与企业目标一致，即存在冲突。如果不一致的程度很高，就会影响个体的绩效和企业目标的实现，这时就需要管理者进行沟通、协调。通过沟通，使个体了解企业，使其认识到只有实现了企业目标，个人目标才能全面实现，从而引导个体努力使自己的行为与企业目标相一致。企业内人与人之间、部门与部门之间也因缺乏沟通与了解而发生冲突，并影响企业的整体利益。这种情况下，也需要通过沟通、协调来消除误解、对立，以统一认识、加强协作。

3. 提高企业效率，促进企业的变革、创新

领导者的决策要得到及时贯彻、执行，必须通过沟通将决策意图完整地传递到执行者那里；信息传递不及时，执行者不能准确理解决策意图，都会影响决策执行的效果。人与人之间、部门与部门之间的有效沟通可以促进效率的提高。

【阅读小品】

如果你当主管，你的部下迟到了，你怎么解决？很多人都会毫不犹豫地说："马上把他叫过来狠狠地批评一下。"其实这种做法是错误的。如果一个迟到的员工最担心的是挨骂，那说明这个员工根本就不值得骂；如果这个员工所担心的是耽误工作，他一心一意想要把他的工作赶快弥补做好，免得公司蒙受损失，这种时候如果你把他拦住训斥一顿，不仅会真的耽误他的工作，还会打击他的工作积极性。

（资料来源：根据网络资料整理）

【问题讨论】

保洁公司是世界上最大的日用消费品公司之一，全球雇员近 10 万人，在全球 80 多个国家设有工厂及分公司，所经营的 300 多个品牌的产品畅销 160 多个国家和地区，其中包括美发美容、婴儿及家庭护理、健康护理、食品饮料、织物及家居护理等。在中国，保洁的飘柔、海飞丝等已经成为家喻户晓的品牌。保洁公司在中国的招聘非常专注于应届大学毕业生，你有可能成为它的一员。登录它的网站，浏览一下公司的产品和服务，找出保洁公司在你所选择的特定地区正在做的事情，然后利用这些信息回答以下几个问题。

1）如果你为保洁公司工作，并与美国总部的人保持持续沟通，你会遇到何种沟通方面的挑战？

2）你认为公司应该向你提供何种沟通培训，以确保你能够和高层管理者进行有效的往来？

（资料来源：根据网络资料整理）

二、信息沟通的方式

组织信息沟通可以划分为正式沟通和非正式沟通两种。正式沟通是通过正规组织系统进行的信息交流和传递，如企业调度室和行政负责人下达的计划指令、文件、电话、公函以及召开的会议、汇报、报表等。非正式沟通是指不是按照正式组织系统和正式职务身份所进行的沟通，如家庭访问、饭后谈心、休息时闲聊等。非正式沟通往往无拘束、轻松自由，弥补了正式沟通严肃、认真、缺乏人情味的不足，二者结合，相互补充，可以更有效地进行信息沟通。

（一）正式沟通

1. 正式沟通的概念和特点

正式沟通是指按照企业明文规定的原则、方式进行的信息传递与交流，如企业内的文件传达、定期召开的会议、上下级之间的定期汇报及企业间的公函来往等。

正式沟通通常是企业的层级系统内进行的，约束力强，能保证有关人员或部门按时、按量得到规定的信息，比较严肃，也有利于保密。在文件和消息的传达、组织决策的贯彻等方面，往往适合采用正式沟通方式。正式沟通也有它的不足，正式沟通一般是在垂直的方向上进行层层传递，若组织层级比较多，不仅会影响传递的速度，更有可能造成信息的失真，同时也不利于横向沟通。近年来，随着信息技术的发展，组织管理化趋势加强，组织内的正式沟通正迈向一个新的阶段——管理信息系统。

2. 正式沟通的方式

正式沟通有向下、向上、横向和越级等几种形式。

1）向下沟通。即沿着权利层次结构自上而下进行信息的传递和交流。在企业内部，上级与下属间的信息交流基本上都是向下沟通，如管理者对下级发出指示、发布命令、下达计划等。管理者也常常利用向下沟通来评价下属的工作业绩，提出改进意见。向下沟通是传统企业中最主要的沟通方式。这种层层传达的向下沟通，经常因层级太多而速度慢，影响了沟通的效果。

2）向上沟通。即沿着权利层次结构自下而上进行信息的传递和交流。下属通常通过向上沟通向上级汇报当前工作进展情况和出现的问题。在向上沟通中，上级是信息的接受者，他们获得了有关组织运行情况的信息，为自己的决策提供了依据。此外，许多组织还鼓励通过向上沟通征求合理化建议或意见，激发个人的积极性和创造性。通常的向上沟通，如上级审阅下属的工作报告，上下级讨论会，设立合理化建议制度等。

3）横向沟通。即在同一权利层次结构上的人员之间、部门之间发生的信息沟通。同层次的沟通可以节省时间和提高效率。横向沟通主要存在于有协作的人与人之间，或部门与部门之间。但在正式的沟通体系中，横向沟通比较少，大多数的横向沟通属于非正式沟通。

4）越级沟通。即跨越权利层次结构的信息沟通。当公司的总经理让财务部的一个一般会计人员向其直接报告财务数据时，就发生了越级沟通。在组织正式的沟通系统中，越级沟通一般是不允许的。越级沟通之所以存在，是因为它避开了许多中间环节，缩短了沟通通道，因而可以极大地提高沟通速度和减少信息失真的可能性。

（二）非正式沟通

1. 非正式沟通的概念

非正式沟通是指正式途径以外的、不受组织权利层次结构限制的沟通方式。非正式沟通的沟通对象、时间和内容都不固定，因而也难以辨别，如同事之间的交流、领导探望群众、小道消息的传播等都是非正式沟通。由于不受原则、规定的限制，因此组织内的非正式沟通常常比正式沟通还要重要和普遍。非正式沟通在组织中的存在是必然的，是无法加以消除的。非正式沟通既有其积极的一面，如可以消除误会，增进了解；也有其消极的一面，如可能造成信息失真和歪曲。管理者应了解并学会利用它，发挥它在组织沟通中积极的作用。

2. 非正式沟通的优点

有效的沟通可以消除误会，增进了解，化解矛盾，变消极因素为积极因素，增强团队凝聚力，因此非正式沟通有其有利的一面。首先，其沟通形式多样，弹性大，速度快；其次，一些来自非正式沟通的信息，经常能使决策者更全面、准确地认识问题，提高决策的合理性；再次，通过非正式沟通，可以满足人们的某种需求，改善成员的心态，提高工作积极性，从而改进组织绩效。

3. 非正式沟通的缺点

非正式沟通虽然对企业有诸多好处，但是泛滥的非正式沟通很容易形成低效率的工作态度，如果大量的信息在不同的“小团体”中流动，这是一个危险信号。首先，非正式沟通经常是在非常广泛的范围和非常多的个体之间发生，由于人们的技能、知识、态度的差异，所以信息常常失真和歪曲；其次，难以控制，一些不实的小道消息经过发布，会造成很坏的影响，即所谓的“妖言惑众”，破坏组织的凝聚力和稳定性。

【问题讨论】

楚王规定，大臣百官以及诸公子的车辆都不能驶到茅门。有一次，楚王紧急召见太子。天刚下过雨，平地积水难行，太子把车子驶到茅门。延里挡驾，举起兵器刺伤马匹。太子跑进朝堂向父王哭诉，楚王让太子由后门离去，只提高延里的薪俸，却未因此而晋升延里的官职。

（资料来源：根据网络资料整理）

讨论：

1）延里不能变通一下吗？

2）如果你是延里，你会如何处置？

3）楚王为什么只提高延里的薪俸，而不晋升他的官职？

4）若楚王一怒杀掉延里，如何是好？

三、信息沟通障碍及其克服

（一）产生信息沟通障碍的原因

1. 沟通方式选择不当

沟通模式多种多样，各有不同的优缺点。如果不能根据企业目标和特点选择适当的沟通模式，将会导致企业沟通效果下降。现代企业越来越庞大，中间层次不免要增多，如果仍沿用传统的垂直沟通模式，沟通速度必定会很低，沟通效果也不会好。

2. 沟通双方在技能、知识等方面的差异

技能、知识等方面的差异，可能会使接受者不能完全理解甚至曲解信息，或发送者不能以最易被理解的方式表达他的意图，从而降低了沟通效果。

此外，个体经验差异对信息沟通也有影响。在现实生活中，人们往往会凭经验办事。一个经验丰富的人往往会对信息沟通做通盘考虑，谨慎细心；而一个初出茅庐者往往会不知所措。特点是信息沟通的双方往往依据经验上的大体理解去处理信息，使彼此理解的差距拉大，形成沟通的障碍。

3. 态度和兴趣障碍

发送者的态度和兴趣影响所发信息的质量。而接收者也经常根据自己的态度、兴趣，有选择地去听、去看。在解释接收到的信息时，接收者也会把自己的态度和兴趣带进去。

这又可分为不同的层次来考虑。一是认识差异。在管理活动中，不少员工和管理者忽视信息的作用的现象还很普遍，这就为正常的信息沟通造成了很大的障碍。二是利益观念。在团体中，不同成员对信息有不同的看法，所选择的侧重点也不相同。很多员工只关心与他们的物质利益有关的信息，而不关心组织目标、管理决策等方面的信息，这也成了信息沟通的障碍。

4. 个性因素所引起的障碍

信息沟通在很大程度上受个人心理因素的制约。个体的性质、气质、态度、情绪、见解等的差别，都会成为信息沟通的障碍。在管理中，信息沟通往往是依据组织系统分层次逐次传递的，然而，在按层次传递同一条信息时往往会受到个体素质的影响，从而降低信息沟通的效率。

5. 信息过滤造成沟通障碍

信息过滤是指故意篡改或歪曲事实，使信息接收者接收不到真实、全面的信息。如下级在向上级报告工作时，因害怕承担责任，往往专挑对自己有利的，或领导爱听的说，就是在过滤信息。信息过滤发生的程度与组织层级多少和组织文化有很大的关系。组织层级越多，信息被过滤的可能性就越大；组织中的形式主义或浮夸越严重，下级在向上级汇报工作时，故意修改真实信息的可能性越大。

6. 沟通者的畏惧感以及个人心理品质也会造成沟通障碍

在管理实践中，信息沟通的成败主要取决于上级与上级、领导与员工之间的全面有效的合作。但在很多情况下，这些合作往往会因下属的恐惧心理以及沟通双方的个人心理品质而形成障碍。一方面，如果管理者过分威严，给人造成难以接近的印象，或者管理者缺乏必要的同情心，不愿体恤下级，都容易造成下级人员的恐惧心理，影响信息沟通的正常进行。另一方面，不良的心理品质也是造成沟通障碍的因素。

7. 相互不信任所产生的沟通障碍

有效的信息沟通要以相互信任为前提，这样才能使向上反映的情况得到重视，向下传达的决策迅速实施。管理者在进行信息沟通时，应该不带成见地听取意见，鼓励下级充分阐明自己的见解，这样才能做到思想和感情上的真正沟通，才能接收到全面可靠的情报，才能做出明智的判断与决策。

8. 知觉选择偏差所造成的障碍

接收和发送信息也是一种知觉形式。但是，由于种种原因，人们总是习惯接收部分信息，而摒弃另一部分信息，这就是知觉的选择性。知觉选择性所造成的障碍既有客观方面的因素，又有主观方面的因素。客观因素如组成信息的各个部分的强度不同，对受讯人的价值大小不同等，都会致使一部分信息容易引人注意而为人接受，另一部分则被忽视。主观因素也与知觉选择时的个人心理品质有关。在接收或转述一个信息时，符合自己需要的、与自己有切身利害关系的，很容易听进去；而对自己不利的、有可能损害自身利益的，则不容易听进去。凡此种种，都会导致信息歪曲，影响信息沟通的顺利进行。

（二）克服沟通障碍的方法

在管理活动中，有信息沟通，就有信息障碍，沟通障碍不可避免。管理者的任务在于正视障碍，并努力去排除它们，为实现有效沟通创造条件。

1. 选择适合的沟通方式

1）根据沟通内容和特点进行选择。如果所要沟通的内容是上级的命令、决策或规章制度，则适宜选择正式沟通和书面沟通。若沟通内容属于规章制度以外的问题，或属于组织成员的琐碎小事，则选择非正式沟通或口头沟通可能更好。

2）根据沟通双方的特点进行选择。有些人看重制度和程序，与这些人进行沟通时，最好选择正式沟通和书面沟通方式；而有的人比较注重目的和结果，如能达到目的，可以不顾制度和程序的约束，与这些人进行沟通时，最好采取非正式沟通和口头沟通方式。

3）根据沟通方式的特点进行选择。①根据传递的快慢进行选择。不同的沟通方式，沟通速度差异较大。一般的，非正式沟通和口头沟通要比正式沟通和书面沟通更快。②根据反馈的快慢进行选择。不同的沟通方式，其反馈的速度也有差别。一般的，口头沟通、面对面的沟通可以立刻得到对方的反应；书面沟通则不能立刻得到反馈。③根据费用开支大小进行选择。不同的沟通渠道，涉及的费用开支大小会有差别。双方相距遥远，进行口头沟通就需要很多的费用开支，而发送传真、电子邮件就很便宜。④根据责任和重视程度进行选择。沟通方式不同，责任及托付的程度也就不同，双方的重视程度也会不同。如沟通一方认为事情很重要，需要分清责任，最好选择正式沟通或先非正式沟通后补以正式沟通。

2. 善于运用反馈

沟通中，由于知识、技能、经验、情绪等方面的因素，经常会出现误解或解释不清的情况。如果双方能运用好反馈，就可以避免或减少误解，促进信息的理解和接受。反馈可以是语言的，也可以是非语言的。

3. 学会积极倾听

在口头沟通，尤其是面对面的沟通中，积极倾听对沟通效果非常重要。积极倾听之所以重要，是由于在倾听时，双方都在思考，促进了信息的理解和接受。

4. 调节信息流量

如果管理者对信息流量不予以调节，那么过量的信息很可能使沟通系统负荷过度，从而降低沟通的效率。调节信息流量能够确保对管理者提供合理的信息流量，以消除信息超载导致的沟通障碍。信息是可以在数量和质量方面进行调节的，调节的基本原则是仅仅提供沟通所需要的信息，提供需要引起管理者注意的信息。

5. 换位思考

换位思考是一种将自己放在别人的位置，用别人的观点和感情看待问题的能力。这种形式的沟通在很大程度上取决于对接收者的理解。换位思考需要发送者将他们自己放在接收者的位置，预测信息如何能够被译码。

此时的管理者必须理解译码过程。在译码过程中，信息通过接收者的直觉得到过滤。如当管理者要有效地与下级进行沟通时，换位思考就十分重要。换位思考能够减少沟通中的很多障碍，当发送者和接收者之间的经验和背景差距越大时，沟通双方就越需要付出更大的努力，去寻找相互经验中的共同部分以作为相互理解的共同点。

（三）有效沟通的 7C 原则

有效的沟通是组织与外部合作、和谐共处，并取得外部支持与帮助的润滑剂；组织内部的良好沟通，可以改进管理，改善组织内部人际关系，使内部职能有效地衔接，从而形成组织合力，较好地发挥企业整体力量。那么，在沟通过程中如何做到更有效呢？

1. 可信度（credibility）

沟通应该从彼此信任的气氛中开始。创造这种气氛主要是沟通者的责任，这也反映了他们是否有真诚地满足被沟通者愿望的要求。沟通的可信度通常是由沟通者的身份地位、专业知识、外表形象、良好意愿和共同愿景决定的。

2. 一致性（又译为情境架构）（context）

沟通的策略必须与企业的环境、组织文化的要求相一致，必须建立在对环境的充分调查研究的基础之上。

3. 内容（content）

沟通的内容应该对接收者有意义，即可以给接收者带来某种利益。一般来说，人们更愿意接收那些能给他们带来更大价值的信息。

4. 明确性（clarity）

沟通要以简明的语言进行。沟通者要善于从接收者角度去思考信息的组织方式，要认识到接收者在付出时间听取你所提供的信息后所能获得的实际效用，要尊重他人的时间。信息传递所经过的中间环节越多，就越应该简单明确。

5. 持续性与连贯性（continuity and consistency）

沟通是一个循环往复的过程，要达到有效沟通的目的，有时需要重复，但在重复中要不断补充新的信息以帮助接收者理解。

6. 渠道（channels）

沟通者应充分利用社会和组织中已经存在的信息传递渠道，因为这些渠道是被沟通者日常使用并习惯使用的。这样有利于提高沟通的效率。在信息的传递过程中，不同的传递渠道在不同阶段具有不同的影响，所以，应该有针对性地选用不同渠道，以达到向目标接收者有效传递信息的目的。

7. 接收者的接受能力（capability of audience）

沟通必须考虑信息接收者的接受能力。用来沟通的信息对接收者能力的要求越小，也就是所传递的信息越容易被沟通者接受时，沟通成功的可能性就越大。被沟通者的接受能力，主要取决于他们接收信息的习惯、理解能力和知识水平。

【管理游戏】

撕　纸

游戏目的：我们平时的沟通过程中经常使用单向的沟通方式，结果听着总是见仁见智，个人按照自己的理解来执行。使用了双向沟通之后，又会怎样呢？差异依然存在，虽然有改善，但增加了沟通过程的复杂性。那么什么方法是最好的呢？沟通的最佳方式要根据不同的场合及环境而定。

游戏时间：15 分钟。

材料：准备总人数两倍的 A4 纸。

操作程序：

1）给每位同学发一张纸。

2）老师发出单项指令。

① 大家闭上眼睛。

② 全过程不许问问题。

③ 把纸对折。

④ 再对折。

⑤ 再对折。

⑥ 把右上角撕下来，转 180°，把左上角也撕下来。

⑦ 睁开眼睛，把纸打开。

3）这时老师可以请一位同学上来，重复上述的指令，唯一不同的是这次同学们可以问问题。

相关讨论：

1）完成第 2）步之后可以问大家，为什么会有这么多不同的结果？

2）完成第 2）步之后再问大家，为什么还会有误差？

第三篇　管理实践篇

单元九　旅游行业管理

学习目标

◇知识目标：理解旅游行业管理的基本概念，熟悉旅游行业管理的目标和主要职能，了解中国与有关国家的旅游行业管理体制。

◇能力目标：能正确分析各国旅游管理体制，能合理评价旅游行业管理的发展方向。

◇素质目标：具备正确的旅游行业价值观念，具备一定的旅游行业全局意识。

学习任务一　旅游行业管理的概念与目标

【案例导入】

2018 年 1～3 月，针对个别重点旅游地区相继发生的导游员强迫或者变相强迫游客消费、“黑导”殴打游客等恶劣事件，文化和旅游部开展了以打击强迫消费以及非法从事导游执业活动为重点的旅游市场秩序专项整治行动。截至 2018 年 3 月底，各地共检查旅游企业 11 253 家，检查旅游团队 2942 个，检查旅游客运车辆 800 台次，检查导游员 8596 人次，立案 172 起，处罚导游员及非法从业人员 70 人，罚款及没收违法所得 326.05 万元。

开展导游员（领队）执业大检查，严查“黑导”。各地在旅游景区、旅游集散地、热点旅游线路沿途及公共交通枢纽地点对带团导游员进行拉网式排查，并对发现的违法违规问题依法进行查处。严肃查处导游员违法案件的涉事旅行社。各地在查处违法导游员（领队）的同时，对委派未取得导游证的人员提供导游服务或安排不具备领队条件的人员提供领队服务的旅行社依法予以严惩。严惩“黑店”“黑社”“黑车”。各地旅游主管部门主动协调相关部门，严厉打击强迫消费案件所涉及的购物店等购物场所，加大对未取得旅行社业务经营许可的社会组织或个人非法组织接待团队游客行为的查处力度。

文化和旅游部相关负责人表示，下一步，文化和旅游部将以维护广大游客合法权益为根本出发点，持续开展旅游市场秩序整治行动，继续锁定市场顽疾，针对“不合理低价游”、强迫或者变相强迫购物消费、“一日游”乱象等突出问题，加大整治力度，不断净化旅游消费环境。

（资料来源：https://baijiahao.baidu.com/s?id=1598221515479064081&wfr=spider&for=pc，有改动。）

启示：

目前我国旅游行业供求存在着总量和结构的失衡，旅游竞争较为激烈、无序，市场处于相对混乱的状态，行业内外对维护旅游行业秩序的要求很强烈。因此，应在加快旅游行业法制建设的基础上，加强对旅游行业的监督和执法力度。

一、旅游行业管理的概念

行业缘起于中世纪，原本是按照生产的商品种类和形态对于手工业的一种分类。也就是说，生产同一类或大致相同种类商品和服务的即为同一行业。这一概念的形成是社会自然分工和手工业发展的结果，同时又是市场竞争的产物。它大致包括以下三个方面的含义：第一，行业的包容量比较大，凡是生产同一类商品和服务的都应当纳入同一行业；第二，行业内部个成员之间是平等的，大家在一个大市场上平等竞争；第三，行业是变化的，一方面是行业总体的变化，另一方面是行业内部和行业之间的变化，尤其是在现代经济条件下，企业的经营内涵越来越丰富，行业的外延逐步扩大，行业的界限越来越难以确定。行业的划分不仅是市场的需要，也是管理的需要。

行业管理是根据产品和劳务的不同特点对企业进行分类的基础上，由不同的政府部门进行的归口管理，它是由政府部门和行业组织通过规划、控制总量和制定政策、标准等手段实现的，是一种总体上的管理与协调。行业管理的提出是市场和行业自身发展到一定程度的结果，行业管理的实施则需要市场的进一步完备和行业发展机制的形成。行业发展机制代表了行业内部所有成员的共同利益，它包括行业的自我保护机制、行业的自我约束机制和行业的市场促进机制三个方面。行业发展机制的形成又有赖于行业管理体制的完善。

旅游业作为一种行业的划分，既具有与其他行业相似的特性，又具有其特殊性。一般行业的划分是根据所生产的商品和劳务的不同特点和不同种类进行的，而旅游业在很大程度上是根据消费者的消费范围来确定其行业范围的，这就使旅游行业的范围变得既广泛又具有模糊性。既然旅游业是以旅游者为对象的、为旅游者提供所需商品和服务的综合性行业，那么所有直接或间接为旅游者提供所需商品或服务的行业都可以划归至旅游行业的范畴。

旅游行业管理是指政府通过规划、法律、政策，引导市场趋势，建立市场规则，进而协调、监督、维护市场秩序，以规范企业行为，维护旅游者的权益，为旅游产业快速健康、持续发展树立良好形象，创造良好的经营环境。简言之，旅游行业管理就是在遵循市场经济规律的前提下，协调和规范旅游行业内各经营主体的关系，解决各经营主体无法自行解决的行业性问题，提供各种有效服务，以实现旅游行业利益的最大化和行业的健康发展。

从管理的主体来看，旅游行业管理的部门有两类：一是政府主管部门，二是行业组织。

政府主管部门的职能是行政管理，但是我国长期以来的计划经济体制和旅游产业地位长期没有确立，使旅游行业管理的难度加大。在当前情况下，政府管理部门的职能要实现三个转变：由微观管理转向宏观管理，由直接管理转向间接管理，由部门管理转向行业管理。为此，政府的行业管理职能要向两个方面分解：一方面是融入大的行业管理部门，另一方面是转入自律性的行业管理组织。

【知识链接】

旅游业是以旅游资源为凭借、以旅游设施为条件，向旅游者提供旅行游览服务的行业，又称无烟工业、无形贸易。狭义的旅游业，在中国主要指旅行社、旅游饭店、旅游车船公司以及专门从事旅游商品买卖的旅游商业等行业。广义的旅游业，除专门从事旅游业务的部门外，还包括与旅游相关的各行各业。旅行游览活动作为一种新型的高级的社会消费形式，往往是把物质生活消费和文化生活消费有机地结合起来的。

（资料来源：根据网络资料整理）

二、旅游行业管理的目标

旅游行业管理目标通常可以分为三种，即“发展驱动型”目标、“秩序驱动型”目标和“质量驱动型”目标。这三种政策目标是相互联系、相互作用的，但在不同国家和地区的旅游政策中，其侧重点有所不同。它既反映了各国旅游业发展所处的阶段和达到的水平，也与政府所能扮演的角色和管辖能力有关。下面我们逐一进行解释。

（一）“发展驱动型”目标

采用这种政策目标的国家通常处于旅游业发展的初、中期阶段，政府发展旅游业的目的主要是追求经济利益，包括平衡外汇、发展区域经济、改善经济结构、推动人民就业等。由于处在发展的初、中期，旅游业所处的经济环境和基础设施状况都较差，需求的巨大压力和供给的严重滞后是这一过程的突出矛盾。有限的资金和人力必须用于解决这种供求矛盾中最薄弱的环节，国家和地方的旅游机构的配置也必须向负责发展问题的部门倾斜。

（二）“秩序驱动型”目标

旅游业经过第一阶段的急剧膨胀，供求关系逐渐趋于缓和，需求虽仍有所增长，但供给扩张速度明显加快，产业规模不断扩大。在这一过程中，一方面由于经济利益的驱动，旅游业内部的经济活动和纠纷频繁；另一方面面对急剧的扩张，行政机构未形成相应的法律框架和执法力量，市场处于相对紊乱状态，行业内外、上下要求维护秩序的呼声高涨，政策目标除了发展的主题外，对于维护经营活动的秩序会给予较大的关注。这样，政府为了使旅游业有序发展，就必须面临两项挑战。一是必须仔细划分规则与反规则之间的区别，制定涉及企业之间、企业与旅游者之间的行为规范，这个规范调整的范畴相当广，而且也比较复杂。二是形成有效、有力、严格的执法力量。一种方法也是最好的办法当然是像埃及、泰国、墨西哥等高度依赖和重视旅游业的国家一样，设立一支独立或半独立的旅游警察部队；另一种方法则是依靠半专业性的市场检查执法队伍。

（三）“质量驱动型”目标

当旅游业经过了高速起飞和持续增长阶段之后，旅游经济规模达到了基本不再扩张的程度，旅游经济活动进入了相对成熟的阶段。经过了初期的恶性竞争之后出现了竞争有序化的理性复归，企业追求经济利益，更重视质量的竞争，质量意识具体转变为企业的经营理念和发展战略。消费者也日益成熟和挑剔，其需求从简单的粗放式消费转为全面的服务和享受。政府也更多地侧重于保护居于弱势地位的旅游者的权益。当然，在旅游业实际发展过程中，对质量的重视应是全过程的，质量是旅游业生存和发展的关键，也是行业管理工作的落脚点和支撑点，必须给予长期重视和逐步加强。

从我国旅游业发展的现状来看，基本是处在第二种目标即“秩序驱动型”阶段。这一阶段最重要的还是管市场，具体说来，建设公平的市场环境，建立良好的市场秩序，形成规范的市场运行和促进高效的市场主体。还要努力形成一个动态的管理体系，同时更要注意管理手段与服务手段的相互转化和结合，以保证我国旅游业健康、顺利、稳定地发展。

学习任务二　旅游行业管理体制

【案例导入】

美国市场经济发达，政府对旅游行业的管理主要依靠市场的作用。目前，美国的政府机构中没有旅游局。在市场准入方面，政府认为旅游企业只是普通的企业，进入旅游行业属于企业行为，只需在工商部门注册登记并受其管理，因此没有特殊的旅游企业进入许可制度。旅游从业人员也没有资格考试，是否合格以及能胜任何种职务由市场自行决定。在企业经营行为方面，政府对旅游企业的干预主要是通过法律和法令的形式，约束与干预的重点是调整竞争关系和反垄断，旅游企业的经营活动完全由企业根据市场状况自行决定。旅游行业协会发挥重要作用，协会代表行业利益，履行行业自律、监督和协调等职责，一些行业协会甚至参与或影响国家的相关立法，旅游行业协会有时还负责代替政府具体实施部分法律法令。

（资料来源：根据网络资料整理）

启示：

各国的旅游资源不同，政治经济体制各异，旅游业的发展道路也不一样，由此导致了各国旅游管理体制的不同模式。我们则应当根据自身的特点，建立相应的旅游管理体制，促进和保证我国旅游业的健康发展。

旅游行业管理体制是在旅游业发展现状的大背景下，根据国民经济发展的总体要求设立的。行业管理体制对旅游业的运行效率有重要的影响，为旅游企业的有序、健康发展提供了保障。不同的国家有不同的选择，要结合国家各方面发展的实际，不能超越旅游及其相关行业的现状，否则效果可能与目标和设想发生冲突。在这里，我们将结合其他国家的经验，探索有中国特色的旅游行业管理体制。

一、各国旅游管理体制的比较分析

众所周知，许多国家都有专门的政府机构负责管理旅游业，这些机构统称国家旅游组织（National Tourism Organization，NTO）。在旅游业的发展过程中，国家旅游组织的作用可以概括为以下三个方面。

第一，作为开拓者。在旅游业发展初期，国家旅游组织大量投资于基础设施建设，制定旅游业的战略规划，推动旅游业的发展。

第二，作为规范者。旅游业逐步兴起，旅游投资与日俱增，饭店、旅行社等旅游企业越来越多，市场情况复杂化，这一时期，国家旅游组织主要是制定、执行旅游法规，规范市场竞争秩序，保护旅游业的良性发展。

第三，作为协调者。旅游业已发展成为国民经济的支柱产业，在为国家赚取外汇、提供就业机会的同时，其负面效应也日趋明显，这一时期，国家旅游组织主要是进行调控和协调工作，提高旅游业的社会效益。

（一）日本的旅游管理体制

日本旅游业经历了国际入境旅游优先发展、国内旅游继之发展、国际出境旅游最后发展三个阶段，旅游业的发展目标也由获取外汇逐步向综合性转化。与其市场经济体制相适应，日本形成了一种官民协办的旅游管理体制，政府、企业和各种协会组织彼此协调又相互约束，共同促进旅游业的发展。

旅游政策协调机构是部际旅游联络会议，设在总理府（首相府），由内阁总理大臣官房内政审议室长（总务长官）主持，成员由21个与旅游业有关的省厅（部或部级机构）的代表组成。其主要职责是协调各省、厅在旅游管理中的相互关系；审议有关旅游业发展的方针、政策和规划。运输省是日本旅游业的主管部门，下设运输局、航空局、物资流通局和国际运输观光局等。观光部是运输省国际运输观光局中具体分管旅游业的办事机构，仅有40多名员工，与庞大的决策与协调机构相比，这是一个精干有效的操作班子。其主要职能是提出并执行旅游方针、政策和法规，统筹旅游规划、资源开发、设施建设、景点整顿等项工作，对旅行社、导游员、饭店及旅馆进行审批、注册、指导、监督和培训，加强国际业务往来与对外宣传，负责旅游调研与统计等。

日本的中央旅游管理机构是在大旅游的指导思想下建立起来的。它适应了旅游业综合发展的要求，有利于旅游业发挥多方面的功能。这种管理模式与日本的经济体制是一致的，国家对旅游经济实行间接管理，政府不必、也不可能直接干预旅游企业的经营活动。大量的行业协会代行了部分政府职能，旅游业的投资主要依靠地方和民间的财力，中央与地方各级旅游管理机构分工明确、市场法规健全，执法严格。

日本的地方旅游管理机构没有统一的模式，而是因地制宜灵活设置，有的隶属于劳动部门，有的隶属林业或文化部门。这些管理部门除具有一般的行政职能外，还负责宣传招揽、资源开发、改善投资环境、协调中央与地方的关系等方面的事宜。

日本的行业协会在旅游经济活动中的作用十分显著，这些行业组织既是企业之间的横向联结点，又是政府与企业之间的中介。政府通过行业协会对旅游业实行间接管理，既有利于企业间的信息交流和横向联合，增加行业的保险功能，又有利于发挥行业协会的作用，处理好国家与企业之间的关系。

日本的旅游管理体制对我们的启示是多方面的。

第一，实行全行业的间接管理，政府不必要也不可能直接干预旅游企业的经营活动，中央政府没有直接的投资职能，只有组织民间财力的职能，中央与地方各级旅游管理机构分工清楚，职责明确，执法严格。

第二，大量的行业协会代行了部分行政管理职能，政府通过行业协会的桥梁和辅助作用对全国旅游业实行间接管理。也就是说，在市场经济条件下，行业组织是政府充分发挥作用的基本条件之一。行业协会与政府机构互为表里，行业协会既代表企业的共同利益，又是相对超脱和公正的，很多政府不便出面解决的问题，可以由行业协会协调或处理，实践证明这的确是一个行之有效的办法。

（二）泰国的旅游管理体制

旅游业是泰国的支柱产业，随着旅游经济的发展，泰国政府对旅游业的管理也在不断加强，管理职能由单一的市场促销逐渐扩展到行业管理，从上到下形成了一套集权式的旅游管理体制。

泰国最高层次的旅游管理机构是旅游管理委员会，它由内务部、交通部、外交部、国家环境委员会、国家经济和发展委员会、立法委员会的高级官员和泰国航空公司总裁、泰国旅游局局长以及行业工会领袖等人士组成，管理和监督旅游局的工作等。

泰国旅游局是旅游委员会领导下的旅游行政管理机构，其职责包括市场促销、投资引导、信息统计、教育培训、行业管理、景点开发、受理游客投诉等。泰国旅游局每年都要制订年度计划和发展战略，通过广泛的宣传，引导企业的投资方向和经营方式。同时，泰国旅游局对旅行社、饭店等旅游企业实行严格的管理，保证了旅游行业的服务质量。

泰国的地方旅游机构由泰国旅游局直接设置、派驻人员并提供经费。泰国旅游管理体制的突出特点是政府对旅游业实行集中有效的宏观管理，由国家设立 9 个大区办事处集中管理全国各地的旅游业和旅游经济活动。大区办事处的行政级别相当于司局级，经费由国家拨款。其主要职能是协调与地方政府的关系，组织地方性的旅游开发项目和大型的旅游活动，制定地方性的市场规则并维护市场秩序等。由于大区办事处的工作直接促进了当地旅游业的发展，增加了地方税收，因此，地方政府总是尽力协助大区办事处的工作，双方利益一致，管理集中而有效。

（三）英国的旅游管理体制

英国是旅游业比较发达的国家之一，其旅游管理部门有官方的行政机构和民间的行业组织。英国的高层旅游管理机构由英国旅游总局、英格兰旅游局、苏格兰旅游局和威尔士旅游局组成，经费由各级政府承担。英国旅游总局主要负责向国外推销英国的旅游业，在国外的旅游机构和企业之间进行沟通和交流，出版、推销旅游手册、地图和纪念卡，通过20多个国外办事处向全世界提供信息服务等。英格兰旅游局、苏格兰旅游局和威尔士旅游局则具体负责各地旅游业的发展，统筹资源开发、计划研究和资料统计工作，参与各地旅游业的推销活动，对各地旅游业实施资金援助并提供信息咨询等。

英国的基层旅游管理机构是地区旅游委员会，其经费由旅游局、地方政府和私人企业共同承担。地区旅游委员会的职责是代表本地区旅游业的利益，会同地方政府共同制定该地区的旅游发展战略，支持当地兴建旅游设施，协助当地开办旅游项目，负责旅游接待工作和信息服务等。

除了官方的旅游管理机构，英国还有许多民间行业协会，如“英国饭店与餐馆协会”“英国导游协会”“英国旅行社代理人协会”等，这些行业协会积极维护本行业的利益，促进跨行业的横向联系，制定本行业的条例和准则，负责行业内的人员培训工作，为行业内的企业提供信息服务等。责任明确，各司其职，是英国旅游管理体制给我们的启示。

二、我国旅游业管理体制

（一）我国旅游业管理体制发展历程

1. 中华人民共和国成立初期的旅游管理体制（1949～1965年）

中华人民共和国成立之初的旅游业是我国外事工作的一部分，旅游管理体制大致经历了两个时期：一是从1949～1964年，全国还没有专门管理旅游业的行政机构，上面由国务院有关部门归口代管，下面由中国国际旅行社总社和华侨旅行服务社总社兼管，中国国际旅行社总社实际代行了政府的旅游管理职能；二是1964年成立中国旅行游览事业管理局，标志着中华人民共和国旅游业的行政主管机构诞生，旅游管理体制进入了一个新时期。

2. “文化大革命”期间的旅游管理体制（1966～1977年）

这一时期的旅游工作仍是外交工作的一部分，旅游管理实行的是由外交部代管、旅游局与中国国际旅行社总社合一的体制，基本上仍是50年代中后期的延续。但在“文化大革命”初期，这一管理体制受到严重破坏，1970年以后逐步开始恢复。

3. 改革开放之初的旅游管理体制（1978～1991年）

在改革开放初期，面临的最大困难是中华人民共和国成立以来近三十年，形成了高度集中的计划经济体制，生产要素全面固化于固定的单元，改革开放任务尤为艰巨。1978年开启的改革开放，对旅游业产业属性的认识，迈出了历史性步伐，从外交事业转变到经济性产业。旅游业定位的突破，推动着旅游业的初步改革，为了适应旅游业定位的转变，改革围绕着两大转变推动：旅游管理由行政管理向行业管理转变；由直接管理企业向间接管理企业转变。与其他产业相比，旅游业的市场化程度较高，对政府依赖较小，而且旅游业具有轻、小、灵和关联性强、综合带动能力突出的特点，推动旅游业成为对外开放的最前沿，启动改革的突破口。在我国出现的第一批中外合资项目开始于1979年，旅游业所属的企业，获批了最早批准的三个合资项目；并且在 1984 年，作为全国第一家外国管理集团管理的合资企业——建国饭店建立，全国迅速掀起了学习建国饭店的经验。这些历史事件对当时我国改革开放的整体进程产生了重大影响。

1985 年 1 月，国务院批转了《关于当前旅游体制改革几个问题的报告》，对旅游管理体制，提出了应实行“政企分开，统一领导，分级管理，分散经营，统一对外”的原则；1985 年 5 月 11 日，国务院颁布了我国第一部行政法规——《旅行社管理暂行条例》。

1987 年颁布的《旅游涉外饭店星级的划分与评定》，这是我国旅游业标准化工作的开始，有效地提升了我国旅游产品的供给质量，解决了接待能力不足的困境，促进了入境旅游的迅猛发展。到 1991 年，我国旅游业接待入境旅游人数达到 3334.98 万人次，旅游创汇 28.45 亿美元，分别比 1978 年增长了 18.4 倍和 10.8 倍。

4. 对内开放和加快改革阶段的旅游管理体制（1992～2011 年）

对内开放与加快改革阶段，旅游业改革开放面临着两个时代背景：一方面，宏观环境的变化，推动着改革开放的进一步深入推进，对旅游业改革开放也提出了更高的要求；另一方面，经过十几年的改革开放，人民的收入水平获得了较快的增长，也产生了较为强劲的旅游需求。在这两个背景的推动下，这个阶段旅游业改革开放的核心，围绕着两个方面展开：第一，通过旅游市场化改革，进一步加强旅游行业管理，强化宏观管理，以释放旅游市场活力，推动旅游市场主体的发展；第二，从单一发展入境旅游，到发展国内旅游和出境旅游并举，以满足国内旅游与出境旅游的需求。

在旅游市场化改革方面，突出表现为旅游行业标准归口管理范围的确立，推动了旅游市场化改革的进程，促进了旅游市场主体的成长。例如，1993 年 12 月，国家技术监督局在《关于对旅游行业标准归口管理范围的批复》中，明确国家旅游局归口管理综合类、旅游设施类、旅游服务类的行业标准；建立旅行社质量保证金制度；1996 年 10 月，国务院颁布《旅行社管理条例》，取消旅行社按一、二类划分的标准，按国际旅游市场通行的做法，只划分国际旅游和国内旅游两种旅行社；1998 年，中国国际旅行社总社、国际饭店等国家旅游局直属企业与国家旅游局实施政企脱钩。

推动国内旅游和出境旅游的发展，主要是对假日制度和旅游发展方针进行改革。在旅游发展方针调整方面，如 1993 年，国务院办公厅转发国家旅游局《关于积极发展国内旅游业的意见》，对国内旅游工作提出“搞活市场、正确领导、加强管理、提高质量”的指导方针，极大地促进了国内旅游发展。在假日改革方面，如 1995 年实行双休日制度，居民闲暇时间增多，特别是 1999 年开始的“黄金周”，使国内旅游在假日期间出现“井喷”现象，与入境旅游共同成为驱动中国旅游业发展的“两个车轮”。2011 年，国务院将每年的 5 月 19 日确定为“中国旅游日”，推动着旅游业迈入大众化旅游时代，极大地推动着国内旅游与出境旅游的发展。

5. 双向开放和深化改革阶段的旅游管理体制（2012 年至今）

2012 年，党的十八大召开，选举产生了党的新一届领导核心，我国开启了新一轮的改革开放。特别是 2013 年十八届三中全会通过的《中共中央关于全面深化改革若干重大问题的决定》，标志着旅游业改革开放进入双向开放和深化改革的新纪元。

在双向开放和深化改革阶段，旅游业改革开放也面临着两个重要时代背景：一方面，从国际上来看，2008 年开始的金融危机，全球经济并未复苏，持续低迷，全球总需求不振，导致我国出口急剧减少，经济增长面临不少压力，为了稳增长，需要刺激国内居民消费，发挥消费在推动经济发展中的基础作用；另一方面，从国内来看，2014 年中央经济工作会议的召开，提出了我国已经进入经济新常态的重要论断；2015 年 11 月 10 日召开的中央财经领导小组第十一次会议上，习近平总书记又提出了供给侧结构性改革。

旅游消费是重要的服务消费，是稳定经济增长的重要手段，居于影响民生的幸福产业之首。为了发挥旅游消费在稳增长中的作用，应对全球经济低迷带来的压力，国务院连续出台了一系列措施，推动旅游消费实现了快速增长。例如，2013 年，国务院办公厅印发《国民旅游休闲纲要（2013—2020 年）》，进一步释放了旅游消费需求；《国务院关于促进旅游业改革发展的若干意见》（国发〔2014〕31 号）提出旅游业改革是适应人民群众消费升级的必然要求；《国务院办公厅关于进一步促进旅游投资和消费的若干意见》（国办发〔2015〕62 号）从改善旅游消费环境、新辟旅游消费市场、培育新的消费热点、开拓旅游消费空间、激发旅游消费需求等方面进行了全方位的部署；《国务院关于积极发挥新消费引领作用加快培育形成新供给新动力的指导意见》（国发〔2015〕66 号）将旅游作为服务消费的重要组成部分，旅游被定为消费升级的重点领域；《国务院办公厅关于加快发展生活性服务业促进消费结构升级的指导意见》（国办发〔2015〕85 号）将旅游服务作为主要的生活性服务业，加大改革力度，推动旅游服务消费迈向便利化、精细化和品质化；《国务院办公厅关于进一步扩大旅游文化体育健康养老教育培训等领域消费的意见》（国办发〔2016〕85 号）将旅游产业视为幸福产业之首。

我国经济进入新常态的重要论断和供给侧结构性改革的提出，推动着旅游业供给侧结构性改革，以着力解决制约旅游业发展的制度难题，提升旅游产品供给质量，促进旅游新业态发展。例如，2015 年国土资源部、住房和城乡建设部、国家旅游局联合出台《关于支持旅游业发展用地政策的意见》，以进一步推动旅游新业态发展，满足居民日益品质化的旅游消费需求；2015 年，《国家旅游局关于实施“旅游+互联网”行动计划的通知》，推动了旅游业的创新发展；2018 年“两会”刚结束不久，又出台了《国务院办公厅关于促进全域旅游发展的指导意见》（国办发〔2018〕15 号）。

（二）我国旅游管理组织机构

我国是一个发展中国家，具有明显的二元经济结构的特征。旅游业为国际旅游者和国内旅游者提供的服务属于两个不同的层次，二者的可替代性较差。虽然我国在旅游资源的分布和丰度方面都具有相对的优势，但存在重点不突出、布局不合理、基础设施相对滞后、服务质量差等缺点。因此，旅游行业管理体制应根据我国的实际进行创新。

目前，我国已经初步形成了多级式的旅游行政管理体系。此外，我国的旅游行业组织是指由有关社团组织与企事业单位在平等自愿的基础上组成的并接受政府指导的各种民间旅游行业协会。它们既非政府机构，又非营利性机构，具有独立的社团法人资格，其职能主要表现为代表职能、沟通职能、协调职能、监督职能、公证职能、统计职能、研究职能和服务职能，包括中国旅游协会、中国旅游饭店业协会、中国旅行社协会、中国旅游车船协会、中国旅游报刊协会、中国烹饪协会、中国饭店协会等行业组织。

1. 文化和旅游部

文化和旅游部的前身是国家旅游局，而国家旅游局的前身是1964年成立的中国旅行游览事业管理局，是国务院管理全国国际、国内旅游事业的职能部门。1993年3月，国家旅游局正式加入太平洋亚洲旅行协会。1993年4月19日，国务院决定国家旅游局为国务院直属机构。十三届全国人大一次会议表决通过了关于国务院机构改革方案的决定，国家旅游局与文化部合并，组建文化和旅游部，不再保留原文化部、国家旅游局。2018年3月，中华人民共和国文化和旅游部正式设立。

其主要的职能和业务范围如下。

1）贯彻落实党的文化工作方针政策，研究拟订文化和旅游政策措施，起草文化和旅游法律法规草案。

2）统筹规划文化事业、文化产业和旅游业发展，拟订发展规划并组织实施，推进文化和旅游融合发展，推进文化和旅游体制机制改革。

3）管理全国性重大文化活动，指导国家重点文化设施建设，组织国家旅游整体形象推广，促进文化产业和旅游产业对外合作和国际市场推广，制定旅游市场开发战略并组织实施，指导、推进全域旅游。

4）指导、管理文艺事业，指导艺术创作生产，扶持体现社会主义核心价值观、具有导向性代表性示范性的文艺作品，推动各门类艺术、各艺术品种发展。

5）负责公共文化事业发展，推进国家公共文化服务体系建设和旅游公共服务建设，深入实施文化惠民工程，统筹推进基本公共文化服务标准化、均等化。

6）指导、推进文化和旅游科技创新发展，推进文化和旅游行业信息化、标准化建设。

7）负责非物质文化遗产保护，推动非物质文化遗产的保护、传承、普及、弘扬和振兴。

8）统筹规划文化产业和旅游产业，组织实施文化和旅游资源普查、挖掘、保护和利用工作，促进文化产业和旅游产业发展。

9）指导文化和旅游市场发展，对文化和旅游市场经营进行行业监管，推进文化和旅游行业信用体系建设，依法规范文化和旅游市场。

10）指导全国文化市场综合执法，组织查处全国性、跨区域文化、文物、出版、广播电视、电影、旅游等市场的违法行为，督查督办大案要案，维护市场秩序。

11）指导、管理文化和旅游对外及对港澳台交流、合作和宣传、推广工作，指导驻外及驻港澳台文化和旅游机构工作，代表国家签订中外文化和旅游合作协定，组织大型文化和旅游对外及对港澳台交流活动，推动中华文化走出去。

12）管理国家文物局。

13）完成党中央、国务院交办的其他任务。

2. 中国旅游协会

中国旅游协会（China Tourism Association，CTA），是由中国旅游行业的有关社团组织和企事业单位在平等自愿基础上组成的全国综合性旅游行业协会，是我国第一个旅游全行业组织，具有独立的社团法人资格。其宗旨是遵守国家的宪法、法律、法规和有关政策，代表和维护全行业的共同利益和会员的合法权益，开展活动，为会员服务，为行业服务，为政府服务，在政府和会员之间发挥桥梁和纽带作用，促进我国旅游业的持续、快速、健康发展。

中国旅游协会正式成立于 1986 年 1 月 30 日，1999 年 3 月 24 日，经民政部核准重新登记，会址设在北京。协会接受文化和旅游部的领导以及民政部的业务指导和监督管理。

协会的会员为团体会员。凡在旅游行业内具有一定影响的社会团体和企事业单位，以及与旅游业相关的其他行业组织等，均可申请入会。

协会的最高权力机构是会员代表大会，每四年召开一次会议。理事会是大会的执行机构，由大会选举产生，每年召开一次会议。理事会闭会期间，由常务理事会行使其职权，常务理事会由理事会选举产生，每年召开两次会议，下设办公室作为办事机构，负责日常具体工作。

协会的主要活动是积极开展有关旅游体制改革、加强旅游行业管理、提高旅游经济效益和服务质量等方面的调研工作；支持地方建立旅游行业组织以及提供咨询服务；与一些国家和地区的旅游行业机构建立友好关系，发展与国际民间旅游组织的联系与合作；编辑出版旅游书刊等。协会的主要出版刊物有《中国旅游报》和《时尚》杂志。

（1）中国旅游饭店业协会

中国旅游饭店业协会（China Tourism Hotels Association，CTHA），是由中国境内的旅游饭店和地方饭店协会、饭店管理公司、饭店用品供应厂商等相关单位，按照平等自愿的原则组成的全国性的行业专业协会，是非营利性的社会组织，具有独立的社团法人资格。其宗旨是遵守国家的宪法、法律、法规和有关政策，遵守社会道德风尚，代表和维护中国旅游饭店行业的共同利益，维护会员的合法权益；在主管单位的指导下，为会员服务，为行业服务，在政府与会员之间发挥桥梁和纽带作用，为促进我国旅游饭店业的健康发展做出积极贡献。

中国旅游饭店业协会原名为中国旅游饭店协会，1986 年 2 月 25 日正式成立，会址设在北京。1997 年 11 月在第四届会员代表大会上将“中国旅游饭店协会”更名为“中国旅游饭店业协会”。协会接受文化和旅游部的领导、民政部的监督管理和中国旅游协会的业务指导。

协会实行团体会员制，凡在中国境内经注册批准、依法经营、无不良信誉的旅游饭店、地方饭店协会、饭店管理公司、饭店用品供应厂商等相关单位均可申请入会。

协会的最高权力机构是会员大会，每四年召开一次；理事会是会员大会的执行机构，在闭会期间领导本会开展日常工作，每年召开一次会议；常务理事会由理事会选举产生，对理事会负责，每年召开一次会议；秘书长在常务理事会领导下主持本会日常工作。此外，协会还下设饭店金钥匙专业委员会。1994 年中国旅游饭店业协会正式加入国际饭店与餐馆协会（IH&RA），成为其国家级协会会员。协会的会刊是《中国旅游饭店》。

（2）中国旅行社协会

中国旅行社协会（China Association of Travel Services，CATS），是由中国境内的旅行社、各地区性旅行社协会或其他同类协会等单位，按照平等自愿的原则组成的全国性的行业专业协会，具有独立的社团法人资格。其宗旨是遵守国家的宪法、法律、法规和有关政策，遵守社会道德风尚，代表和维护旅行社行业的共同利益和会员的合法权益，努力为会员服务，为行业服务，在政府和会员之间发挥桥梁和纽带作用，为中国旅行社行业的健康发展做出积极贡献。

中国旅行社协会正式成立于 1997 年 10 月，会址设在北京。协会接受文化和旅游部的领导、民政部的监督管理和中国旅游协会的业务指导。

协会的最高权力机构是会员大会，每四年召开一次；理事会是会员大会的执行机构，在闭会期间领导本会开展日常工作，每年召开一次会议；常务理事会由理事会选举产生，对理事会负责，秘书长在常务理事会领导下主持本会日常工作。协会的会刊是《旅行业》（前身的《旅行社之友》）。

（3）中国旅游车船协会

中国旅游车船协会（China Tourism Automobile and Cruise Association，CTACA），是由中国境内的旅游汽车、游船企业和旅游客车及配件生产企业、汽车租赁、汽车救援等单位，在平等自愿基础上组成的全国性的行业专业协会，是非营利性的社会组织，具有独立的社团法人资格。其宗旨是遵守国家的宪法、法律、法规和有关政策，遵守社会道德风尚，广泛团结联系旅游车船业界人士，代表并维护会员的共同利益和合法权益，努力为会员、为政府、为行业服务，在政府和会员之间发挥桥梁和纽带作用，为把我国建设成为世界旅游强国，促进国民经济和社会发展做出积极贡献。

中国旅游车船协会正式成立于 1988 年 1 月，会址设在北京。协会接受文化和旅游部的领导、民政部的监督管理和中国旅游协会的业务指导。

协会实行团体会员制，凡在中国境内经注册批准、依法经营、无不良信誉的旅游汽车、游船企业、旅游客车、配件生产企业、汽车租赁、汽车救援等企业，以及与旅游车船行业相关的单位，均可申请入会。

1992 年，协会正式加入国际旅游联盟（AIT）。2002 年，协会成立了中国汽车俱乐部协作网（CMCN）。为了指导我国汽车俱乐部业健康、有序发展，协会成立了中国旅游车船协会汽车俱乐部分会。协会的会刊是《中国旅游车船》。

【问题讨论】

根据《国务院关于加快发展旅游业的意见》（国发〔2009〕41 号），旅游、工商、公安、商务、卫生、质检、价格等部门要加强联合执法，开展打击非法从事旅游经营活动，整治“零负团费”、虚假广告、强迫或变相强迫消费等欺诈行为，维护游客合法权益；加强旅游诚信体系建设，开展诚信旅游创建活动，制定旅游从业人员诚信服务准则，建立旅行社、旅游购物店信用等级制度；发挥旅游行业协会的作用，提高行业自律水平。

（资料来源：根据网络资料整理）

讨论：

1）旅游行业协会在行业管理中的作用有哪些？

2）如何充分发挥行业协会的作用，提高行业自律水平？

学习任务三 旅游行业管理的形式

【案例导入】

2013年，新一届政府成立以来，政府职能转变被放到一个前所未有的高度。国务院专门召开电视电话会议，对国务院机构改革和职能转变工作进行了动员部署。面对新的形势、新的要求，如何在新时期推动旅游业发展正在成为各级政府研究和思考的问题。2013年4月，全国人大十二届二次会议通过了《中华人民共和国旅游法》(以下简称《旅游法》)，这为依法治旅、依法兴旅提供了重要的法制保障，同时也为政府在市场经济条件下发展旅游业提供了新的思路。

（资料来源：根据网络资料整理）

启示：

改革开放以来，政府主导成为我国旅游业发展的一大特征。随着社会主义市场经济体制逐步确立，市场在资源配置中基础性作用不断发挥，市场这只“无形的手”对旅游业发展的调节作用进一步加强，旅游业市场化程度明显提高。与此同时，随着市场与政府关系的逐渐明晰，政府推动旅游业发展的方式也开始出现新的变化。

一、旅游行业管理的职能

旅游行业管理要求超越各种建制隶属关系，从管理本部门的企业转为管理全行业，变直接管理为间接管理，由管理微观经济活动转变为管理宏观的经济运行。为此，旅游行业管理就必须由单一的指令性方式逐渐向复合式的指导性管理方式转变。

（一）协调

所谓协调，就是通过协商而调整，争取达到认识的一致、政策的认同、操作的支持和实施的有效。旅游行业管理的每一次工作都包含协调，而难度最大的也是协调，可以说协调是旅游行业管理的关键。这是因为旅游业几乎涉及所有的政府部门，部门关系非常密切。同时，旅游业内部又包含30多个行业和众多的具体业务项目。这种纵横交错的复杂业务和职能结构，使旅游业的任何一项政策建议和发展计划都需要取得广泛的支持才能进行下去。协调活动对实现旅游业的宏观和微观目标十分重要。

旅游业的协调活动是多层次和多部门的：既有中央层次，也有地方层次；既在部门之间，也在企业之间；既有政策活动，也有经营活动。其中的核心则是部门协调。由于各个部门的侧重点和既定目标不尽相同，因此部门协调经常表现为利益上的妥协和力争。这种协调作为多方面、多部门的复合式协调，往往需要行政首长从推动和发展旅游业的战略目标出发，采取有取有舍的大胆决策。

中央层次的协调常常包括以下主要方面：为实行某项措施，以便采取共同行动而进行的政策协调；与物价和民航方面进行价格政策协调；为批准某一项目而进行的技术协调。当然，无论采取哪一种形式的协调，所有的协调活动都有一个共同的政策指向，即都是为了实现国家旅游业发展的总体战略目标，无论妥协还是力争，都不应妨碍战略全局。随着旅游业的新问题的不断出现和行业管理的逐步深入，协调的作用会日益重要，任务也会越来越重。

（二）规范

规范活动的出发点是促进旅游业的健康发展，落脚点是市场秩序。它的重点是调整企业间、行政管理部门与企业间、市场主体与消费主体（即企业与消费者）间的关系，而所有这一切的实现都有赖于市场的规范。

市场经济在解放和发挥人的积极性和创造性方面具有巨大的作用，但市场必须是规范的，竞争也必须是公平的。旅游业是我国引进和运用市场经济机制较早和较广泛的行业，但直到目前市场机制发育仍不健全，因此随着近年来客源市场供求的失衡，本来就不健全的市场出现了紊乱现象，不正当竞争和违法行为时有出现。市场经济从本质意义上来说应是法制经济，市场的规范必须依靠法律。当前我国规范市场的目标基本已重视运用法律、政策及技术标准等手段。但我国的各项法律法规并不健全，尤其是旅游方面的法律法规。由于法律制定程序相当复杂，一些重要的旅游法律法规难以在短期内出台，因此我国目前对旅游市场的规范仍较多采用政策规范手段，虽然其时效性较强，但稳定性较差，也缺乏强制力。

近年来比较重视的技术标准实际上也是一种技术法规。旅游业是服务业的一个组成部分，由于“服务”较难定型化和规格化，存在诸多先天上的不足，而技术标准可以覆盖旅游业的各个方面，在很大程度上弥补了服务行业先天上难以定型的缺陷，因此发展前景是十分广阔的。

（三）指导

在行政管理中，指导具有指示前进方向和引导的双重含义。在旅游行业管理中，指导应包含三个方面内容：首先，指导是指明前进和发展的总趋势和基本方向；其次，指导是通过一种协商渐进的方式说服大家从事某一工作或遵循某些规定；最后，指导意味着管理上的开诚布公和态度上的从善如流，具有更多的民主色彩。由于旅游业较早地引进而且较广泛地运用了市场机制，努力建立开放的市场，因此指导这种管理方式广泛地应用和存在于现在我国的旅游行业管理活动中，并在行业管理上体现了经济民主的政策导向。

指导作用的发挥，在很大程度上取决于决策行为和政策形成的质量。指导性决策的形成一般需经过酝酿、研究、宣传、协调、修订、试行、反馈、再修订、施行等不同阶段，通过吸收多方面的意见，兼顾到各方面的利益，做出初步决策，再通过不断加深认识，不断宣传说服，做出修订，使政策较易为多方接受和采纳。这种非发号施令式的管理方式不仅行之有效，也有助于企业追求利益最大化目标的实现。

（四）检查

检查是一种刚性的管理手段，是行政执法的具体行为。检查手段被广泛应用于对各类旅游经营活动中违规违纪行为的查处。检查的目的是维护市场秩序。检查的对象既可能是企业，也可能是个人。与日益发展的市场相比较，我们的管理手段偏弱，与管理目标的高要求不相符。虽然各地旅游行业管理部门在法规手段相对不健全的条件下发挥了行业管理的高度自主性，创造了不少成功的经验，但存在的问题也不少。《旅游法》出台之后，加大检查与执法力度成为当务之急。

（五）监督

监督是实行行业管理和进行宏观调控的重要手段。对旅游行业实行全面的、严格的监督，有利于旅游产业有计划地协调发展，有利于提高旅游企业的经济效益。通过监督，不仅可以保证旅游行业的各企业、各部门贯彻执行党的方针政策，遵守国家法令法规，保证旅游活动健康、有序地发展，还可以促进旅游企业不断改进经营管理、提高管理水平。

旅游业是我国较早推行监督制度的行业，旅游经济监督对于较早地引入市场经营机制的旅游行业来说就更为重要。旅游经济监督通过统计、情况会集等途径，可以正确反映旅游经济运行的状态、趋势和规律，为有关旅游决策提供依据。

（六）审批

审批是最能体现政府行为特性的手段。政府机构是社会公共利益的代表，也是面向各方的社会公共服务机构。就旅游业本身来说，旅游行政管理机构的审批权限并不多，但是有不少机构掌握着旅游经济活动各个方面的审批权。旅游行业管理的审批权主要有三个方面：旅行社企业设立许可；导游从业资格执照；授予旅游定点和饭店的批准手续。审批既是履行法律义务与授权的形式，又是以行政方式确认某个人或企业行为达到了设定的标准，前者涉及控制市场出入的闸门，后者涉及市场活动的公正性。审批权对企业或个人的切身利益有直接的联系，因此必须坚持“公正、公平、公开”的原则，使审批标准化、程序化，防止滥用权力，损害行政机关的公正形象，否则就难以树立必要的政府权威，实施政府的既定政策和方针。从现代市场经济发展的趋势看，应该规范审批权，尽量减少审批事项、简化审批程序。

【知识链接】

旅游行业管理对象有狭义与广义之分。狭义的旅游行业管理对象是指直接从事旅游经营活动的企业；广义的旅游行业管理对象不仅包括直接从事旅游经营活动的企业，还包括为旅游经营活动服务的社会机构。

根据经营业务范围来分，狭义的旅游行业管理对象可以分为旅行社业、以饭店为代表的住宿业、旅游交通运输业、旅游景区业四大旅游经营行业的企业。广义的旅游行业管理对象不仅包括上述四大行业，还包括娱乐业、旅游商品、旅游信息（如通信、新闻媒体等传播机构）、旅游咨询业（如诊断、策划、规划、设计、认证等机构）、旅游教育、法律服务、医疗服务等行业的社会机构。

（资料来源：根据网络资料整理）

二、旅游行业管理的发展方向

综合性的旅游业要求对其发展进行全面监管。虽然过去各部门都在依据相关法律法规对旅游业进行监管，但是这种监管基本处于分散管理、各自为战的状况。《旅游法》作为一部综合性法律，一方面强调和丰富了过去已有的监管内容；另一方面又根据旅游业发展的新情况新问题，对监管不到位的地方进行了新的规定。尽管《旅游法》对不同领域的监管规定详略不同、轻重不同（一些监管规定在其他法律法规中已经有体现，因此《旅游法》不再重复），但是基本上构建出一个立体化监管的格局。这种格局对于各级政府进一步完善旅游业监管，提高旅游业发展水平具有重要意义。大体上看，立体化监管体现在以下六个方面。

（一）全过程的旅游监管

旅游活动涉及的“行、游、住、食、购、娱”六个环节，在《旅游法》的监管规定中都有不同程度的涉及。《旅游法》附则中，明确提出“旅游经营者，是指旅行社、景区以及为旅游者提供交通、住宿、餐饮、购物、娱乐等服务的经营者”。《旅游法》第四十九条也规定，为旅游者提供交通、住宿、餐饮、娱乐等服务的经营者，应当符合法律、法规规定的要求，按照合同约定履行义务。这就意味着对相关环节旅游经营者的监管都属于旅游监管的范畴。例如，在“行”的方面，《旅游法》第五十三条规定，从事道路旅游客运的经营者应当遵守道路客运安全管理的各项制度，并在车辆显著位置明示道路旅游客运专用标识，在车厢内显著位置公示经营者和驾驶人信息、道路运输管理机构监督电话等事项。在“住”的方面，《旅游法》第七十五条规定，住宿经营者应当按照旅游服务合同的约定为团队旅游者提供住宿服务。住宿经营者未能按照旅游服务合同提供服务的，应当为旅游者提供不低于原定标准的住宿服务，因此增加的费用由住宿经营者承担；但由于不可抗力、政府因公共利益需要采取措施造成不能提供服务的，住宿经营者应当协助安排旅游者住宿。

需要特别提及的是，《旅游法》对旅游六要素中至关重要的“游”的环节，即景区管理做出了一系列规定，主要涉及景区开放、景区门票价格、景区最大承载量核定等三个方面的内容。虽然过去景区管理在其他法律法规中也有体现，如建设部门依据《风景名胜区条例》对风景名胜区的管理，环保部门依据《中华人民共和国自然保护区条例》对自然保护区的管理，但《旅游法》是从游客开展旅游活动的角度对景区提出的监管要求，这对于全面提高各类自然人文景区的管理水平，增强游客的满意度具有非常重要的意义。

（二）全方位的旅游监管

旅游既包括团队旅游也包括散客旅游。过去主要是依据《旅行社条例》和《导游人员管理条例》，通过对旅行社及导游人员的管理来开展旅游监管。随着旅游业的不断发展，散客旅游快速兴起，在整个出游人群中所占的比例不断提高。因此，仅仅针对团队旅游进行监管就无法适应旅游业发展的需要。《旅游法》在完善团队旅游管理的同时，从监管旅行社之外的其他旅游经营者切入，为保障旅游散客的合法权益提供了法律依据。在《旅游法》中，专设了“旅游经营”一章共 29 条，其中 15 条都是从散客旅游监管的角度，对各类经营者做出的法律规定。未来，需要以这些条文为基础，不断完善对散客服务的旅游经营者的监管，让全方位监管落到实处。

（三）全口径的旅游监管

由于旅游经营者在旅游业发展中扮演着非常重要的角色，因此《旅游法》除了旅游促进等方面的内容，主要侧重于对旅游经营者经营行为进行法律规范。但这并不意味着《旅游法》只是监管旅游经营者的法律。除了对旅游经营者的监管外，《旅游法》还对以导游为主的旅游从业人员制定了有关监管措施，并在“法律责任”一章中明确提出，对违反《旅游法》规定的旅游从业人员，旅游主管部门和有关部门应当记入信用档案，向社会公布。而在“旅游者”一章中，《旅游法》除了明确旅游者的权利外，还对旅游者的义务做出了规定，并明确提出，旅游者违反安全警示规定，或者对国家应对重大突发事件暂时限制旅游活动的措施、安全防范和应急处置措施不予配合的，依法承担相应责任。还规定出境旅游者不得在境外非法滞留，入境旅游者不得在境内非法滞留。此外，《旅游法》还对旅游主管部门和有关部门工作人员的行为进行了规定，要求对其在履行监督管理职责中，滥用职权、玩忽职守、徇私舞弊，尚不构成犯罪的，依法给予处分。

（四）多主体的旅游监管

我们要发展的旅游是“大旅游”，单靠旅游部门对旅行社和导游人员的传统监管不可能为旅游业发展提供良好的环境，这就需要各个主体各司其职，共同做好旅游监管工作。从具体的情况看，旅游业发展的重心在地方，特别是在以市、县为主要载体的旅游目的地上，因此实现多主体监管的前提就需要明确地方政府在旅游监管中的责任。《旅游法》明确提出，县级以上地方人民政府对旅游监管进行统筹协调。除了规定地方政府在建立旅游违法行为查处信息共享机制、指定或者设立统一的旅游投诉受理机构、组织下属相关部门对旅游经营行为实施联合监督检查等责任之外，并在第八十三条中规定，县级以上人民政府旅游主管部门和有关部门依照本法和有关法律、法规的规定，在各自职责范围内对旅游市场实施监督管理。这就意味着，作为旅游监管的第一责任人，地方政府将会调动更多涉旅部门参与到旅游监管中来。除了政府部门的监管之外，《旅游法》还特别提出了旅游行业组织的监管问题，要求依法成立的旅游行业组织依照法律、行政法规和章程的规定，制定行业经营规范和服务标准，对其会员的经营行为和服务质量进行自律管理。可以预见，随着《旅游法》的不断落实，多主体共同参与“大旅游，大管理”的格局会逐步形成。

（五）多方式的旅游监管

《旅游法》作为法律，更多强调的是通过法律手段来对参与旅游活动的各个主体进行规范，但这并不意味着只能用法律手段对旅游业进行监管。《旅游法》第六条就规定，“国家建立健全旅游服务标准和市场规则，禁止行业垄断和地区垄断。旅游经营者应当诚信经营，公平竞争，承担社会责任，为旅游者提供安全、健康、卫生、方便的旅游服务。”如果说市场规则要靠法律手段保障，服务质量的监管更多就要靠标准化的方式进行推进。例如，目前旅游行政部门推动的星级饭店和 A 级景区工作，实际上都是用标准化的方式对特定的旅游经营者的服务进行监管。《旅游法》第五十条中也明确提出，旅游经营者应当保证其提供的商品和服务符合保障人身、财产安全的要求。旅游经营者取得相关质量标准等级的，其设施和服务不得低于相应标准；未取得质量标准等级的，不得使用相关质量等级的称谓和标识。这实际上也为旅游标准化管理提供了法律依据。未来，还需要以《旅游法》为基础，探索更多行之有效的监管手段，提高监管能力。

（六）多领域的旅游监管

监管滞后于发展是各行各业中普遍存在的问题。过去对旅游业的监管主要集中在传统领域，随着旅游业的快速发展，旅游监管滞后的问题开始变得越来越突出。《旅游法》注意到了这些问题，对一些游客关注、社会关注的领域做出了规定。比较典型的有：一是对自然资源和文物等人文资源进行旅游利用做出了原则性规定，并要求有关主管部门应当加强对资源保护和旅游利用状况的监督检查；二是明确了经营高空、高速、水上、潜水、探险等高风险旅游项目，应当按照国家有关规定取得经营许可；三是对快速发展的利用网络经营旅游的行为作出了规定，要求通过网络经营旅行社业务的，应当依法取得旅行社业务经营许可，发布旅游经营信息的网站，应当保证其信息真实、准确；四是针对乡村旅游等新业态发展中与现行规定存在一定冲突的问题，《旅游法》提出由省、自治区、直辖市对城镇和乡村居民利用自有住宅或者其他条件依法从事旅游经营的行为作出规定。当然，《旅游法》不可能对所有旅游业发展中的新业态、新情况进行规定，但是为多领域开展旅游监管提供了很好的思路。未来，还可以通过《旅游法》修订等方式，逐步扩大旅游监管范围，为旅游业的持续健康发展提供强有力的保障。

【阅读小品】

《旅游法》的三大亮点

在这部法律中，三大亮点的出现，让消费者看到了希望所在，因为这三大亮点不仅直指旅行社的痛楚，更是从根本上开出药方，下足了整治旅游市场乱象的勇气。这三大亮点分别是：不得安排购物、取消自费项目、不得索要小费。尽管看似很微小，但却能够真正遏制旅游市场的不正之风。

首先，“不得安排购物”直接铲断旅行社与地方商家之间的利益链。

在旅行中，最不愿意出现的一幕无疑就是导游安排的购物，甚至是强制购物，因为在这个项目，导游可以依据游客的购买金额获得不菲的提成。这就促使导游刻意安排各种购物项目，这不仅让游客反感，更直接损害游客的利益，因为并非所有的人都需要购物。尤其是一旦出现强制购物之后，游客的利益更是大打折扣。对此，《旅游法》规定，旅行社不得指定具体购物场所，不得安排旅游者购物，行程表里仅有每日旅行线路、景点、交通、住宿。此外，旅行社在行程中都会留出半天或者一天自由活动时间，若是游客有购物需求，可自愿前往。

其次，“取消自费项目”将旅行价格更加直观透明化，让游客放心消费。

由于在以往的旅游市场中，在合同中都或多或少存在自费项目，这些项目的存在本身就是一个陷阱。对于一个旅行团的人来说，参加与不参加都是一个问题。参加，就会付出更多的金钱；不参加，导游的脸色就会不好看。而《旅游法》规定，旅行社不得安排另行付费旅游项目。以往游客报名低价团，旅行社为了降低团费，连一些必去的景点都改成自费项目。“十一”之后，这些“必去”的景点全部含在团费中，游客不用再掏一分钱。这样的规定，将团费更加直观而透明化，可以让游客放心消费，不用再顾及导游的脸色。

最后，“不得索要小费”更是将旅游市场的黑手切断。

因为小费本不应该向游客索取，导游的费用原本就应该旅行社支付，再次索取小费属于额外收益，也是不合理的。所以，《旅游法》规定，导游和领队禁止向旅游者索取小费。在新版旅游合同中，团费里将包含境外小费、导游及领队服务费、境外交通服务费，并标注了每日价格，以及共交付几天的小费。取消小费，当然并不是意味着小费瞬间就自动消失，这必须依靠消费者在旅行的过程中发现问题及时纠正，向相关部门举报违法行为。因为小费的索取有着更多的隐蔽性，如果缺乏游客的监督，将会成为没有约束力的条款。

当然，这仅仅是首部《旅游法》带来的三大亮点而已，从立法的目的上看，这是一部规范旅游市场的规范性法律，对于旅游市场的各种乱象必须有所涉及，而最终的落脚点无疑是作为旅游者的消费者自身的权益。对于消费者来说，他们希望获得的无非就是在旅游过程中的质量和品质，而通往高质量和高品质的路上必须有《旅游法》的护航，唯有如此，才能杜绝各种违规现象，整治旅游市场的不规范状况，在规范旅游行业的过程中为我国旅游经济的健康和谐发展插上腾飞的翅膀。

（资料来源：http://www.lawtime.cn/info/xiaofeizhe/cyxfjf/201309112812884.html，有改动。）

单元十

走进旅游企业

学习目标

◇知识目标：充分理解旅游企业经营管理的基本概念、特点，理解旅游企业经营管理思维，掌握旅游企业战略管理、投资管理的内容，理解旅游企业经营管理的主要模式。

◇能力目标：能运用经营管理知识分析旅游企业问题，能初步运用旅游战略管理的基本方法。

◇素质目标：激发学生对旅游企业的兴趣和感知，熟悉旅游企业经营管理模式与思维。

学习任务一　旅游企业经营管理概述

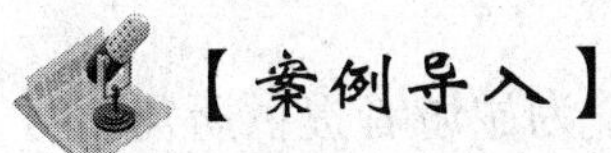

【案例导入】

美国运通公司的成功之路

美国运通公司在150多年的发展中，由一家快递小公司发展成为现在的从事金融和旅游服务的顶级公司，其经营与管理奥秘主要包括以下几个方面。

1）旅行支票的诞生。美国运通公司于1981年首先发行了美国运通旅行支票，客人在购买支票时只要在签名栏上签名后，就可在异地使用，且没有使用期限，不涉及现金，安全可靠。旅行支票的诞生，大大促进了人们出游支付工具的转换，增加了市场份额，成为运通公司强有力的标志，在某种意义上成了其他公司与其竞争的壁垒。

2）率先使用网络技术。1995 年运通公司发现了电子商务的优势，与微软合作，研发了“美国运通互动旅游”的网上预订系统，由传统的旅游商向新型 e 旅游商进行转换。

3）服务独具特色。运通公司尊重客户需求，在充分利用网上预订系统的基础上，开发了满足客户需求的各种特色服务，包括签证和护照计划工具、座位计划工具、旅行指南、常用旅游模板，并建立了顾客档案，方便地记录下了客户的独特要求和偏好等。

如今的美国运通公司已成为《财富》杂志公布的全球 500 家最大的跨国公司之一，世界最大的独立发卡机构及旅游有关服务公司，世界最受尊崇的品牌之一。

（资料来源：http://www.moc.gov.cn/st2010/liaoning/ln_iaotongxw/jtxw_wenzibd/201309/t201309241488246.html，有改动。）

启示：

旅游企业的经营管理非常重要，引导旅游企业走向成功，为企业的发展夯实基础。经营管理是企业的系统工程，包含着丰富的内容，成功的企业经营管理体现在企业工作的各方面。

一、旅游企业

（一）旅游企业的概念

旅游企业是指从事旅游产品经营、自负盈亏、自主管理的经济组织。它在旅游行业中扮演着重要角色。理论界一般对其有广义和狭义两种理解。广义的旅游企业是指经营满足旅游者吃、住、行、游、购、娱六大需求的一切企业；狭义的旅游企业特指宾馆饭店、旅行社、旅游汽车公司、娱乐设施经营单位等。

旅游企业是旅游商品的生产单位和消费场所，它通过旅游商品的生产、交换和消费，为旅游者提供社会化服务，使旅游企业资金产生增值从而为国家吸收外汇、积累资金、促进国民经济的发展。旅游企业是国民经济的重要组成部分。旅游企业同时具有自然属性、社会属性和法人属性。从自然属性来看，它是从事旅游营销活动的独立的经济实体，是企业的一种特殊类型。

（二）旅游企业的特点

旅游企业除了具有一般企业所共有的性质外，还具有其自身的特点。

1. 旅游企业的服务性

旅游企业的产品是服务，经营重点是提供优质的劳务性服务。为旅游者提供所需服务是企业营利的手段，是企业在市场经济条件下生存与发展的根本。企业在为旅游者提供服务时，主要是提供企业员工的活劳动，而物质产品则起到辅助服务销售的作用。企业借助于一些物质条件来销售劳务，在销售过程中，旅游服务的设施设备等并不发生所有权的转移，而是使用权的暂时转移。企业的经营过程主要不是如何利用所拥有的物质资源来生产一些物质产品，而是利用物质条件来组织好员工的服务活动。旅游服务产品难以进行长距离的运输，无法让旅游者在异地消费企业的服务。在经营活动中，企业的效益如何，要看能吸引多少旅游者来企业进行消费。由此看来，企业的经营规模在很大程度上要取决于其接待能力。

2. 旅游企业的多样化

由于旅游者的需要是综合性的，企业所提供的旅游产品或服务也相应是综合性的，要能满足旅游者在旅游活动过程中吃、住、行、游、购、娱的需要。需要的多样性决定了产品的多样性，也就决定了提供服务的企业是多样化的。旅游企业的外延界限非常宽泛，涉及分属于国民经济许多部门的企业，包含着各种各样的企业组织类型。例如，旅游中的交通服务大多由交通部门的企业提供，购物服务则多由商业部门的零售企业提供。即使直接接受旅游行政管理部门行业管理的旅行社、旅游饭店、旅游公司等企业，由于服务产品的差异，其组织形态也各有特点。旅游饭店投资大，需要比较多的服务人员，是资金和人员密集型的企业；旅行社设备投资较少，人员少，对人员的素质要求较高，是人才密集型的企业。在组织类型多样化的条件下，企业的管理制度与方法只有与企业特点相适应，才能有较好的管理效率。

3. 旅游企业的涉外性

改革开放以来，我国正规的旅游企业的工作重点是为来华旅游者提供服务，为国家经济建设提供外汇资金。由于旅游企业所面对的是外国消费者，企业的服务在许多方面要与国际惯例接轨，使企业的国际化程度相应提高。旅游企业必须认真研究外国旅游者的消费需求，提供符合他们需要特点的服务，才能吸引更多的外国旅游者来华旅游，为国家换取更多的外汇。旅游企业面对的是国际旅游市场，从我国旅游企业的整体来讲，主要的竞争对手是世界各国的旅游企业，尤其是周边国家与地区的旅游企业。旅游企业在立足国内实际情况的前提下应充分注意世界旅游市场的变化趋势，了解国外竞争企业的情况，以便在激烈的市场竞争中立于不败之地。旅游企业的经营活动应符合国家涉外政策的有关规定，遵守外事纪律，维护国家利益。

4. 旅游企业与消费市场紧密相连

旅游消费属于现场消费，旅游服务的消费过程就是企业员工与旅游者直接接触的过程。企业服务质量水平的高低直接影响顾客消费的满意程度，决定着企业对顾客的吸引力，进而也就决定着企业的经济效益。与消费市场的直接联系有利于促进企业提高经营管理水平。企业可以在接待服务过程中直接观察与了解顾客的需要，获得大量第一手资料，迅速掌握市场发展趋势，及时调整经营策略，以适应市场变化。

【阅读小品】

美国纽约唐人街有家酒店，刚开张的时候生意兴隆，但过了不久就开始遭人冷落，老板为此伤透了脑筋。酒店从硬件到服务员的水平都是一流的，问题究竟出在哪儿呢？

一天，一位富豪邀请了几位朋友在此用餐，老板顿时受宠若惊，为了表达敬意频频上前敬酒，使出浑身解数与富豪套近乎，他认为这是个不可多得的客源，无论如何也要拉住他。而站在一旁的服务生则显得很沉默，在一边暗暗地观察着老板的一举一动。当那位富豪离开时，老板又亲自将他送到门口，返回酒店时，这名服务生叫住了老板：“看来我们酒店的生意不怎么好。”

“是的。”老板说。

“假如这样下去的话，我们的生意将会更糟！”小伙子说。

老板上上下下打量了他一番，有点儿不高兴地说：“那你认为应该怎样做呢？”

“请让我做一个月的主管。但在我做主管的期间不要干涉我。”小伙子从容地说。

“但是你用什么来证明你的实力呢？”

“我敢肯定，刚才你送走的那些客人将不会再来了。”小伙子说。

老板于是就半开玩笑地说：“如果他在一个月里果真不来，我立刻让你做主管。”

一个月过去了，那批客人真的没来，而且酒店的生意也越来越差，这时老板想起了那个小伙子，打算让他做一个月的主管。

时间一天天地过去了，这些天里老板只是暗中观察，他发现那个小伙子对任何客人都只是微微一笑一点头，更要命的是他从来都不向客人敬酒、套近乎。但是让他不敢相信的是：自从小伙子上任以来，生意一天好似一天，现在生意和以前相比已经翻了好几番，老客户也一天比一天多了。

一个月的时间到了，老板问：“生意为何一下子好起来了？”

小伙子回答：“你认为做生意最重要的是什么？”

“当然是尽量满足客人的需要啦！”老板说。

“说得很对。但是你有没有想过，客人们的‘需要’当中，有一种‘需要’叫作‘不需要’，而你只知道客人需要什么，却不知道客人‘不需要’什么！”

“有一种需要叫作不需要？”老板蒙住了，说实话，他真的还没去想过客人不需要什么。

“当然，了解客人不需要什么与了解客人需要什么一样重要。”小伙子说，你们一见到有身份的客人就不断地去敬酒，但是他们来这里的目的是什么呢？是来吃饭，是参加他们自己的聚会，你去敬酒实际上是在打扰他们，这绝不是他们所需要的。还有，同一宴席上，有主次之宾，你在向主宾敬酒的同时，也在向同一桌上的其他宾客做暗示：我不在乎你们。

老板听后茅塞顿开，从此，他除了揣摩顾客需要什么，更是下大力气研究顾客“不需要”什么。20年后，他的酒店在全美国都开设了分店。

（资料来源：http://www.xiaogushi.com/Article/chengbai/20110222130219.htm，有改动。）

（三）旅游企业的分类

旅游企业是一个范围广泛的概念，按从事旅游接待服务的程度可划分为直接旅游企业、间接旅游企业、旅游配套企业三大类。

直接旅游企业是直接和专门经营旅游业务的企业，如旅行社、饭店宾馆、旅游汽车公司等，它们是旅游企业的主体。

间接旅游企业不是专为旅游接待而建立的企业，它们同时也为国民经济其他部门和人员服务，如商店、舞厅、影剧院、公共交通运输等企业。

旅游配套企业是为旅游企业提供配套产品和服务的企业，如装修企业，副食品和旅游商品的生产企业，建筑企业，以及为旅游企业提供设备和供应服务的其他企业等。

根据有关政策法规，从所有制性质来看，我国旅游企业大多是国有企业。当然，随着社会主义市场经济体制的不断发育完善，其他所有制性质的企业也有了一定程度的发展，但数量还相对较少，主要有集体企业、私营企业和中外合资企业。从财产构成来看，我国旅游企业中的公司主要是有限责任公司和股份有限公司两种。

为了便于指导、监督、统计等管理工作，通常按照在行业内的业务分工对旅游企业加以分类，主要有旅行社、旅游饭店、涉外定点餐馆、旅游公司、旅游车（船）队、旅游商店与涉外定点商店等。

旅行社负责组织旅游活动，为旅游者的旅游活动过程提供代办、接待、导游、咨询等各种服务；旅游饭店是为旅游者提供住宿及就餐服务的企业；涉外定点餐馆具有向境外旅游者提供就餐服务的资格；我国的旅游公司经营内容较为宽泛，有的经营旅行社业务，有的经营旅游交通或旅游商品服务，或者综合经营上述几种业务；旅游车（船）队主要为旅游者提供近距离的旅游交通服务，如市内旅游交通或水上游览服务等；旅游商店指专门经营旅游者在旅游过程中所需商品的商业企业，其中的涉外定点商店可为外国人、华侨、港澳台同胞提供购物服务。

二、经营与管理的基本理论

（一）经营的概念

经营是指商品生产者以市场为对象，以商品生产和商品交换为手段，为了实现企业的目标，使企业的生产技术经济活动与企业的外部环境达成动态均衡的一系列有组织的活动。

（二）经营与管理的关系

1. 经营与管理的联系

1）二者的最终战略目标是一致的。不论开展经营活动，还是要加强管理工作，目的都是为了确保企业能生存和发展下去，充分发挥企业各要素的潜力，以取得较好的经济效益。

2）经营是管理发展到一定阶段的必然结果。管理是共同劳动的产物，而当共同劳动发展到商品生产阶段，企业与外界的联系越来越多，就要求不仅要进行管理，还要求开展经营。经营的产生标志着企业管理发展到一个新的阶段。

3）经营活动中需要进行管理，管理中仍要开展经营。例如，企业的市场营销活动基本上属于经营活动，但也包括对销售业务的管理活动；生产管理活动基本上属于管理活动，但在实际工作中有很多因客观情况变化而需重新决策的问题，这种决策也属于经营活动。

2. 经营与管理的区别

1）职能不同。一般说来，在企业的整体运营中，经营和管理所扮演的角色是不同的，最大的区别体现在职能上：经营的职能目标是效益，而管理的职能目标是效率。经营所涵盖的应是企业对其产品、服务、市场及社会资源的运作，效益获取的核心软硬件分别是经营策略和经营团队；而管理却是支撑为获取效益而进行的经营活动的整套体系，效率获取的核心软硬件分别是管理体系（架构、流程、制度）和管理团队。

2）二者在企业的不同发展阶段具有不同的侧重点。就一般规律来看，在企业发展的初期，为聚集企业得以生存下去的原始资本积累，抢占一定的市场份额，企业的运营自然会以经营为重，并具体地表现在对销售工作的高度重视上，所以现在所能看到的成名民企的掌门人也绝大多数是做销售出身的。待企业具备一定的规模后，为防范经营风险、增强整体竞争优势，实现企业的可持续发展，会在企业运营的各方面予以规范和强化管理，向管理要效率、向管理要效益也自然成为各大企业经营管理工作的核心。

3）经营所解决的大多是与企业的外部环境有关的问题，管理所解决的大多是如何利用企业内部条件的问题。因此，研究外部环境，如市场需求、原料供应、竞争对手的变化情况及其规律等是经营的主要任务；而管理的主要任务则是合理利用、组织企业内部各种要素的问题。

总之，经营与管理是实现企业生存与发展战略的两个既有区别又有联系的活动，二者是相辅相成地对企业发挥着作用的。经营决定着管理，管理服务于经营。没有正确的经营指导，管理会失去方向；没有科学的管理，经营则会落空。对现代企业来说，没有经营就谈不上管理；没有管理，也就无须经营。在商品经济高度发达的市场经济条件下，企业管理由以生产为中心转变为以交换和流通过程为中心，经营的功能日益重要而为人们所重视。企业管理的职能自然要延伸到研究市场需要，开发适销产品，制定市场战略等方面，从而使企业管理必然地发展为企业经营管理。

（三）经营管理职能

经营管理职能包括五个方面的内容，即战略职能、决策职能、开发职能、财务职能和公共关系职能。

1. 战略职能

战略职能是企业经营管理的首要职能。因为，企业所面对的经营环境是一个非常复杂的环境。影响这个环境的因素很多，变化很快，而且竞争激烈。在这样一个环境里，企业欲求长期稳定的生存与发展，就必须高瞻远瞩，审时度势，随机应变。经营管理的战略职能包括五项内容：经营环境分析、制定战略目标、选择战略重点、制定战略方针和对策、制定战略实施规划。

2. 决策职能

经营管理职能的中心内容是决策。企业经营管理的优劣与成败，完全取决于决策职能。决策正确，企业的优势能够得到充分的发挥，扬长避短，在风险经营环境中以独特的经营方式取得压倒性的优势；决策失误，将使企业长期陷于困境之中。

3. 开发职能

开发不仅仅限于人、财、物，经营管理的开发职能的重点在于产品的开发、市场的开发、技术的开发，以及能力的开发。企业要在激烈的市场竞争中稳操胜券，就必须拥有第一流的人才，第一流的技术，制造第一流的产品，创造出第一流的市场竞争力。只有企业在技术、人才、产品、服务、市场适应性方面都出类拔萃，企业才能在瞬息万变的市场竞争中得心应手，应付自如。

4. 财务职能

财务过程是指资金的筹措、运用与增值的过程。财务职能集中表现为资金筹措职能、资金运用职能、增值价值分配职能以及经营分析职能。企业经营管理的战略职能、决策职能、开发职能都必须以财务职能为基础，并通过财务职能做出最终的评价。

5. 公共关系职能

企业同它赖以存在的社会经济系统的诸环节保持协调，这种同外部环境保持协调的职能，被称为社会关系职能或公共关系职能。公共关系的内容包括：企业与投资者的关系，与往来厂商的关系、与竞争者的关系、与顾客的关系、与职工的关系、与地区社会居民的关系、与公共团体的关系、与政府机关的关系。

三、旅游企业经营管理

（一）旅游企业经营的内容

旅游企业的经营，是一个涉及面很广的概念。概括地理解它，是指在商品经济条件下，旅游企业借助于经营要素（如资金、设备、劳动力、市场等）以及职工的协作，持续不断地进行旅游商品生产、分配与流通的一种动态的旅游经济活动。其主要内容可以概括为以下三个方面：一是制定旅游企业的发展方向和目标，以及达到这个目标的各种方针及具体措施，并加以实施；二是对影响到这一目标的各种条件和因素加以分析和研究，制定有效对策；三是有效地利用旅游企业的一切资源，全面筹划，争取最佳的经济效果。

旅游企业的经营将渗透到企业的三个主要的领域。第一，技术经济领域。也就是旅游企业采用什么样的技术装备，怎样进行技术改造，怎样进行设备更新，以提高经济效益，取得更大的盈利。第二，组织管理领域。也就是旅游企业采取什么样的组织形式，更适应市场的要求，更有利于提高劳动效率和实现企业目标。第三，计划管理领域。也就是旅游企业怎样计划自己的活动，怎样组织比例平衡，才能提高盈利，这就要使生产技术、财务计划转向经营计划。

【案例分析】

南方旅游汽车公司

1994 年 10 月，密苏里州圣路易斯的南方旅游汽车公司的最高管理部门宣布，公司准备将其生产和装配业务移至密西西比州的瑞支克莱斯特（Ridgecrest）。作为小吨位野营车和野营拖车的主要生产厂家，该公司由于急速上涨的生产成本，连续 5 年出现利润滑坡。劳动力和原材料费用涨幅惊人，行政管理费用直线上升，税收和交通运输费用也逐步上升。该公司尽管销售量在不断扩大，仍然遭受了自 1977 年投产以来的第一次净亏损。

当管理部门最初考虑迁厂时，曾仔细视察了几个地区。对迁厂至关重要的影响因素有以下这些：完备的交通设施，州、市的税收结构，充足的劳动力资源，积极的社会态度，合理的选址成本和金融吸引力。曾有几个地区提供了基本相同的优越条件，该公司的最高管理部门却被密西西比能源和电力公司的努力以及密西西比州地方官员的热情所打动。密西西比能源和电力公司力图吸引“清洁，劳动力密集型”工业，州政府和地方政府的官员想通过吸引生产厂家在其境内建厂来促进该州经济的发展。

直到正式公布出来两周前，南方旅游汽车公司的最高管理部门才将其迁厂计划最后确定下来。瑞支克莱斯特工业区的一座现有建筑被选作新厂址（该址原为一家活动房屋制造厂，因资金不足和管理不善而破产）。州就业部开始招募工人，而公司出租或拍卖其在圣路易斯的产权的工作也已着手进行。密西西比用以吸引南方旅游汽车公司在瑞支克莱斯特建厂的条件如下。

1）免收5年的国家和市政税收。

2）免费使用供水和排水系统。

3）在工业区再建一个装货码头（免收成本费）。

4）同意发行50万美元工业债券，以备未来扩展之用。

5）由公共财政资助在地方工商学院培训工人。

除这些条件以外，还有许多其他关键因素。劳动力费用远低于圣路易斯，工会组织力量也比圣路易斯弱（密西西比州禁止强行要求工人加入工会），行政管理费用和税收也不算高。总之，南方旅游汽车公司的管理部门认为自己的决策是明智的。

10月15日，每个雇员的工资单上有以下通知。给：南方旅游汽车公司雇员。由：总裁格莱德·奥伯安签发。南方旅游汽车公司遗憾地宣布，公司计划将在12月31日停止在圣路易斯的生产，由于生产费用的增加和工会提出的不合理要求，本公司已无法创收。我衷心地感谢你们各位在过去几年中为公司提供的优良服务，如果我能够帮助你们在其他公司找到合适的工作，请通知我，再次感谢你们的合作和过去的工作。

（资料来源：HEIZER J，RENDER B，1999．生产与作业管理教程[M]．4版．潘洁夫，余远征，刘知颖，译．北京：华夏出版社．）

问题讨论：

1）评价密西西比州瑞支克莱斯特提供给南方旅游汽车公司的吸引条件。

2）一个公司将其管理机构从人口密集的工业区移至小乡镇会面临什么困难？

3）评价奥伯安列举的迁厂理由，它们合理吗？

（二）旅游企业管理的内容

1. 旅游企业管理的概念

旅游企业管理是指为了有效地实现旅游经济活动的最佳目标而进行的，包括计划、组织和控制等职能的综合性活动。对于这个概念，主要应强调以下几点：旅游企业管理是一种旅游经济活动；管理要达到一个最佳目标；管理具有实效性；管理包括一系列的职能。

2. 旅游企业管理的要素

管理要素是指管理主体为达到管理的预期目的所要操纵的管理客体系统。在管理研究的传统中，最典型的观点是“七要素论”，即7M系统。

1）men（人员）——工作评价，人事管理，人力发展，组成模式。

2）money（资金）——财务管理，预算控制，成本控制，成本效益分析。

3）methods（方法）——生产计划与控制，质量，作业研究，系统分析。

4）machines（机器）——工厂布置，工艺装备，保养与安全自动化。

5）material（物料）——物料采购，运输，储存，验收，保管。

6）market（市场）——市场需求预测，市场导向分析，以及价格和销售策略制定。

7）morale（士气）——领导，人群关系，公共关系，工作效率等。

现代管理则是在以上基础上强调：管理者的自身管理是对人管理成败的前提；“员工第一”的观念是抓好员工管理的基本理念。

（三）旅游企业经营管理的特点

1. 技术设备的商品性

旅游企业的物质设备大多本身是作为商品供客人直接享用的，而不是作为生产手段来制造物质产品的。这些物资设备的舒适程度、质量高低是提供优质服务的基础和物质凭借。企业通过这些设备的使用价值的零星出卖直接获得经济效益。由于这些设备投资量大、技术要求高、更新周期长，要求企业管理人员必须牢固树立技术观念、价值观念，加强物质技术设备管理，随时关心企业设备的完好程度、安全程度。既要重视企业的前台业务管理，也要重视企业的后勤管理，才能保证适应企业的业务经营活动需要。

2. 生存条件、享受条件和发展条件的共存性

现代旅游是一种特殊消费方式，旅游企业以为客人提供旅游过程中的各项服务为目的而建立起来，它同时为客人提供生存条件、享受条件和发展条件。旅游者外出游览参观或从事其他活动，首先必须解决好吃住及配套服务，这是生存的条件。但他们又并不仅是为了生存，主要是外出享受，如舒适的交通工具、豪华的客房设备、精美的饮食和优雅的环境及旅游资源等。旅游过程中，旅游者开阔了眼界，增长了知识，陶冶了情操，扩大了社会交往，这又是发展才能的重要条件。现代旅游作为特殊消费方式而出现其享受条件因素和发展条件因素的比重远远大于生存条件因素。旅游企业的这种特点要求管理人员必须提供同自身企业等级规格相适应的享受条件和发展条件，配备舒适、安全、方便的设备和生活用品，讲求室内环境艺术，提供优雅、舒适的住宿、交通、饮食、游览环境和高质量、高效率的服务，以适应客人的需求。

3. 经营管理过程和客人消费过程的同一性

旅游企业经营管理过程和客人的消费过程同时发生。这一点与一般工商企业生产、交换、消费相分离的情况不同。它是就地交换、就地消费、就地提供面对面的服务。例如，旅行社的导游服务，交通企业的客运服务，饭店宾馆、公寓写字楼和涉外餐馆的住宿、饮食、办公服务等，既是客人的消费过程，又是企业的经营管理过程。由于服务对象来自天涯海角，他们的生活习惯、兴趣爱好、个性特点等各不相同，因此必须研究客人心理，有针对性地提供优质服务。服务质量的高低一方面取决于旅游企业质量管理的标准化、程序化、制度化等基础工作的好坏，另一方面又取决于企业职工是否具有强烈的服务意识和服

务技能的高低及服务心理学知识的灵活运用程度。这种特点就决定了旅游企业管理必须做好质量管理的基础工作，强化服务意识，学习运用心理学知识，充分调动企业职工的主动性、积极性和创造性，始终把对人的管理放在首位，才能提供优质服务，增强企业活力。

4. 空间设备和景观资源的价值不能储存

旅游企业中有形的空间设备，包括交通工具、客房、厅堂、会议室、办公室、旅游娱乐设施等，以及自然景观资源，都以出租使用价值为主。营销活动中必须通过零星出租而吸引客人前来就地消费。因此，旅游企业的空间设备和景观资源的价值不能储存，规定的时间卖不出去，当天的效用就自然消失，并且再也收不回来。旅游企业的这种特点进一步加剧了市场开发的紧迫性。它要求企业管理人员必须加强市场调查，随时掌握市场动向和特点，采用各种措施吸引客人前来消费，提高设施、设备的利用率，获得优良经济效益。

5. 产品销售的随机性

我国旅游企业主要面向国际旅游市场，由于市场远离经营者，企业在营销活动中对市场需求变化，如客源构成、销售渠道、销售方式、价格竞争、客人需求等，事先都难以准确掌握，旅游企业的产品销售必然具有随机性。例如，旅行社的外联销售，虽然有一定的渠道和方式，但已经预订的客源，由于国际市场、政治经济、汇率或某些特殊原因，随时都会发生变化，年初预报的客源，往往有40%～50%的随机性。其他商业客人、会议客人、零散客人等，情况更加难以掌握。旅游企业产品销售的这种特点，要求企业管理人员必须重视经营方针、经营策略、产品销售方式和销售渠道的研究；必须建立多元化市场结构，广泛联系客源，建立众多的销售渠道。同时要十分重视市场信息，广泛收集销售资料。

旅游本身受季节、气候、各国休假期等多种因素的影响，由此必然带来旅游企业营销活动的季节波动性。一年中有淡季、平季、旺季之分。季节不同，客源多少不同。这种特点又决定了旅游企业管理一方面必须根据各地自然条件、季节差异分析客源变化规律，加强淡季客源组织，同时利用价格杠杆调节市场供求关系，以降低季节波动所造成的损失，提高企业盈利水平。另一方面，在确定企业经营目标和经营计划时，发挥计划控制职能。根据季节变化规模，合理分解淡旺季指标，以免指标分配不合理，造成企业资源浪费或不足，影响经营效果。

四、旅游企业经营管理思维

思维就是人们在一定时代的理性认识方式，它是人们的各种思维要素及其结合按照一定的方式和程序表现出来的相对稳定的定型化思维样式，是主体观念地把握客体，即认识的发动、运行和转换的内在机制和过程。不同思维方式把握客观事物的角度及深度都不一样，由于对客观事物的认识程度及角度的不同，导致了对事物的认识和行为的结果也是不同的。

（一）系统性思维

所谓系统性思维，也称联系性思维，是将两种具有同质的事物或现象联系在一起思考，其特点是将个人、世界、宇宙的诸多部分之间建构紧密的联系性关系的一种思维方式。旅游企业的经营管理要运用系统思维方法，运用系统观点，把对象作为多方面联系的、具有一定结构和功能的有机整体进行认识。

系统整体优化是系统性思维方式的核心，它是指从管理主体到构成全部管理对象的结构和成分的全面优化。这一原则要求企业经营要立足整体，从整体与部分、整体与环境的相互作用过程来认识和把握整体。在知识经济时代，信息的产生、传递和消费非常快，市场容不得作为管理决策的哪怕一粒“沙子”，一着不慎满盘皆输的事例不胜枚举。无论作为质量控制体系的“零缺陷管理”和作为员工优化体系的“末位淘汰制”个案，还是间接与直接相结合的企业融资趋势，走向大集团的企业组织趋势，生产经营与资本经营相结合的经营趋势，系统整体优化原则，要求企业在思考和处理问题的时候，都必须从整体出发，把着眼点放在全局上，注意整体功能，提高总体效益，增强综合效果。

企业的系统性思维不但要从经营战略的整体思考问题，而且要寻找构成整体系统各个部件相互之间的关系。这种关系表现为因果、条件、限制、包含等等。要理清这些错综复杂关系的来龙去脉，对症下药。

同样，作为企业的经营者，在经营决策的时候，一定要综合考虑各方面的因素，而不能被一时的利益蒙蔽了眼睛。决策时拍脑袋，指挥时拍胸脯，失误时拍大腿，追查时拍屁股，这种“四拍”型领导需要反思了。不少企业在经营中“头痛医头，脚痛医脚”。过于强调财务因素，而忽视员工素质、企业创新；过于强调硬件建设，软件（如员工的技能、能力、文化、品牌）没有能同步升级，企业在市场上只会进攻，不会防守；各职能部门各自为战，过于强调各个部门之间的职责分工，忽视了相互之间的协调与合作。

（二）动态性思维

世间万物唯一不变的就是在变，这是唯物辩证法的基础。只有深刻地理解了变的内涵，才可以在动态变化中寻求暂时平衡的方法。

如果我们用静态思维去理解事物和分析事物，得到的结果往往在动态环境中失去意义，在网络经济时代，在中国过渡经济时代，在商界重新洗牌时代，动态思维显得越发重要。你不变，竞争对手在变，市场在变，所以你能够做的，就是以变应变，在变化中取得动态均衡。

因此，我们要有前瞻性的思维，事物既然是动态的，那我们考虑事物的发展就必须有前瞻性的眼光，不能以现在的角度去理解问题和解决问题，必须以未来的角度来看待问题和解决问题。

（三）创新性思维

创新思维首先是对自己的否定，有了否定才有可能有创新。创造性地破坏，这是熊彼特所下的创新的定义。因此，创新性思维既是一种批判性思维，也是一种具有差异性、独立性和超越性的思维方式。

创新性思维在目前的中国显得更为重要，规则正在改变、秩序正在改写，昨日成功的定义，今天可能就成为失败的经验。因此，在中国这种局势大变革的时代，打破原有思维，创造新思维，这是企业哲学原有的含义。企业经营管理的创新性思维实质是要求企业在经营管理的过程中切忌靠以跟随、从众的心理来经营，如在旅游企业经营管理中出现的“跟风”现象，红色旅游风、会展旅游风、主题公园建设风等，重复建设，恶性竞争，非但企业品质不能得以攀升，反而浪费了大量宝贵而稀缺的资源。而发达国家的企业始终尊奉以创新的思维参与国际市场的激烈竞争。它们的差异化和创新思维获得了强劲的超越竞争优势。例如，电传是美国人发明的，日本人发明了传真机超越了美国，但美国人没有在传真机上追随日本人，而是另辟蹊径，开发出电子邮件及因特网又超过了日本。

（四）整合思维

在知识经济时代，一个公司将所有价值链产生的利润全部独吞的可能性很小，所有的价值链环节应该是合作而非竞争，就算是竞争者，也应该是合作竞争的心态。共赢是这个时代的主题。因此，在共赢的意识下，整合就是哲学性思维的要点，如果没有整合，企业就很难获得超常规的发展，"不必重新发明你的轮子"，社会的资源应该是社会人来整合，你有能力就去整合别人，你没有能力就被别人整合，只要是共赢，整合就会产生共同的效益。

（五）立体性思维

立体性思维也是一种高层次的复杂的系统思维，它的特点是，管理者在做出决策时不仅要依据正面现象提供的信息，而且要逻辑推理综合考虑到现象的反面及至侧面所具有的信息。美国著名计算机科学与心理学教授赫伯特·A. 西蒙在《关于人为事物的科学》中说，"复杂系统是大量以复杂形式相互作用的部分之和所组成的系统。在这样的系统中，整体大于部分之和，不是绝对的、形而上学的意义，而是在重要的实际意义上说"。立体性思维要求管理者集全部知识信息在瞬间实现管理思维的立体转换，及时应对遭遇的各种变化，采取精湛到金字塔尖的管理决策，使管理对象在竞争中立于不败之地。

【管理游戏】

美丽风景线

游戏目的：了解每个人的创新能力。

游戏程序：发给学生每人一张如图 10.1 所示的纸，请学生尝试用一笔连接图上所有的点，看看谁连接起来的图最富有意义。

图 10.1　美丽风景线游戏

五、旅游企业经营模式

（一）公有制旅游企业

我国社会主义公有制的旅游企业，有全民所有制和集体所有制两大类。尤其是全民所有制旅游企业，是我国大型内资宾馆饭店、绝大部分旅行社以及大型游乐设施的主要经营形式。

公有制的旅游企业，其生产资料归全民或集体所有，按照社会主义公有制企业的一般框架构建其人事用工制度、利益分配制度、积累与发展制度等，普遍具有经济实力强、人员素质高、市场信誉好的特点。但是，由于历史的原因，也不同程度地存在着经营机制不够灵活、激励机制不够有效以及所有权与经营权的关系不够协调等问题。为适应社会主义市场经济的要求，近年来的主要改革尝试主要有以下几种形式。

1. 承包经营责任制

承包经营责任制即运用法律公证手段，以承包契约的形式来确定国家与旅游企业之间、旅游企业所有者与经营者之间的责权利关系。通常所用的方法为：包死基数，确保上缴，超收多留，少收自补。具体实施方案则视旅游企业的实际情况而定。例如，刚开业的旅游企业或经营已处饱和阶段的老企业，多采用利润基数包干，超收分成的形式；对于高速增长期的旅游企业，则采用利润基数递增包干，超收分成的形式；对于那些长期经营亏损的企业，则多采用亏损包干，减亏分成的形式。

承包指标的确定是实施承包经营责任制的关键环节。一般应包括：服务数量指标、服务质量指标、营业收入指标、成本指标、利润指标、资产保值增值指标、企业综合实力指标等。通过这些具体指标的激励和约束，使经营者和企业员工去想方设法提高质量、降低成本、增加利润，促进企业发展。

2. 租赁制

指出租人（企业所有者）把整个企业依照合同规定交给承租人经营管理，承租人享有高度自主的经营权，向出租人交付租金并承担租赁的各种费用，盈余由出租人支配，并在租约终止时退还租赁经营权。

租赁制在相当大的程度上促成了所有权和经营权的分离，有利于充分调动企业经营者和员工的积极性与创造性，激活企业运行机制。但对于出租人和承租人双方而言，风险都比较大，需要进行严格论证。首先，要慎重选择承租人，一般有个人承租和集体承租两种。通常应组成专门的考评委员会对承租人的经营管理能力、经济担保能力、经营管理方案等进行论证后抉择。同时，必须以具体的经济合同形式，对租金的数额、承租人的收入及超额红利的处理、承租人投资设备的产权及收益分配、企业资产的保值增值等做出详细规定。关于租赁合同的中止或解除、租赁期限的长短、租赁期满之后的权利与义务等，也应有明确规定。

由于租赁经营的特殊性，目前我国大多在小型旅游企业中试行，以期积累经验。

3. 股份制改造

股份制改造即通过对现有公有制企业的股份制改造，将其变为股份制企业。其一般实施步骤为通过资产评估将企业的资产转换为股份，并通过募集社会公众股、内部职工股、社会法人股或B股、H股，组建股份公司。

股份制改造的资产评估工作必须全面、公正和具有权威性，注重有形资产和无形资产两个方面，防止原公有制企业资产的流失和权益被损。股份制改造和股票的发行，还须有体制改革领导机关和证券管理部门的批准与监督。

（二）中外合资、中外合作的旅游企业

1. 中外合资旅游企业

中外合资旅游企业即两个或两个以上的国家或地区的公司、企业、经济组织或个人按一定比例联合投资、共同经营的旅游企业。其责权利的划分一般以投资为准，按投资比例来划分权力、分享利润、承担风险。

这种经营方式的主要优点如下。一是便于引进国外的先进设备，技术和管理经验，并有利于迅速占领一定的市场份额，扩大企业影响，增加客源量。因为共同投资、共担风险、共负盈亏的利益关系，外方出资人势必也高度注重企业的经营效益与发展前景，会在企业的创建、更新改造、管理体制与管理经验、运作程序等方面给予积极合作，并在企业形象树立、国际市场上的宣传、提供国际预订、系统联网等方面积极努力，对于促进企业发展非常有利。二是可弥补资金不足。大多数大型、高档旅游企业多为资金密集型企业，要适应旅游业适度超前发展的需要，需要大量资金来兴办上规模、上档次的旅游企业，利用中外合资形式既在一定程度上适应了这种需要，同时又能获得一部分经营利润，增加国家税收。三是能够利用各种特殊的优惠政策，在一定程度上避开某种传统体制下产生的不必要的行政干预；企业一般又较少有人事、养老、债务等方面的沉重负担，可以在短期内获得迅速发展。当然，中外双方共同管理，必然发生思想意识上、管理习惯与经验上、价值观念上的碰撞，协调工作上有一定难度。

2. 中外合作旅游企业

在经营特点上，中外合作旅游企业与中外合资旅游企业有许多类似之处。其最大区别是责权利的具体划分不是简单地按照双方的投资比例确定，而是综合多方因素和各自的特点，用经济合同的形式来规定。双方的投资形式与额度、利润分配、风险承担、资产处置、经营管理权限等，也由合同规定。在我国大多数的中外合作旅游企业中，一般的形式为由中方提供土地使用权、自然资源、基础设施、劳力等，不出或少出部分资金，外方提供设备、技术、资金，共同组建而成。

这种合作经营形式的最大优点是有助于发挥我国现有生产要素的优势，以土地使用权、风景资源、现有基础设施条件等作为投入，分享经营利益，同时又能迅速增加地区的旅游接待能力，促进区域旅游的发展。当然，合同在这种经营形式中占据核心地位，在具体签订合同时，必须保证我方的合法权益，必须对亏损与债务的承担有明确的规定和可靠的保障，同时也应充分考虑优先利用我国自己的资源、设备、管理人员、技术力量等，形成行业带动效应和综合效益。

（三）外商独资旅游企业

外商独资旅游企业是一种特殊的旅游企业类型，指经中国政府有关主管机关批准，向中国工商行政管理部门登记注册，在中国境内从事独立经营活动的外国旅游企业。它们在中国境内具有法人地位，受中国法律的管辖和保护，并依照法律纳税。

外商独资旅游企业的出现，是改革开放的产物。其基本特点是外商独立投资，无须我们的资金和外汇，迅速提高了区域旅游接待能力，并对开发资源、开拓市场、提供就业、增加税收都具有重要意义；同时，外商的经营管理为我们提供了可以借鉴的经验；通过与外资企业的竞争来提高我们的市场适应能力；通过外资企业在国际市场的形象和它们的国际预订系统来增加客源等，都是十分有益的。

（四）股份制旅游企业

股份制旅游企业是资产所有权与经营权分离的适应于大规模旅游企业的一种经营形式。我国的股份制旅游企业主要有股份有限公司和有限责任公司两种组织形式。

股份有限公司是指全部注册资本由等额股份构成并通过发行股票（或股权证）筹集资本的企业法人。基本特征是：公司的资本总额平分为金额相等的股份，股东以其所认购股份对公司承担有限责任；经批准公司可以向社会公开发行股票，股票可以交易或转让。

有限责任公司是指由两个以上股东共同出资，每个股东以其所认缴的出资额对公司承担有限责任。基本特征是公司的全部资产不分为等额股份，公司向股东签发出资证书，不发行股票；公司股份的转让有严格限制，股东以其出资比例，享受权利，承担义务。

（五）个人业主制、合伙制旅游企业

通常是一些小型旅游企业，由个人出资经营或由两个及两个以上个人出资经营。这类企业有如下特点。

1. 简便易行

出资人或合伙出资人经过一定筹备，在具备经营旅游业务的条件下，均可依照有关法律提出开业申请。尤其是一些小型旅游商品零售企业、小型旅店业和小型客运服务企业，一般投资较少，且周转快，获利容易。

2. 齐心协力

在此种形式下，旅游企业的经营权和所有权都集中在出资人手中，趋于共同的利益与风险，经营者往往全力以赴、夜以继日，充分利用个人的关系、声望、能力，密切合作，共同开拓。

3. 船小好掉头

这类小型企业，易于及时捕捉市场信息，把握时机，突出自己小、快、灵的特点，在

特色产品、特色服务上标新立异，赢得游客与市场；同时又可以作为大中型企业的补充，丰富我国的旅游市场。

当然，这类企业的先天缺陷也是明显的。例如，资金有限，借贷不易，规模一般较小，抵抗风险的能力也就较差；出资者个人进行管理，受文化程度、经验和个人素质影响，决策水平参差不齐；在合伙经营的情况下，出资人的意见分歧及其他变故，都可能导致企业的瓦解等。

（六）网络经营的旅游企业

近几年，随着信息技术、计算机技术水平的不断升级换代，从知识爆炸，到知识经济直至现在盛行的网络经济，人类文明史应是会留下互联网带来的深深痕迹。可以说网络经济会对旅游业产生深远的影响，并且会带动旅游企业经营管理模式的深刻变革。

网络经营模式是一种虚拟的经营模式，它是以互联网作为企业业务的主要平台而进行经营管理的一种全新的经营模式，是对传统的实体企业经营方式的一种革命，是新型的、独特的经营模式和管理方式的融合。随着网络经营时代的到来，旅游企业可以从网上轻而易举地获得大量信息，可加强旅游供应商和旅游者之间的联系，使旅游企业的传统经营运作方式信息化、简单化、科学化，促进旅游企业经营管理现代化。

业内专家认为，旅游是最适合搬到网上的业务。相比传统旅游业，旅游电子商务信息更丰富、经营方式更合理。游客可在网站里收集文字、图片、游记等详尽的动态信息，还可通过链接和搜索引擎漫游相关网站。旅游电子商务还改变了传统的旅游经营方式，它减少了销售环节，降低了产品成本，提高了工作效率，能为客户提供更低价更优质的服务。

我国目前有300多个涉及旅游业务的网站，春秋旅行社在全国范围内利用网络技术营建内部企业网，为扩大市场影响力起了决定性的作用；广之旅专门组建了一个电脑公司来开展电子商务，并在其业务联合体中大力推进联网运作；青旅则花巨资组建“青旅在线”，展示了主干旅游企业进军网络经济的雄心；再如携程旅行网，并没有利用网络平台来组织旅行团，而是将众多优秀的旅行社直接推荐给消费者以供其选择。另外，携程旅行网将最适合在网上发展的订房业务作为其主攻方向，在网页上，消费者可查询到酒店点评、城市概貌、景区介绍及来往交通信息等，可以预订房间，这正是互联网所提供的全面信息传播与便捷预订服务的优势所在。据了解，携程旅行网酒店预订量每月以50%的幅度上升，这无疑为略显疲软的酒店业加了把劲。

【案例分析】

旅游企业的O2O模式就是要将线下业务与互联网结合在一起，实现线上交易，线下体验。特别是旅游，最终是体现到人对人的服务，产品不标准化，而人对人的服务很难短时间内去消除。通过线上线下的结合缩短产业链，将使消费者真正得到实惠，企业的资金使用率也会得到提高。

据了解，今年以来，国内许多旅游企业均已开始试水O2O经营模式。10月，中青旅（600138）发布公告称，拟定增募资12亿元打造旅游价值产业链，并借此机会迈向O2O这一新的商业模式。本次募资将主要用于收购乌镇旅游15%的股权、在线旅游（遨游网）升级项目、桐乡旅游广场项目以及补充流动资金。该公司负责人表示，此次中青旅将实现全面O2O化，线上、线下业务将会成为其旅游服务业务发展的两大引擎，在线旅游业务快速发展将为公司提供新的盈利点。而在此之前，另外一家旅游上市公司张家界（000430）也曾表示要打造旅游O2O，公司拟在微信平台上运行移动终端。

一位旅游界业内资深专家分析表示，线上与线下双向融合，是我国旅行社产业的一大发展趋势。2013年旅游企业的线上、线下将双向融合进入新的阶段。

据了解，O2O是将线下业务与互联网结合在一起，让互联网成为线下交易的前台。线下服务可通过线上揽客，消费者可利用线上筛选服务，成交也可在线结算，事实上，O2O早已运用在团购、餐饮、酒店等服务中，目前标准日趋完善。这种模式对用户体验、结算效率和现金流保障有较大要求。

“移动互联网为旅游业带来更多的变数。如果说互联网经过十几年的发展已经趋于完善的话，移动互联网在国内才刚刚起步，各类先进技术的出现也给这一领域带来了很多变数。”有关专家介绍说。目前，各种旅游类型的手机应用基本上都具备了位置定位技术，而当各类手机支付技术普及后，从线上传递到线下的旅游服务将会变得更加方便、顺畅，也给予了更多的想象空间。

中国旅游研究院院长戴斌表示，目前，携程、途牛等旅游在线新业态，正在往传统和现代之间进行融合这个方向走。“比如到夏威夷这样的目的地，可以看到携程地面服务人员和要素。包括并购旅行社也好，通过目的地接待也好，最终还是要落地的。”

携程旅行网副总裁郭东杰则认为，搜索信息在网上可以完成，甚至购物网上买了东西送到家门就可以了，但是你坐在家里怎么体验旅游地，一定是线上线下的结合。因此，能够实现线上完成交易，线下消费体验的O2O经营模式是旅游业的本质要求，而这种模式必将成为旅游行业发展的新方向。O2O的核心特征不仅是在线平台整合线下资源，带来线下消费，更是通过信息技术改造传统行业，提升效率和价值。传统旅行社生产销售模式与现代电子商务模式结合，是促成双方合作和转型的机遇，也将使两种模式的优势特点得以有效发挥。

（资料来源：http://sjzrb.sjzdaily.com.cn/html/2013.11/21/content_113903.htm，有改动。）

讨论：

结合案例，请讨论O2O经营模式对旅行社经营管理的影响。

学习任务二　旅游企业经营战略管理

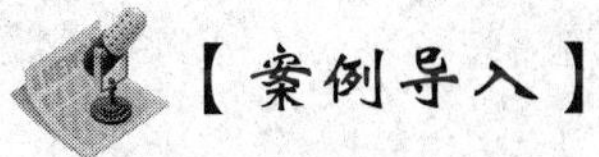

【案例导入】

星巴克的管理战略

1987年，星巴克只有开在西雅图的9家店铺，以此为基点，公司的首席执行官霍华德·舒尔茨把该公司独特的咖啡卖到了全国各地。服务并不快捷，且每杯咖啡的价格能让常吃唐恩油炸圈（Dunkin' Donuts）（现已更名为 Dunkin'）的人吓昏，但是每周还是有近 200 万美国人光顾星巴克，品尝它的各种精制糕点或无泡沫摩卡咖啡。

尽管所开咖啡店的销售额在下降，但星巴克还是快速地扩张。它的第一次收购完成于 1994 年，购买了一家在波士顿拥有 23 家分店的竞争对手——咖啡连襟有限公司。尽管有 400 多家商店在手，舒尔茨仍计划在一年内再开 200 家，并且宣布计划和国外伙伴合作在亚洲与欧洲开店。另外，星巴克已经和百事可乐合资生产一种新型的瓶装咖啡饮料。舒尔茨的战略虽然有点冒险，但是分析人士认为星巴克具有灵活性和成功管理的优势。

星巴克的许多管理者有着多年的管理经验，他们来自诸如汉堡王公司、塔寇、拜耳公司、温蒂快餐和巨响公司。对星巴克成功同样至关重要的是被称为“baristas”的咖啡调味师。星巴克从大学和社区组织中招聘工人，并对其进行 24 小时的咖啡制作和专门知识培训，这对公司的形象和质量是至关重要的。

计算机网络联系着飞速发展的星巴克王国。舒尔茨从麦当劳聘来一名高级信息技术专家设计了一套一站式销售系统，以便于经理人监控业务。每晚，计算机从 400 多个分销店向西雅图总部传来各种信息，使公司的高层立即准确地把握销售动态。

星巴克实行差异化战略，这种战略是一种让自己公司的产品与服务区别于本行业其他公司的战略。星巴克使用了特色产品，如精制的糕点与无泡沫的摩卡咖啡。使用了差异化的技术与服务，如为了保持质量控制，星巴克出售的所有咖啡都在室内烘烤；还有一站式销售系统。其他的差异化，如实行星巴克商店自己专营，而非采用特许经营与超市配送等。这些独特的经营方式，使产品与服务实现了差异化，构建了其核心竞争力。星巴克的与众不同，让其具有了独特的经营魅力。实施差异化的公司通常需要很强的营销能力、技术创新能力与领先者的声誉。星巴克因其差异化使之有吸引力，还降低了与竞争者的竞争。星巴克最成功的地方是高度重视人才，人才是企业经营的灵魂，因此星巴克招募了很多优秀的管理人才与经营人才。正如舒尔茨所认为的，首席执行官应该“雇佣比自己更聪明的人，应该让他们走自己的路”。如果企业里都是无能之辈，那么企业休想生存与发展。用优秀的人才，并且放手让这些人才去管理与经营企业，才是企业成功且经久不衰的法宝。

（资料来源：https://www.sohu.com/a/59725509_218121，有改动。）

启示：

星巴克的成功告诉我们：战略管理在企业生存与发展中的作用日益重要，我国的旅游企业管理者应当紧密结合中国国情和企业的实际情况，有效分析外部环境和自身条件，及时把握企业战略竞争空间扩展所带来的机遇与挑战。充分发挥战略主体在理论运用和实践过程中的积极性、主动性与创造性，运用科学的战略管理基本原理并予以创造性发挥，实现企业战略管理实践方式的创新。

一、旅游企业投资管理

（一）旅游企业投资的含义

投资是一种经济活动，它可以分为不同的种类：按照投资时间的长短可以分为短期投资和长期投资；按照投资发生作用的地点可以分为对内投资和对外投资；按照投资构成的资金性质可以分为固定资产投资和流动资产投资。

旅游企业的投资活动是以旅行社、旅游交通企业、旅游饭店为代表的旅游消费供给者为获取经济效益而垫付货币或其他资源于某些事业的经济活动。同其他投资活动相同，旅游企业投资活动的主体必须是符合市场经济要求，具有相对独立的投资决策权，自我筹集、运用资金，并拥有投资所形成的资产的所有权或经营权，同时承担投资风险的经济主体。

（二）旅游企业投资的特点

1. 投资主体的多样性

旅游活动是一种涉及经济、社会、文化等方面的综合性活动。旅游者在旅游活动中，涉及食、住、行、游、购、娱等多方面综合性的物质和精神需要。需求的综合性决定了供给的综合性，供给的综合性决定了参与供给的企业类型的复杂多样，既有建立在中介服务基础上的旅行社，也有以大量设施设备建设为前提的交通运输服务和大型饭店的住宿餐饮服务。投资主体的多样性对投资目的、投资方式和投资客体产生影响，使得在同一行业内，投资活动的差异性大于共性。

2. 投资客体的复杂性

投资主体的多样性决定了投资客体的复杂性。旅游企业的投资客体包括流动资产、固定资产、股票、债券、投资基金、期货、期权、外汇等所有可能的投资标的物。但是，对于不同的企业，其投资的侧重点是有很大区别的。仅就旅游企业的对内投资而言，存在的差别也很大，以中介服务、信息咨询服务为主的旅行社行业短期投资、流动资产投资的比例较大，投资管理的重点是货币资金和应收应付款项；提供住宿功能和餐饮功能的旅游饭店，特别是大型旅游饭店面临的最大问题是大型建设项目的投资和管理，这类建设性投资的回收期长，管理成本高；而旅游商品的生产企业则具有明显的制造企业投资特征。在对外投资方面，成功的旅游企业都经历了一条经营规模从小到大，投资方向从旅游主营业务向行业内关联业务、行业外关联业务渗透，投资领域从地区业务向国内业务、从国内业务向国外业务扩张的集团化之路。但是，对于不同类型的旅游企业而言，集团化起步的方式是不同的。旅行社通过遍布各地的分公司、办事处以及门市服务网点的设立实现网络化，在网络化的基础上通过兼并、收购实现集团化。大型饭店集团更多的是依靠连锁经营和管理输出实现集团化。

3. 投资目的的特殊性

任何投资的终极目的都是为了取得投资收益，而对于以各个独立项目进行的投资项目来说，其直接目的是有差别的。一般而言，投资项目的直接目的可以归纳为三个方面。

1）通过取得规模效益、维持现有规模效益和降低成本来实现投资收益，即实现资本增值。

2）通过多样化经营和风险控制来降低投资风险。

3）以不妨害社会整体利益和与企业有关的各方利益为目的，承担社会义务，如在工业安全和环境保护方面的投资。

对于旅游企业而言，虽然各类企业的异质性很大，但从满足旅游者需求的角度出发，各种类型旅游企业业务的关联性很强。为了最大限度地增强获利能力和降低风险，产生了一项特殊的投资目的，即扩大关联业务领域的参与和控制能力。例如，广州广之旅国际旅行社股份有限公司与峨眉山旅业发展有限公司投资成立的四川峨眉广之旅国际旅行社有限公司，将旅游客源地和旅游目的地联系在一起，使其在景区供给成本的控制和客源市场的开发方面取得了优势。创建于 1928 年的香港中国旅行社有限公司经过 90 多年的发展，已经成为一个多元化经营和跨国经营的庞大集团企业，它不仅在我国香港地区和海外十多个国家和地区形成了全球化业务网络，也同时进入了与旅游相关的许多领域，在国内外投资购置和兴建了近 20 家饭店，拥有汽车、航空、船运、旅游公司，在深圳投资开发了“锦绣中华”“中华民俗村”“世界之窗”等主题公园，在集团内部建立了相对完整的产业链条，实现了对关联业务的控制。

4. 投资收益的不确定性

资本的运动可分为两个阶段：一个阶段是资本的形成过程，另一个阶段是资本的循环和增值过程。这两个阶段是统一的，投资的目的在于投资增值。资本的循环和增值的最终实现取决于企业产品的消费者对产品的接受和认可程度。由于旅游产品具有无形性，旅游者只有到达目的地并享用了旅游服务时，才能感受到旅游产品的使用价值，旅游产品的价值才能得以实现。对旅游产品质量的评价完全取决于旅游者个人的主观感受。同时，旅游产品不可储存，其生产和销售同时完成，产品价值的实现方式是唯一的。旅游产品的这些特性增加了价值实现的难度，也使旅游企业投资收益的不确定性更为突出。

（三）旅游企业投资管理的内容及原则

1. 旅游企业投资管理的内容

旅游企业投资管理就是为了获得最大的投资收益，而对投资活动进行计划、决策、组织、领导、控制和创新的过程。在这个过程中，旅游企业投资管理的主体是管理者，主要是投资活动的负责人；客体是投资活动；目的是获取最大的投资效益；手段是对投资活动的计划、决策、组织、领导、控制和创新。

按照投资管理的时序划分，旅游企业投资管理可分为三个部分：投资的先期管理，即筹资管理；投资的实施管理，即用资管理或狭义的投资管理；投资的回收管理，即回流管理。这三个部分又可称为投资的前期管理、中期管理和后期管理。

按照投资管理的内容可划分为：投资管理主体，包括从事投资决策的组织和个人；投资管理客体，包括投资管理风险环境、各种投资方式等；投资管理方法，包括理论分析、定性分析、定量分析等。

按照管理的职能划分，旅游企业投资管理可分为：投资的计划管理，包括投资目标的确定和投资计划的制订等；投资的决策管理，包括投资方式选择、投资组合决策、投资可行性分析、投资风险识别及规避、投资方案比较选择等；投资的组织管理，包括投资管理部门的设计人员的配备等；投资的领导管理，包括企业管理者和投资部门的管理人员对下属的激励、指导和影响；投资的控制活动，包括衡量投资的效益，发现偏差和纠正偏差的活动等。

2. 旅游企业投资管理的原则

旅游企业投资管理的关键和核心是投资决策。为了尽可能规避风险，获取投资的最大收益，进行投资决策时，必须遵循以下原则。

1）准确理解投资管理观念，正确做出投资决策。

2）科学地进行环境分析，及时地捕捉投资机会。

3）建立科学的投资决策程序，认真进行投资项目的可行性分析。

4）注重资金筹集，保证资金供应。

5）正确处理风险与收益的关系，适当控制投资风险，提高投资收益。

【知识链接】

我国旅游企业现行的五种投融资方式。

（1）成立旅游股份有限公司，上市筹集资金

股份有限公司是指全部注册资本由等额股份构成并通过发行股票（或股权证）筹集资本，公司以其全部资产对公司债务承担有限责任的企业法人。旅游企业可采取股份合作制、股份公司、股票上市的形式，逐步走上股份制企业经营的道路，进一步促进旅游业的快速发展。

（2）产业投资基金

产业投资基金是以个别产业为投资对象，追求长期收益为投资目标，不仅有为产业融通资金的目的，还有扶助该产业发展的目的。在实际应用中，多见于基础设施建设。如果能将产业投资基金应用于旅游业，不仅可以充分吸收社会闲散资金，还有利于分散银行风险，为投资者开辟新的投资渠道。产业基金已成为国外金融体系的核心，市场经济发达的国家已形成“大基金，小银行”的格局。该方式是近年来我国各省市旅游业运用的较普遍的投融资方式。

（3）旅游资产证券化

旅游资产证券化（ABS）是指旅游企业单位或金融机构将其能产生现金收益的旅游资产加以组合，然后发行成证券出售给有兴趣的投资人。借此过程，旅游企业单位或金融机构可向投资人筹措资金。它不分散企业控制权，而且相对债权融资又不会给旅游企业造成固定的负担，是一种非常高效的融资方式，特别是在旅游项目的前期投资中资金不足时。资产证券化有利于扩大旅游项目融资规模，增强融资吸引力。

旅游业受到国家政治、气候、季节等多方面因素的影响，旅游景区企业的信用等级不会太高，而旅游业的资源优势独一无二，具有垄断性，通过 ABS 可使旅游企业扬长避短，提高信用等级。

（4）BOT 融资

BOT（Build-Operate-Transfer），是项目融资的典型模式，即建设—经营—转让，是指

政府通过契约授予私营企业（包括外国企业）以一定期限的特许专营权，许可其融资建设和经营特定的公用基础设施，并准许其通过向用户收取费用或出售产品以清偿贷款，回收投资并赚取利润；特许专营权期限届满时，该基础设施无偿移交给政府。

BOT融资的实质，是将国家的基础产业项目建设和经营管理民营化，这样，可以把私营企业的经营机制引入基础设施建设中，提高基础设施项目建设和经营效率，减少项目对政府财政预算的影响，使政府能在自有资金不足的情况下仍能上马一些基建项目。BOT项目具有独特的定位优势、资源优势以及市场竞争地位，这种优势确保了投资者能获得稳定的市场份额和资金回报率。

（5）PPP融资

PPP（Private Public Partnership）融资是政府和私人合作的一种融资方式。该融资模式既不同于单独的政府融资，也不同于单独的民间融资，它是一个完整的项目融资概念，政府、营利性企业、非营利性企业基于某个项目而形成相互合作的关系。政府在引导旅游产业发展方向的同时，可以从民间筹集资金，既减轻了政府的财政负担，又保证了旅游产业的健康发展。

（资料来源：http://xueyuan.51zjxm.com/rongziqudao/20130907/5153.html，有改动。）

二、旅游企业战略管理

（一）企业战略管理的概念与原则

1. 企业战略管理的概念

企业战略管理有广义和狭义两种含义。广义的企业战略管理，是指运用战略对整个企业进行管理；狭义的企业战略管理，是指对企业战略的制定、实施、控制和修正进行的管理，使组织能够达到其目标的、跨功能决策的艺术与科学。

企业战略管理致力于对市场营销、财务会计、人力资源、生产作业、研究与开发、计算机信息系统进行综合管理，以实现企业的成功。企业战略管理的对象是企业及其全部活动，立足于企业发展中的未来和长远、整体的重大问题。

2. 企业战略管理的原则

1）适应环境原则。成功的旅游企业战略管理重视的是企业与其所处的外部环境的互动关系，其目的是使企业能够适应、利用甚至影响环境的变化。旅游企业战略管理要求企业必须随时监视和扫描内外部环境的震荡变化，分析机遇与威胁的存在方式和影响程度。旅游企业高层管理者在制定和实施企业战略的过程中，要清楚地了解哪些内外部因素影响企业，这些影响发生的方式、性质和程度，以便制定新的战略或及时对企业现行战略进行调整。

2）全过程管理原则。旅游企业战略管理要取得成功，必须将企业战略的制定、实施、控制、评价等看成一个完整的过程来加以管理，以充分提高这一过程的有效性和效率。

3）整体最优原则。成功的旅游企业战略管理，是将企业视为一个不可分割的整体来加以管理的，其目的是提高企业的整体优化程度。具体来说，企业战略管理不是强调企业某一个战略经营单位或职能部门的重要性，而是通过制定企业的宗旨、目标、战略和决策来协调各部门、各单位的活动，使之形成合力。

4）全员参与原则。企业战略管理不仅需要企业高层管理者的支持，而且也需要中下层管理者和全体职工的参与和支持。尤其是企业战略选择确定以后，企业战略的实施就在相当大的程度上取决于企业中下层以及全体职工的理解和支持。

5）反馈修正原则。企业战略管理的时间跨度一般在3年以上、5～10年以内。企业战略的实施通常包括一系列中短期行动计划，它们使战略在行动上具体化和可操作化。然而，企业战略的实施不会是一帆风顺的，只有不断地跟踪反馈才能确保企业战略的适应性。从某种意义上说，对现行战略管理的评价和控制是新一轮战略管理的开始。

（二）旅游企业战略管理的过程

根据现代战略管理理论，战略管理并不是只管理主要问题决策的过程，还要保证战略的实施并发挥作用。因此，战略管理是管理者的一个连续决策过程，以确保实现其使命和目标。战略管理的目标是使公司的资源与环境中的机会和威胁相一致。战略管理包括三个层次：战略分析、战略选择、战略实施与控制。

1. 战略分析

（1）环境审视

环境审视是企业日益重要的职能，它是对企业经营环境的分析，包括对组织内部优势和劣势（strengths and weakness）、外部环境机遇和威胁（opportunities and threats）的分析，即SWOT分析。SWOT分析是西方广为应用的一种战略分析方法，它可以提供组织决策和行动的必要信息，发现未来的机遇，避免威胁，从而使组织确定自己的使命，进行战略选择以及确定如何实现它们的目标。

如前所述，企业的外部环境包括一般环境和经营环境。外部环境存在于组织运作之外，组织通常无法改变或控制外部环境因素。尽管如此，一个企业必须持续、系统地审视环境变量，预期它们对企业最后财务状况的可能影响。企业外部一般环境包括政治、经济、社会、技术环境等因素，因此，外部一般环境审视也称为PEST（Political, Economic, Social, Technological）分析。企业经营环境是指对企业经营有更直接影响和作用的环境变量，企业管理行为通常会影响这些因素，它们是市场和消费者行为、行业竞争结构、竞争者、政府、供应商等。

外部环境审视是战略规划过程的组成因素，而内部环境审视是战略规划过程的组成部分，它是对旅游企业本身的优势和劣势进行评价。例如，饭店内部条件主要有饭店的经营目标、经营观念、饭店生产服务过程、财务状况、产品市场占有情况、管理系统、职工素质、有形设施、无形资产等。从旅游企业内部条件看，优势是一个组织在市场上赢得竞争优势的核心竞争能力，而劣势则会限制企业使命和长期目标的实现。系统的内部分析是对公司战略能力客观全面的审视，它将辨识组织的战略性强势和弱点，企业以此建立经营战略，突出竞争地位，达到预期利润。

（2）制定公司使命

战略形成过程就是企业确定其基本使命的过程，也就是企业试图实现的目标和决定如何使用企业资源，实现其目标的主要战略和政策的过程。确定公司使命的目的是确定组织未来发展的方向，使命说明了组织存在的原因，一个公司的使命使其经营有别于其他类似的企业，公司使用市场专业术语描述其经营范围，并以此确定资源的分配；使命应回答以下问题：我们的营业内容是什么？谁是我们的顾客？产品对顾客的价值是什么？我们的经营方向和将来怎样发展？因此，公司使命陈述将有助于实现两个目的：①组织的一切行为以此为目标；②组织行为评估以此为标准。

当环境条件变化时，企业需要改变或重新确定其使命，因此，一个组织必须定期评估其使命，以确保其合理性。一个公司的使命陈述通常是较宽泛的，区别于非常详细、具体的公司长期目标。一个典型的公司使命应反映其经营哲学、公司形象，表明公司提供的主要产品和服务，以及它的目标市场等。例如，温蒂快餐公司在 20 世纪 80 年代初的使命为提供高质量的汉堡包，有限的但有保证的菜单项目在一个高效、良好的气氛中给成人提供午、晚餐快餐食品；20 世纪 80 年代末的使命为以快捷、高效的方式给更关心价值的顾客提供高质、价优的食品。

（3）形成长期目标

公司的使命必须转换为具体、详细的指标和目标。长期目标是指组织选择与完成其使命的目标，目标必须明确“完成什么”和“何时完成”。其目标通常需量化为更精确的指标，基本的指标要有利润、销售收入的增长，以及市场份额的扩大和风险的分散等内容。无论制定怎样的目标，它必须是可衡量、可达到的，与公司整体使命相一致。确定长期目标同样受企业对外部、内部环境分析结果的影响。

2. 战略选择

在内外部环境分析、明确经营使命和目标之后，管理人员必须进行战略方案的评价与选择。战略选择是企业战略管理的核心。旅游企业可供选择的战略方案有扩张、维持、收缩等总体经营战略，迈克尔·波特的基本竞争战略等。例如，英国航空公司这样描述其战略，“在我们的许多市场中竞争都会加剧，我们要获得成功，主要依靠我们严格地控制成本的能力”“我们的战略是在全球范围内通过在有利可图的地方，建立营销联盟或在有足够资本收益率的地方，投资其他航线来扩张我们的核心业务”“保持使我们在竞争中领先的质量、革新和服务等……”

3. 战略实施与控制

（1）战略实施

战略的制定是为了实施，战略实施的重点在于：行政组织机构的设计，有效的领导方式、企业文化、管理信息系统、资源分配、评估和控制等，从而确保组织目标的实现。要保证战略的有效实施，首先要将企业总体战略分解成企业各层次和各方面的具体战略，如组织战略、营销战略、财务战略、人才战略、跨国经营战略、科技开发战略、协作战略等，而后通过发挥管理的各项职能，运用科学的方法、手段，利用合理的资源组合，分阶段、按步骤地来贯彻实施战略，使战略实施成为企业追求战略目标的实实在在的活动过程。

1）年度目标和各职能战略。战略实施起始于制定年度目标，年度目标将长期目标转换为年度应实现的目标，同时确定各职能战略，使既定战略转换为各经营单位在业务层次上的行动计划。

2）战略评估。战略实施过程的最后一个步骤是跟踪战略的实施情况，随时监督、指导和评估组织实施战略的情况。如果战略实施过程中出现外部环境或内部条件的重大变化，管理者必须对战略目标或方案做出必要的修正与调整。

（2）战略控制

与战略管理的三个层次相对应，组织内战略控制也有三个层次：战略层、管理层和经营层，三个层次的战略控制都要有反馈系统和评价标准。评价和控制的目的是纠正战略实施过程中偏离既定公司使命的情况，评价和控制成为下一个计划期战略规划的一部分。因此，战略管理是一个循环往复、持续不断的过程。

（三）旅游企业战略管理的内容

1. 旅游企业总体经营战略

旅游企业总体经营战略体系是一个多层次的逻辑系统，它至少可以分为决策层战略和作业层战略。前者是站在企业总体发展的高度来选择企业处于不同环境条件下或发展或维持或防御等不同战略，后者则是企业总体经营战略所规定的框架内，各个职能方面应采取的相应的子战略，如人力资源战略、组织战略、市场营销战略、财务战略等。

一般而言，旅游企业的总体经营战略有以下四种。

1）扩张战略。扩张战略是旅游企业积极扩大经营规模，充分发掘和运用企业内部的资源，投资新的事业领域，或通过竞争推动企业之间的联合与兼并，以促进企业不断发展的一种战略。这是一种从战略起点向更高水平、更大规模发动进攻的战略态势。

2）维持战略。维持战略亦称稳定战略，是企业在一定时期内对产品、技术、市场等方面采取维持现状的一种战略。即企业既不准备进入新的领域，也不准备扩大经营规模。这一战略的核心是在维持现状的基础上，提高企业现有条件下的经济效益。

3）紧缩战略。紧缩战略是企业经营严重滑坡，或经营状况不佳，在当前一定时期内缩小经营规模、压缩经营事业、取消某些产品的一种战略。这种战略一般适用于企业在经营环境中处于严重不利地位。

4）混合战略。混合战略是指企业交互使用扩张、维持、紧缩三种战略，用不同的战略配合不同环境，或者在不同的时期使用不同的战略。目前国际和国内的大多数旅游企业都采用混合战略。混合战略分为两类：一类是各种战略同时进行；另一类是按战略的先后顺序进行，如先稳定再增长，先增长再稳定，先紧缩再稳定，先增长再紧缩。

一般而言，当企业所面对的环境中各组成要素的变化速度不同，或者企业各事业部的业绩及发展不平衡时，采用混合战略对企业最为有利。

2. 旅游企业市场营销战略

旅游企业市场营销战略属于企业战略职能层次，并受企业总体经营战略的制约。旅游企业制定市场营销战略，必须掌握市场环境的发展变化，识别市场可利用的机会，充分利用自身的资源，满足目标市场的需求，从而实现企业既定的营销目标。旅游企业市场营销战略包括目标市场战略、营销组合战略和形象战略三种。

3. 旅游企业财务战略

财务战略是有关资金筹措、分配和运用的战略，包括资本投资战略、资本结构战略、资金融通战略、财务预算与控制战略、资产管理战略等。旅游企业财务战略管理的主要任务就是在充分认识现有资本市场的基础上，根据企业实际状况，选择投资方向，确定融资渠道和方法，调整内部财务结构，保证经营活动对资金的需要，以最佳的资本运作效果来帮助企业实现战略目标。

4. 旅游企业人力资源战略

旅游企业人力资源战略包括人力资源规划，员工的选拔、培训、考核及发展，劳资关系等。

【阅读小品】

“创新＋体验”打造海岛休闲旅游新模式——嵊泗列岛“跳岛游”

朝看泗礁晨海婀娜，午看花鸟风蓝，再归来，恰巧晚风清凉，夕色落海峰。2019 年 7 月 8 日 8 点 20 分，随着嵊翔 12 号一声汽笛，嵊泗列岛“跳岛游”首航正式启动，参加此次首航活动有来自全国各地的旅游达人、体验游客、网络博主及媒体共 120 人。“跳岛游”线路从泗礁岛出发，先后登岛游览古朴黄龙岛赏石屋石景，浪漫花鸟岛看百年灯塔千岛盛景，通过一天游程尽情领略嵊泗不同的海岛风光，体验渔村生活和渔俗文化。

“跳岛游”来源于英文概念 island hopping，是通过对海岛多点连线的组合选择，提供连续的海岛交通旅游服务。与传统海岛旅游不同的是，“跳岛游”依托于水上交通设计和落地服务组织，能够使游客在短时间内一次性达成区域内诸岛旅游目的，时间和费用更为经济，深受游客热捧。嵊泗列岛早在几年前便推出“跳岛游”试运营产品，此次推出的“跳岛游”新产品运营时间为 2019 年 7 月至 10 月，同时对各方面进行了“全面升级”，四个“更加”全面提升“跳岛游”产品档次和嵊泗列岛旅游业态水平。

1）设施更加健全。量身打造全新豪华客船嵊翔 12 号作为“跳岛游”产品的主要交通工具，可载客 120 人，环境舒适整洁，作为全市首屈一指的观光游船，内部装饰采用皮质沙发，Wi-Fi、USB 接口等便利设施齐全，三层敞开式游览空间，360° 欣赏海上风光，同时抗风等级达到 9 级，为游客提供更好的乘坐体验。

2）游程更加丰富。“跳岛游”产品线路从泗礁小菜园码头出发，先后海上游览了老鼠山、六井潭、和尚套景区，而后到达黄龙岛，分为两组游览赤膊山、元宝山及等地。午餐过后，体验团前往花鸟岛，游览花鸟灯塔、海上千岛观景平台、花鸟印象馆、灯塔陈列室等景点，最后回到泗礁岛。一天之内游览两个不同风格的海岛，尽览海岛风情。

3）服务更加优质。“跳岛游”产品力求最大限度提升游客体验感，抓服务重品质。从报名参加“跳岛游”开始到结束，线上线下温馨提示；从游船内到登岛观光，全程专人陪同，专车接送。各项贴心服务让游客旅途更加舒心愉悦。

4）玩法更加创新。嵊泗列岛“跳岛游”产品模式全省范围内仅嵊泗列岛独有，专船往返避免以往海岛之间游玩耗时过长，游玩景点有限等缺点。只需一个产品，一天时间，集景区游览、渔俗欣赏、网红打卡、饕餮海味于一体。

嵊泗列岛是全国唯一的国家级列岛型风景名胜区，404 个星罗棋布的岛礁为实施“跳岛游”奠定基础，全域旅游的发展和基础设施的改善也为“跳岛游”提供了更好的提升契机和发展机遇。此次“跳岛游”的推出，能够把具备旅游开发条件的岛屿组合成丰富的旅游产品，丰富产业形态，从而提升海岛旅游品质，助推全域旅游发展，也是嵊泗列岛打造“中国海岛旅游典范”的重要举措。

（资料来源：http://www.cntour2.com/viewnews/2019/07/10/bz6wvffkuwnNHSWxvDob0.shtml，有改动。）

单元十一 旅游企业服务质量管理

学习目标

◇知识目标：理解旅游企业服务质量管理的含义与意义，掌握旅游企业服务质量体系与标准，理解旅游企业服务质量控制方法。

◇能力目标：能运用全面质量管理方法分析旅游企业服务质量问题，能初步运用旅游服务质量评价与控制方法。

◇素质目标：激发学生对旅游企业服务质量管理的认知，熟悉旅游企业服务质量管理的方法。

学习任务一 旅游企业服务质量管理概述

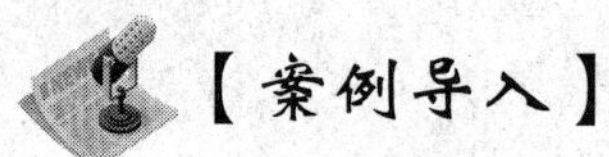

【案例导入】

《旅游法》禁止购物、自费游促使旅行社提高服务质量

2013 年 10 月 1 日《旅游法》实施后，购物、自费游览等环节被禁止，旅行社的利润空间趋于透明，如何提高旅游产品品质及服务质量，成为竞争新趋势，“慢游”产品渐成新宠。

在传统的旅游产品中，同一条线路会因有无购物环节和住宿档次的不同而分为常规团和品质团。因成本导致的价格差异较大，高端定制旅游产品并不多见，而目前，在低价团逐渐淡出的情况下，“慢游”产品应运而生。

“没有零团费和低价竞争，旅行社的职能便回归到了最初，就是负责协调好旅游中的各个环节要素，提供服务。”港中旅国际新疆旅行社公民中心经理赵颖路认为，未来旅行社的核心竞争点，就在于服务和细节。

以台湾游为例，目前的品质团和常规团的差异主要在于食宿，而未来可能会发展到定制小包团、主题活动游等多种类型。

记者发现，港中旅国际新疆旅行社已经推出过以中秋赏月和跨年祈福迎新为主题的旅游团。据该旅行社的收客记录显示，都是提前几个月就订满。

新疆资深旅游人士张丹林认为，“慢游”不是自由行，它依然属于跟团旅游。但它既保留了观光旅游的内核，又追求更独到的旅游体验。

对于“慢游”，刚刚从泰国回来的姜艳感触颇深，跟团旅游的走马观花和紧凑行程令她全程“疲于奔命”，到了第三天她申请放弃跟团。“慢下来，才真正是旅行。”姜艳说，放松身心感受另一种生活才是自己出游的目的。

（资料来源：http://www.xjdaily.com.cn/xinjiang/002/989656.shtml，有改动。）

启示：

《旅游法》的实施，引导旅游企业回归到以服务作为竞争的本质上来，旅游企业在提高服务质量管理水平，提升服务质量方面的成绩，将直接影响到企业的生存。

一、质量管理概述

（一）质量管理理论的发展

质量管理的概念来源于工业的质量管理概念。质量管理开始于工业企业，进入20世纪70年代，随着人们认识水平的不断深化，特别是在世界范围内推行质量管理的实践活动，促进了质量管理的发展。质量管理理论发展至今，经过了三个发展阶段。

1. 检验质量管理阶段

20世纪初到20世纪30年代末，人们对质量管理的了解还限于对产品的质量检验。其显著特点是由检验员对产品进行全数检验，事后把关。20世纪初，泰勒首先把质量检验作为一道专门的工序，从加工制造中分离出来，成为科学管理的一项重要内容。这一时期的质量管理称为“检验员的质量管理”。它的产生促进了产品质量的提高和经济效益的增长，但属于“事后把关”，缺乏预防、控制作用，而且质量仅仅是产品的质量。

2. 统计质量控制阶段

统计质量控制阶段的显著特点是运用数理统计和概率论找出产品质量规律，防止不合格产品的产生。这一阶段是从第二次世界大战开始的，由于战争的需要，美国军工生产部门广泛应用数理统计方法进行生产过程中的工序控制，以保证武器弹药的质量，战后，统计质量控制被日本、西欧一些国家广泛用于民品生产。统计质量控制过分强调统计方法的应用，忽视组织管理工作，质量的概念仍局限于产品本身的质量，在一定程度上限制了它的普及和推广以及作用的充分发挥。

3. 全面质量管理阶段

全面质量管理阶段始于20世纪50年代末60年代初，是科技和现代化工业发展的必然产物。第二次世界大战以后，随着科技的进步和市场竞争趋于激烈，影响产品质量的因素越来越复杂，产品更新换代的速度大大加快，用系统的观点分析、研究、解决质量问题已成为客观要求。1961年，美国通用电气公司的费根堡姆（A.V. Feigenbaum）的《全面质量管理》一书的出版，标志着质量管理进入了全面质量管理阶段。

（二）全面质量管理的基本内容

1. 全面质量管理的定义

国际标准化组织（ISO）给全面质量管理所下的定义："一个组织以质量为中心，建立在全员参与上的一种管理。其目的是通过顾客、本组织成员和社会受益来达到长期成功。"

2. 全面质量管理的具体内容

1）全面质量管理是要求全员参加的质量管理。要求全体职工树立质量第一的思想，各部门各层次的人员都要有明确的质量责任、任务和权限，做到各司其职，各负其责，形成一个群众性的质量管理活动，尤其是要开展质量管理小组活动，充分发挥广大职工的聪明才智和当家做主的主人翁精神，把质量管理提高到一个新水平。

2）全面质量管理的范围是产品或服务质量的产生、形成和实现的全过程，包括从产品的研究、设计、生产（作业）、服务等到全部有关过程的质量管理。任何一个产品或服务的质量，都有一个产生、形成和实现的过程，把产品或服务质量有关的全过程各个环节加以管理，形成一个综合性的质量体系。做到以预防为主，防检结合，不断改进，做到一切为用户服务，以达到用户满意为目的。

3）全面质量管理要求的是全企业的质量管理。可从两个方面来理解，首先从组织管理角度来看，全企业的含意就是要求企业各个管理层次都有明确的质量管理活动内容。上层质量管理侧重于质量决策，制定企业的质量方针、目标、政策和计划，并统一组织和协调各部门各环节的质量管理活动；中层质量管理则要实施领导层（上层）的质量决策，运用一定的方法，找出本部门的关键或必须解决的事项，再确定本部门的目标和对策，更好地执行各自的质量职能，对基层工作进行具体的业务管理；基层质量管理则要求每个职工都要严格地按标准及有关规章制度进行生产和工作。这样一个企业就组成了一个完整的质量管理体系。其次从质量、职能上来看，产品或服务质量职能，是分散在全企业的有关部门的。要保证和改善产品或服务质量，就须将分散在企业各部门的质量职能充分发挥出来，都对产品或服务质量负责，都参加质量管理，各部门之间互相协调，齐心协力把质量工作做好，形成全企业的质量管理。

4）全面质量管理要采取多种多样的管理方法，广泛运用科学技术的新成果。要尊重客观事实，尽量用数据说话，坚持实事求是，科学分析，树立科学的工作作风，把质量管理建立在科学的基础之上。

以上所说的四个方面的要求，可归纳为"三全一多样"，都是围绕着"有效地利用人力、物力、财力、信息等资源，生产出符合规定要求和用户期望的产品或优质的服务”这一企业目标。这是我们推行全面质量管理的出发点和落脚点。

3. 全面质量管理的基本要求

1）以人为主体。影响服务质量特性的诸因素中，人的因素是首要因素，实行全面质量管理的关键在于发动全体员工广泛参与，不断提高企业全体人员的素质，使人人都了解企业质量方针和目标，参与质量管理。正如国家标准 GB/T 19004.2-ISO 9004—2《质量管理和质量体系要素第二部分：服务指南》（以下简称《服务指南》）指出的那样：“任何组织中最重要的资源是该组织中的每一个成员。这对一个服务组织尤为重要，组织的每一个成员的行为和业绩都直接影响服务质量。”全面质量管理同传统质量管理只注重发挥少数专家的作用和片面强调对人的活动加以严格限制的做法是有本质区别的。

2）系统管理思想。系统是由若干相互联系、相互影响、相互制约的诸因素组成的有机整体。全面质量管理应使企业的质量管理活动形成一个闭环管理系统，对影响质量特性的各种因素如人、设施、材料、能力、环境等方面进行综合治理，全员、全方位、全过程都开展质量管理，建立和健全质量体系。《服务指南》为服务质量的系统管理提供了一个指导性的依据。

3）满足顾客和社会的需要。“顾客是质量体系的焦点”，满足顾客和社会的需要，是全面质量管理的“基本出发点”，离开了满足顾客和社会需要，全面质量管理就失去了意义。当前，特别应注意当顾客的需要与社会的需要发生矛盾时，应首先满足社会的需要。例如，商业活动中顾客要求开假发票等，都是与公共道德和职业标准相违背的，必须加以禁止，这是符合企业的长远利益需要的。

4）预防为主。“预防为主”的管理是《服务指南》一再强调的观点，也是全面质量管理与传统质量管理的重要区别点。“预防为主”就是要变“事后把关”为“事前预防”为主，把“管结果”变为“管过程”和“管因素”，使质量问题消失在质量的形成过程中，做到防患于未然。正如《服务指南》所强调的那样：“质量体系应该强调预防性活动以避免发生问题，同时在一旦发生故障时，不丧失作出反应和加以纠正的能力。”

全面质量管理认为，一个企业的服务质量和管理水平不能永远停留在原有的水平上。随着社会经济的发展和人们需求观念的变化，质量管理水平将循着保持、改进和飞跃的轨迹螺旋上升。企业的管理者必须具有强烈的“问题意识”和“改进意识”，将规范性服务同针对性服务相结合，不断提高产品和服务质量。

4. 全面质量管理的基本工作程序——PDCA 循环

1）PDCA 循环的含义。PDCA 是由计划（plan）、执行（do）、检查（check）和处理（action）的第一个字母组成的，PDCA 循环就是在全面质量管理中按照计划、执行、检查、处理的顺序进行质量管理，并且循环不止地进行下去的科学程序。它是由美国质量管理专家戴明博士首先提出的，因此又被称为戴明环。PDCA 循环是全面质量管理所应遵循的科学程序。全面质量管理活动的全部过程，就是质量计划的制订和组织实现的过程，这个过程就是按照 PDCA 循环，不停顿地周而复始地运转的。ISO 9001 标准要求按照这种方法来进行质量管理活动，不断地改进与解决质量问题，实施持续改进，不断增强组织满足质量要求的能力。

2）PDCA 循环的基本程序。PDCA 循环的基本程序可分为四个阶段、八大步骤，具体如下。

① 计划阶段。共有四个步骤。

第一步：分析现状，找出存在问题。

第二步：分析产生问题的原因。

第三步：从众多原因中，抓住主要原因（主要矛盾）。

第四步：针对主要原因制定对策（计划）。

② 实施阶段。这一阶段只有一个步骤。

第五步：按第一阶段的计划要求，执行各项规定的措施。

③ 检查阶段，这一阶段也只有一个步骤。

第六步：检查实施后的情况。

④ 总结处理阶段。这一阶段共有两个步骤。

第七步：总结经验和教训。

第八步：处理遗留问题。

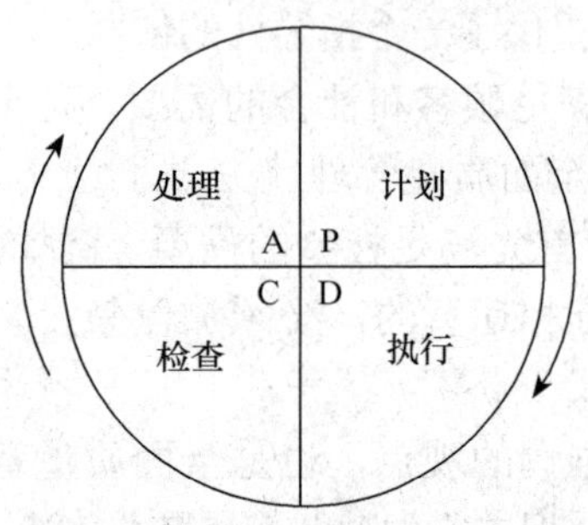

图 11.1　PDCA 循环的四个阶段

3）PDCA 循环的特点。

① 循环过程。PDCA 循环一定要按顺序进行，它靠组织的力量来推动，像车轮一样向前进，周而复始，不断循环，如图 11.1 所示。

② 大环套小环。企业每个部门直至个人的工作，均有一个 PDCA 循环，类似行星轮系，一个公司或组织的整体运行的体系与其内部各子体系的关系，是大环套小环的有机逻辑组合体，通过小环的循环，推动大循环，如图 11.2 所示。

③ 步步高。每通过一次 PDCA 循环，都要进行总结，提出新目标，再进行第二次 PDCA 循环，使质量管理的车轮滚滚向前。PDCA 每循环一次，质量水平和管理水平均提高一步，如图 11.3 所示。

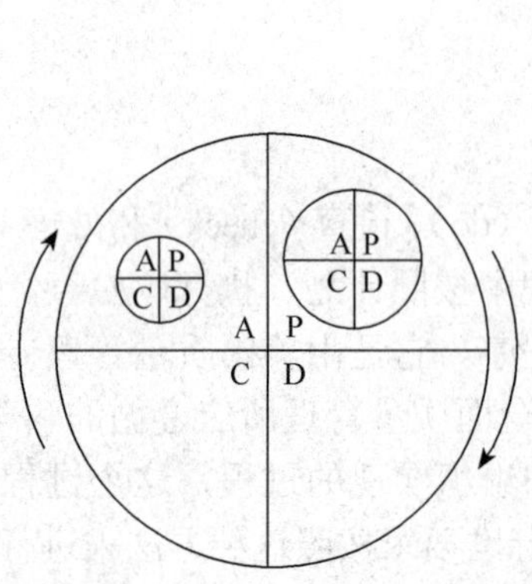

图 11.2　PDCA 循环的大小环关系

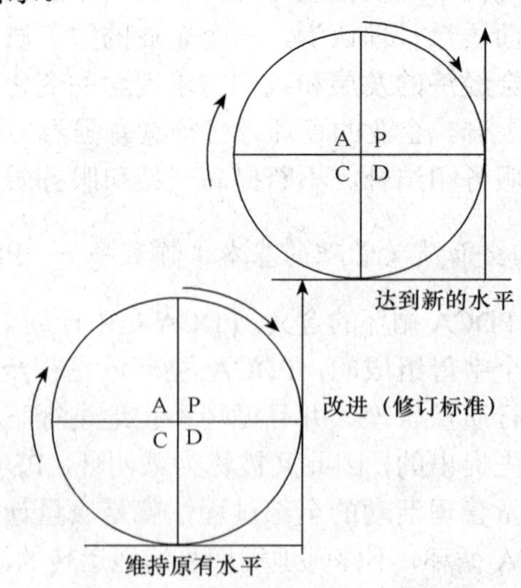

图 11.3　PDCA 循环提高示意图

【阅读小品】

全面质量管理的典范：里兹-卡尔顿（Ritz-Carlton）集团发展概况

里兹-卡尔顿饭店管理公司是一家闻名世界的饭店管理公司，其主要业务是在全世界开发与经营豪华饭店。总部设在美国亚特兰大。里兹-卡尔顿公司的创始人恺撒·里兹被称为世界豪华饭店之父。他于1898年6月创立了巴黎里兹饭店，开创了豪华饭店经营之先河，其豪华的设施、精致而正宗的法餐，以及优雅的上流社会服务方式，将整个欧洲带入到一个新的饭店发展时期。随后凯撒·里兹于1902年在法国创立了里兹-卡尔顿发展公司，由它负责里兹饭店特许经营权的销售业务，后被美国人购买。

与其他的国际性饭店管理公司相比，里兹-卡尔顿饭店管理公司虽然规模不大，但是它管理的饭店却以最完美的服务、最奢华的设施、最精美的饮食与最高档的价格成了饭店中的精品。

1. 全面质量管理精髓

里兹-卡尔顿饭店的成功与其服务理念和全面质量管理系统密不可分。里兹-卡尔顿饭店的服务理念都来源于这个品牌的创始人凯撒·里兹先生，引入他的服务理念对美国豪华饭店的发展提供了一整套新的观念。

今天，“里兹”已经成为豪华和完美的代名词。在《新英汉词典》中，它的中文注释是：极其时髦的、非常豪华的。里兹-卡尔顿饭店在其服务理念的指导下，于1992年，作为饭店业中的第一个也是唯一的一个获得了“梅尔考姆·鲍尔特里奇国家质量奖”。这项奖是在美国国会授权下，以美国前商业部长命名，由美国国家技术与标准学会设立的最有权威的企业质量奖。全面质量管理最初是在生产领域产生并得以应用的，其基本含义包括以下四个方面：第一，强烈地关注顾客；第二，坚持不断地改进；第三，改进组织中每项工作的质量；第四，精确地度量。

2. 全面质量管理的指导方针

质量管理始于公司总裁、首席经营执行官与其他13位高级经理，无论总经理还是普通员工都要积极参与服务质量的改进。高层管理者要确保每一个员工都投身于这一过程，要把服务质量放在饭店经营的第一位。高层管理人员组成了公司的指导委员会和高级质量管理小组。他们每周会晤一次，审核产品和服务的质量措施、宾客满意情况、市场增长率和发展、组织指示、利润和竞争情况等，要将其四分之一的时间用于与质量管理有关的事务，并制定两项策略来保证其市场上的质量领先者的地位，其中一项质量策略就是“新成员饭店质量保证项目”，高层管理者确保每一个新成员饭店的产品和服务都必须满足集团的顾客的期望。这一项目始于一个叫“7天倒计时”的活动，高层经理亲自教授新员工，所有的新员工都必须参加这项活动，公司总裁向员工们解释公司的宗旨与原则，并强调100%满足顾客的需求。100%满足顾客是里兹-卡尔顿高层管理人员对质量的承诺。具体来说，公司遵循下列五条指导方针：①对质量承担责任；②关注顾客的满意；③评估组织的文化；④授权给员工和小组；⑤衡量质量管理的成就。

3. 全面质量管理的黄金标准

1）信条：对里兹-卡尔顿饭店的全体员工来说，使宾客得到真实的关怀和舒适是其最高的使命。

2）格言：“我们是为女士和绅士提供服务的女士和绅士。”这一座右铭表达了两种含义：一是员工与顾客是平等的，不是主人和仆人，或上帝与凡人的关系，而是主人与客人的关系；二是饭店提供的是人对人的服务，不是机器对人的服务，强调服务的个性化与人情味。

3）里兹-卡尔顿饭店将其服务程序概括为直观的三部曲，它们是：

① 热情和真诚地问候宾客，如果可能，做到使用宾客的名字问候；

② 对客人的需求做出预期和积极满足宾客的需要；

③ 亲切地送别，热情地说再见，如果可能，做到使用宾客的名字向宾客道别。

4）基本准则：具有里兹特色的服务战略——注重经历，创造价值。

全面质量管理使里兹-卡尔顿在竞争中处于有利位置，同时它在营销方面也不甘落后，采取一些有效的营销战略，使其经营管理更加面向顾客，它强调顾客的特殊活动，并通过其富有创造性的营销活动为顾客创造价值。

里兹-卡尔顿公司通过对质量的严格管理取得了成功，它那枚由凯撒·里兹先生亲手设计的徽章走向了世界，由象征着财源的狮子头与英国皇家标记皇冠组合而成的图案代表着里兹-卡尔顿的胜利越来越多地出现在我们的生活中。

（资料来源：http://www.gerenjianli.com/Mingren/14/9ed5n084k8.html，有改动。）

思考与讨论：

结合本地酒店服务质量管理，谈谈里兹-卡尔顿公司的管理对酒店发展的作用。

二、旅游服务质量管理

（一）旅游服务质量的概念

所谓旅游服务质量，是指旅游服务满足旅游者旅游消费所具备的属性和特性，它包括满足旅游者的物质消费和精神消费两个方面。正如其他一切商品也提供自己的特殊使用价值一样，旅游服务是旅游经营部门为旅游者提供的商品的使用价值，它由有形形态和无形形态两部分构成，它不仅是物，而且是活动。

由于旅游业的服务质量一般都在旅游直接经营部门为旅游者提供旅游服务的过程中集中地得到反映，因此，旅游服务活动的质量综合反映了旅游业的管理水平。据此，旅游服务质量的含义既包括服务设备、设施的质量，也包括服务劳动的质量，即服务技巧和服务态度。

（二）旅游服务质量管理的内容

旅游服务质量管理以提高服务质量为宗旨，综合运用现代管理手段和方法，通过建立完善的服务质量标准和体系，不断提高旅游服务质量的管理活动。其质量管理工作主要包括以下几个方面。

1. 服务质量标准管理

没有规矩，不成方圆；没有标准，不成规范。旅游服务质量标准管理既是确定服务质量的奋斗目标，又是规定服务质量的准则和依据。其管理工作包括制定旅游系统各企业、各部门、各环节具体服务的质量标准；明确服务质量标准的客观依据；贯彻实施质量标准和检查评定服务质量等级；发现与纠正服务质量标准管理中存在的问题。

2. 服务质量人员管理

旅游服务质量的标准、程序和服务操作等都是由企业职工创造的。人是服务质量管理中最积极、最活跃的因素，是提高服务质量的关键。其管理工作以调动全体人员，特别是服务人员的主动性、积极性为基本出发点。要大力加强人员培训，提高人员素质，动员全体职工都来参与服务质量管理，培养和树立强烈的服务意识，开展职业道德、服务技能、语言技巧、礼节礼貌、着装仪表和服务操作等教育、培训工作，使全体人员都能熟悉和掌握服务质量标准和操作方法，并按照质量标准的要求为客人提供各项服务。

3. 服务质量过程管理

围绕客人从事旅游活动全过程及其在不同旅游企业所需要的各种服务，自始至终从事质量管理活动。服务质量过程管理包括服务准备、客源组织、迎接客人、现场服务、后勤保障、告别客人和善后工作等各个环节的服务质量。它是全员、全过程、全方位的。每一个环节的服务质量管理都应以服务质量标准为依据，形成标准化、规范化的服务操作，以保证各项服务所提供的使用价值达到规定的质量标准。

4. 服务质量保障管理

旅游服务质量都是以设施、设备、环境和服务用品等质量为基础的。各旅游企业的后勤保障工作如何，直接影响服务质量能否达到规定的标准。服务质量保障管理必须建立健全后勤保障系统，牢固树立后台为前台服务的思想，将设施设备质量、服务用品质量、实物产品质量和环境质量同无形服务质量结合起来。在后勤保障服务中要首先坚持质量标准，保证设施完备完好，服务环境美观舒适，服务用品齐全规范，确保前台服务供应。

5. 旅游服务心理管理

旅游服务质量高低最终取决于客人的满意程度。它受客人的心理因素影响较大，而企业职工的服务心理又直接影响服务操作和服务质量。为此，要做好管理心理学和服务心理学教育培训工作，研究客人的心理需求、心理变化，将心理学、行为科学、社会学和美学知识运用于旅游服务质量管理之中，针对服务人员的心理，调动员工积极性，针对客人的消费心理和需求变化，坚持服务质量标准，有针对性地提供服务，使客人获得物质和心理满足。

【案例分析】

海底捞服务

海底捞来自四川简阳，创建于 1994 年，以经营川味火锅为主。在 20 多年的时间里海底捞获得了很快的发展，如今，在北京、西安、郑州、上海等全国各大城市，都可以看到海底捞的身影。

提到海底捞，最令人津津乐道的是这家火锅店的服务。服务成了海底捞吸引消费者光临的一大核心竞争力，也是海底捞获得持续发展的一大关键因素。

海底捞的服务不仅仅体现于某一个细小的环节，而是形成了从顾客进门到就餐结束离开的一套完整的服务体系。

海底捞的服务之所以让消费者印象深刻，就在于将其他同类火锅店所存在的普遍性问题通过服务的形式予以了很好的解决，比如说在就餐高峰的时候，很多火锅店都需要排队等位子，而一般的火锅店都是让顾客在那里“干等”，很少提供相关的服务，这样难免会让一些心急的顾客流失。

而海底捞就不同，它会在顾客等候的时候提供一些让人感觉很温暖、很温馨的服务，如免费为顾客送上西瓜、苹果、花生、炸虾片等各式小吃，还有豆浆、柠檬水、薄荷水等饮料，同时，顾客在等待的时候还可以免费上网，甚至女士可以在等待的时间免费修理指甲等。

正因为如此，很多顾客甚至很乐意在海底捞排队等位置，这也无形中形成了海底捞的一个服务招牌，从而有效地挽留了客源。

看起来是十分小的事情，但这个时候却让顾客感觉到了海底捞的不同之处，不让等候的顾客流失，也有效地提升了海底捞的营业额。

除了等位服务之外，在点菜、就餐期间，海底捞也是无处不体现出服务的细节。例如，客人点菜期间，很多顾客为了面子特别是在请朋友吃饭的时候会点很多的菜品，换成一般的餐饮店，客人点的菜越多越好，但海底捞的服务员会对客人进行善意的提醒，让客人感觉很温暖，面子上也过得去，让顾客感觉到店家为自己着想，更增添了对海底捞的好感度。

同时，在就餐期间，海底捞也会提供比较细致周到的服务，如多次为顾客更换热毛巾，为女士提供发夹防止头发掉落，为顾客提供手机套，防止手机进水，为顾客提供就餐围裙等，总之都是一些小细节，但这些细节组合起来就形成了一套服务体系。

另外，海底捞在店内建立了专供儿童玩乐的场所，这样做是让带儿童前来就餐的父母们能够专心用餐，而不用担心小孩破坏就餐的氛围，甚至海底捞的服务员还可以带这些小孩玩，喂饭给小孩吃，充当了这些孩子的临时性“保姆”。

在卫生间，海底捞设有专人，客人洗手后会立刻递上纸巾，让顾客感觉仿佛到了星级酒店一样，这与很多火锅店一比较，顾客的感受自然不同。

还有就是在就餐后，海底捞和其他的餐饮店的做法一样，会送上一个果盘，但如果客人提出要求说再要一个，海底捞的服务员也会热情地为你送上。

虽然有些服务会增加一点点海底捞的运营成本，但这种付出是值得的，与稳定的顾客源、不断扩大的忠实消费群及品牌的美誉度相比较，这种投入产出是十分合算的，这也正是海底捞的聪明之处。

（资料来源：http://www.canyin168.com/glyy/cygl/ctfwlc/201011/25467.html，有改动。）

点评：

海底捞优质的服务成为其核心竞争力之一，也成了海底捞的特色招牌之一。更为重要的是，海底捞的服务建立起了一整套完善的体系，给顾客留下了深刻的印象，说到海底捞，很多人都会说“服务不错。”海底捞服务品牌赢得了顾客的认可，并且形成了口碑效应，很好地为品牌加分。

（三）旅游服务质量管理的过程

旅游服务质量管理是全过程的管理，可分为四个阶段。

1. 第一阶段：旅游服务预备管理

这一阶段主要是旅游企业在直接接待旅游者进行旅游活动之前，对各种准备工作的服务质量管理。包括对旅游企业经营之前各项准备工作的质量管理，如旅游饭店的建设设计，外观风格和内部装潢；旅游设备、设施的选择购置；旅游点的选定、开发和可行性研究；旅游路线的设计；服务项目的安排……除此之外，还包括对每一服务项目准备工作的质量管理，如旅游饭店接待客人到来之前各项准备工作的质量管理；旅游车、船队在驾驶之前各项准备工作的质量管理；旅行社团队接待前的各项准备工作的质量管理。

2. 第二阶段：旅游服务过程的质量管理

这一阶段主要指旅游企业在直接接待旅游者旅行游览过程中，各项服务工作的管理。包括旅行社全陪和地陪的游览向导服务、翻译讲解服务、生活安排服务、安全保证服务的管理；旅游饭店总服务台服务、客房服务、餐饮服务、物资供应服务等的管理；旅游车船队的客运服务、物品运输服务等的管理；旅游商店的商品供应服务、包装服务、代运服务。此外，还包括民航、铁路、公路、水路等社会交通运输部门为旅游者服务过程的管理，邮电通信、银行、海关、保险、医疗单位涉及旅游者服务过程的管理等。这一阶段是主要环节，影响服务质量目标的实现一般都在提供服务过程的阶段。

这个阶段要求控制五个因素的质量。

1）服务人员、导游人员及管理人员等各类人员的素质，包括经营思想、服务思想、操作水平、仪表仪容，它直接涉及服务技巧和服务态度。

2）旅游设施和设备的完好程度。设备和设施在使用过程中的完好程度是保证物质服务质量的关键，它直接关系到能不能在实际上充分满足旅游者的需要。

3）各类物品的质量，包括旅游客房的物料，餐厅的食品、饮料，以及手工艺品、轻工业品、纪念品等。

4）各种操作方法的规格化、规范化，即都要有统一的质量标准。

5）环境的卫生、清洁和美化等。

3. 第三阶段：对协作单位服务质量的管理

对于依靠外部提供的设施和物品，要在未提供之前，与供应单位共同商量生产和提供优质的设施和物品，也就是要把质量管理工作做到协作单位去，这样既可避免由于外部质量管理不善对旅游业服务质量的影响，又可避免旅游业内部从业人员个人受惠于服务质量不好的经营单位，而不顾旅游者利益和旅游企业信誉的情况发生。

4. 第四阶段：旅游服务后质量管理

这一阶段主要是指通过意见卡、留言簿、投诉信、座谈会，以及其他各种各样的方式，听取和吸收旅游者的意见，掌握旅游交通、住宿、餐饮、导游、购物等各项旅游服务的反馈信息，用以分析研究旅游服务质量的适应性，以便总结经验教训，克服薄弱环节，进一步提高服务质量。

【案例分析】

陈女士的经历

陈女士是B城市喜来登酒店出色的餐饮部经理，喜来登向她提供了领导技能、培训员工的技能、沟通与展示、激励下属员工、餐饮管理等方面的培训。经过几年实践，她深知“没有不好的员工，只有不合格的管理者”这个道理。她尊重员工，认为只有为员工提供学习与提高的机会才能调动员工的积极性。同时，她本身也以身作则，关注理解顾客的需求。

后来，陈女士被派往D城市的G饭店协助饭店进行餐饮部的管理。上任的第一天，当她在人事部门经理陪同下走进能容纳400人进餐的中餐厅时惊讶地发现，近20名服务员（包括一名领班）在刚刚结束早餐服务的餐厅里尽情享用本该是客人享用的食品，而餐厅开餐后的杯盘狼藉尽收眼底。陈女士没有说什么，在当天的餐厅例会上发表20分钟的就职演说时也没有提及早餐的事。在3天后的员工第一次培训时，陈女士强调了饭店的纪律，但还是没有对3天前的事提出批评。她认为，员工都是有觉悟的，惩罚只会伤害他们的自尊心，她想用管理原饭店的方法来处理问题。但随着时间的推移，员工不断发生违纪问题和服务不规范怠慢客人的问题，陈女士仍以加强培训（由一周一次改为一周三次）来处理，但并没有解决根本问题。

其实，陈女士在新环境中应该意识到，不能套用老饭店的管理方法，单纯地信任和尊重员工不足以建立良好的纪律。在制度管理中，不能忽视“奖优罚劣”，必须做到有功必奖，有过必罚，小过即改，既往不咎，制度面前人人平等。对优秀员工要奖，对犯规员工也要罚。饭店服务需要标准化，而严格是标准化的保证。陈女士经过反思后，在加强培训的同时，加强了现场管理，发现问题及时纠正和帮助，并加强奖罚的力度。不久，G饭店的餐饮服务就发生了很大变化，客人和管理层都对陈女士的管理加以了肯定。

（资料来源：http://www.tczj.net/jp/hm/test2.asp，有改动。）

思考与讨论：

陈女士的行为为什么没有引起员工的自我反省？这个案例对从事酒店管理工作有何借鉴意义？

学习任务二 旅游企业服务质量管理评价

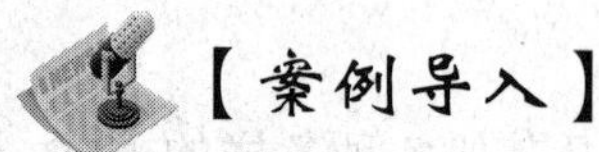
【案例导入】

旅游服务可以标准化吗

2009年5月30日，国家标准化管理委员会正式下达2009年度国家级服务业标准化试点项目通知；2010年6月，中青旅控股股份有限公司成为国家旅游局确定的首批全国旅游标准化试点单位之一。

经过一年多的标准化实践，中青旅梳理了公司30多年形成的经验，基本建立了一套有中青旅特色的旅游标准化服务体系。

“标准化的内核就是从客户需求出发”。标准化建设需要以客户需求为源头进行追溯，从游客萌生旅游意愿、咨询、到店购买、体验旅游服务、反馈、投诉的全流程来设计标准化体系。

按照游客不同的需求，中青旅划分不同的层次来进行标准的梳理：度假更侧重文化的挖掘；观光更注重“地接”旅行社在吃、住、行上的安排与服务；自由行的游客需要丰富的目的地服务和专业的旅游咨询。

按照不同的销售渠道，中青旅又有不同的标准化方案：实体连锁店销售的是时间和空间，需要对店面装修、店员服务提出高要求；呼叫中心销售的是时间，更强调分享，需要客服人员迅速了解、掌握客人的核心诉求；电子商务销售界面，其标准化和服务体系的搭建又不一样，更注重引入和提升用户体验，需要形成消费者流畅的购买过程。

通过梳理，中青旅将多年的经验转化成了知识，将规范转化成标准，把初步成果化的标准印制成《导游领队服务手册》《呼叫中心服务手册》《销售服务手册》三个单行本，使服务质量管理有据可依、有章可循，通过统一的品牌、统一的网站和客服电话、统一的信息系统、基本统一的产品和服务面向市场、面向消费者，来建立高效、统一的专业化服务体系。

（资料来源：http://paper.ce.cn/jjrb/html/2011-08/04/content_162464.htm，有改动。）

启示：

为了满足顾客和社会明确或隐含的需要，必须将旅游服务的需要转化为定量或定性的具体特性项目及其指标来体现，并做出相应的规定，这需要建立旅游服务质量标准化体系。

一、服务质量标准

（一）标准的概念

根据《中华人民共和国标准化法》的规定，标准是指农业、工业、服务业以及社会事业等领域需要统一的技术要求。标准包括国家标准、行业标准、地方标准和团体标准、企业标准。国家标准分为强制性标准、推荐性标准，行业标准、地方标准是推荐性标准。强制性标准必须执行。国家鼓励采用推荐性标准。

1. 国家标准

国家标准是对需要在全国范围内统一的技术要求，由国务院标准化行政管理部门制定，如通用术语、代号、文件格式、制图方法和互换配合等通用要求；保障人体健康和人身财产安全的技术要求；通用试验、检验方法和通用管理技术要求等。国家标准 GB/T 19004.2-ISO 9004—2《质量管理和质量体系要素第二部分：服务指南》（以下简称《服务指南》）即属国家标准。《服务指南》等同采用了国际标准 ISO 9004—2，这意味着国家标准在技术内容和编写方法上完全对应国际标准，可以和国际惯例完全接轨。

2. 行业标准

行业标准是对没有国家标准而又需要在全国某个行业范围内统一的技术要求。由国务院有关行政主管部门制定，并报国家标准化主管部门备案。例如，1988 年版的《中华人民共和国旅游涉外饭店星级标准》即属行业标准。当然，该行业标准已由中华人民共和国国家标准 GB/T 14308—2010《旅游饭店星级的划分与评定》所代替。

3. 地方标准

地方标准是对没有国家标准和行业标准而又需要在省、自治区、直辖市范围内统一的工业产品的安全、生产要求。由省、自治区、直辖市标准化行政主管部门制定，并报国务院标准化行政主管部门和国务院有关行政部门备案。

4. 团体标准

国家鼓励学会、协会、商会、联合会、产业技术联盟等社会团体协调相关市场主体共同制定满足市场和创新需要的团体标准，由本团体成员约定采用或者按照本团体的规定供社会自愿采用。制定团体标准，应当遵循开放、透明、公平的原则，保证各参与主体获取相关信息，反映各参与主体的共同需求，并应当组织对标准相关事项进行调查分析、实验、论证。国务院标准化行政主管部门会同国务院有关行政主管部门对团体标准的制定进行规范、引导和监督。

5. 企业标准

企业标准是指当没有国家标准和行业标准时，在企业内部适用的标准。国家鼓励企业制定自己的标准，企业的产品标准需报当地现有的标准化主管部门和有关行政主管部门备案。这里应注意的是下级标准不得与上级标准相抵触。

（二）服务业的标准分类

服务业的标准，按其性质可以分成三大类。

1. 工作标准

工作标准是对各部门、各类人员的基本职责、工作要求、工作程序、考核办法所做的规定，是衡量工作质量的依据和准则，是岗位责任制和职责条例的深化和发展，比岗位责任制和职责条例更具体、更科学，也更便于掌握。

2. 技术标准

技术标准是从事生产、商品流通、服务工作的共同技术依据，是对生产条件、生产对象、生产（服务）方法所做的规定。例如，菜点质量标准、卫生标准、环境质量标准、各种生产操作规程等。

3. 管理标准

管理标准指管理的规则、规章、程序及其他管理事项所规定的标准。它比管理制度更为严格、更具有约束力，能使各项管理工作更能达到合理化、规范化及高效化。例如，人力资源管理、安全保卫、全面质量管理等。

（三）服务质量标准内容

服务标准化就是在服务过程中，通过对服务标准的制定和实施，以及标准化原则及方法的运用，达到服务质量标准化，服务方法规范化，服务过程程序化，以获得优质服务的过程。对旅游业来说，优质服务意味着经济效益的提高，也意味着顾客和社会的满意程度。

应该指出，这里所说的规范、程序都属于标准范畴，都是对重复性的事物和概念所做的统一规定。而所说的服务质量标准化、服务方法规范化、服务过程程序化也均属于标准化范畴。

服务工作自始至终都离不开标准，服务工作每个环节都应建立服务标准。只有建立一个完整的服务标准体系，全面质量管理才能真正得以实现。制定科学合理的标准体系，将能正确指导服务工作，对服务过程进行有效控制，最大限度地合理使用人力、物力、财力，使企业获得最佳效益。

1. 服务质量标准

服务标准主要是解决如何进行服务的问题。服务质量标准是指服务应达到的水准和要求的规定。即《服务指南》中的服务规范概念。服务质量标准的主要内容如下。

1）服务要求。明确规定需经顾客评价的服务质量特性的工作要求。如食品类型、饮料等级、清洁卫生标准等。

2）服务准备要求。明确规定供服务组织内部评价的保证服务质量特性实现的服务准备要求。如餐馆的服务人员数、提供服务的设施设备等。

3）服务提供要求。服务提供要求可分为供内部评价与外部评价两部分。外部评价，即明确规定的供顾客和社会评价，以保证服务质量特性的服务提供要求。如餐馆的点菜速度、上菜速度、结账速度，以及订菜、上菜的准确性和服务员的仪表等。内部评价，即明确规定的供企业内部评价，以保证服务质量特性的服务提供要求。如菜肴的烹制时间、烹制速度、清洁类型及速度等。

4）验收标准。服务规范中必须有明确的服务特性验收条文，以便这些服务特性的定量和定性的指标和要求能够在执行中落到实处。这是服务规范的重要内容。常用的有下面两种。

① 标准摆件。即规定摆件的顺序、位置、方向、件数与种类。例如，西餐宴会规定摆件要从里摆到外，左叉右刀，餐盘放正中等。

② 标准分量。即规定每种用品或实物的数量定额。例如，一份番茄黄瓜洋葱色拉的标准分量：番茄150克，黄瓜100克，洋葱50克，调料适当。

2. 服务提供规范

服务提供规范规定了提供某项服务的方法和手段。也就是我们所说的服务方法的规范化和服务过程的程序化。它是指导服务提供过程的标准和考核服务提供质量的依据。

服务提供规范的内容主要包括规定服务提供过程的程序；明确服务提供过程应用的方法；规定为满足服务规范所需要的资源要求，如设施设备、人员类型及数量，还要包括对分供方的要求；确定各项服务质量特性的验收标准。

1）服务提供过程的程序。服务提供过程的程序，简称服务程序。程序，即事情进行的先后次序，它详细地说明了完成某种活动的准确方式，指导人们按顺序行动。程序的实质是对所要进行的行动规定顺序。这种顺序应符合服务规范的要求。服务程序是服务提供规范的重要组成部分，从某种意义上讲，制定服务提供规范就是编制一套服务提供程序。

在制定服务提供的规范时，应首先将整个服务过程分解成若干个服务工作阶段，如服务前、服务中和服务后三个阶段，然后再规定每个阶段的工作内容和要求。服务类型不同，其工作阶段内容和程序亦不相同，在制定服务程序时，应注意各个阶段之间的接口，即衔接，不要留下空白之处。同时，在编制程序之前应针对特定的服务画出流程图，这样会有助于工作阶段的划分和程序的编制。例如，旅游服务的工作阶段可分为：向顾客宣传介绍旅游信息；接受旅游订单；安排旅游计划并制定有关规定；组织实施旅游；费用结算及服务评定。

2）采购质量。由于各种服务类型都有采购过程，而所采购的产品和服务对于服务组织所提供的服务的质量、成本、效率和安全性都可能是关键的，因此，在服务提供规范中，必须保证采购的质量要求。这个要点有以下三个方面。

① 向顾客提供的设备要求。在服务提供的全过程中，必然有许多设施设备供顾客使用，这些设施设备是服务不可缺少的组成部分。它们对服务提供的质量有很大的影响。如饭店的消防、卫生设施、电器设备，商店的自动扶梯、空调设施，度假村的游乐设施等，只有在正常运转、适合顾客的使用目的时，才能为客人提供良好的服务。因此，服务组织应在服务提供规范中，确保提供给顾客使用的设施设备适合于达到特定服务项目的要求，安全可靠、省时省力。特别是一些新的设施设备，服务组织应向顾客提供使用说明书，这样既方便了顾客，又可减少因使用不当而造成设施设备的损坏，以保证设备的完好率。

② 服务的标志和可追溯性。可追溯性是指通过记载的标志追查某项目或活动以及同类项目或活动的历史、应用情况或场所的能力。它涉及产品和服务，即人们常说的对产品和服务的档案管理。可追溯性一般限于规定的历史时期或起始点，有三个方面的规范要求：一是识别记录服务组织所采购的产品或服务的来源、时间、地点、数量及采购文件等，以保证所采购产品和服务的可追溯性；二是识别和记录服务全过程的服务活动和人员责任，以保证各个阶段每一项服务的可追溯性；三是识别和记录发生的不合格服务、顾客的投诉和索赔，以保证它们的可追溯性。

③ 满足对顾客财产保护的控制要求。在服务提供过程中，服务组织应对所负责的或接触到的财产负责。在搬运、储存、包装、交付的各个环节应实施有效的控制。这种控制应按规定的程序严格执行。旅游企业均有保护自己旅客的行李物品和财产的义务。

3. 质量控制规范

质量控制规范规定了控制和评价服务特性和服务提供特性的程序。制定质量控制规范的目的是为了有效地控制服务的全过程，以保证满足顾客和社会的需要。质量控制是服务全过程的一个重要组成部分，质量控制规范是过程质量控制的依据。

服务规范、服务提供规范和质量控制规范是一个有机的整体，是服务质量标准的主要内容。质量控制规范是为了有效地实施服务规范和服务提供规范，保证服务规范和服务提供规范中的要求能够实现。制定质量控制规范应以服务规范和服务提供规范为基础。

质量控制规范的设计应包括以下内容。

1）识别关键活动。识别关键活动，即找出影响服务质量特性的关键性岗位或关键性活动，也就是人们常说的服务质量的控制点。服务工作和工业生产一样，也有一些“关键的工序”和关键的岗位，如果把它们加以控制，就抓住了服务质量的根本。这是符合抓住“关键的少数”管理原则的。确定控制点的原则是：对服务质量影响大，起决定作用的岗位或活动；经常出现不良的服务的岗位或活动；顾客反应大、意见多的岗位或活动。

例如，对于餐馆服务来说，膳食的配制和准备活动以及向顾客提供饭菜的及时性是关键性活动，也就是服务质量的控制点；对于旅游列车来说，车边门是该项服务的关键岗位，对旅客的安全和重点服务乃至于整个列车的服务质量都起着重要的作用，可确定为服务质量的控制点。

2）确定可度量和监督的服务质量特性。在识别出服务质量控制点后，应对每个控制点本身及前后相关活动进行细致分析，确定出可度量和监督的服务质量特性，以保证该控制点达到服务规范和服务提供规范的要求。

① 可以度量的服务质量特性。例如，对某项活动的满意率、售票的等待时间和配制时间等，都是可测量的特性。

② 可以监督的服务质量特性。例如，铁路旅客列车的车边门控制点的质量特性。“停开”，要求车停稳后再开门；“动关锁”，要求车启动后，立即关门上锁。显然，包括可以测量的特性都是可以监督和控制的。

③ 规定特性的评价方法，并纳入质量控制规范中。例如，对客人的满意率和等待时间可采取某种规则的抽样调查方法，规定样本的规格大小、抽取时间、问卷形式等。

④ 建立控制手段。有了活动特性的评价方法，对活动特性进行了测量，那么怎样才算达到了服务质量的要求呢？必须有一个规定的界限来衡量，并进行适当的控制。

3）注意事项。质量控制规范是标准化管理的重要一环。在我国的服务行业中，由于质量管理水平较低，一般都忽视这项内容。为了提高服务质量控制水平，首先要重点强调质量控制规范设计。其次要明确检验方案和检验人员。在实施质量控制规定中，要明确规定采用“三检制”，即“自检”、“互检”和“专检”的责任制及检验方案。例如，目前在旅游企业中设置的质检部及质检人员等。否则，会使服务质量的现场控制流于形式。最后是质量控制规范应能有效地控制每一个服务过程，始终满足服务规范和顾客的需要。

二、旅游服务质量标准的内容

旅游服务质量标准主要是解决如何进行旅游服务的问题。旅游服务质量是满足顾客和社会明确或隐含需要能力的特性总和。一般来讲，旅游服务质量标准的内容由以下几个方面构成。

（一）设施设备质量标准

设施设备质量标准是按照企业的等级规格和不同接待对象，对设施设备的选购、使用操作、维修保养、更新改造和技术经济指标的要求和规定。它是进行设施设备标准化管理的基本依据。

1. 设施设备的选购质量标准

设施设备的选购质量应遵循技术先进原则、经济合理原则、适应性原则及方便与安全性原则。

2. 设施设备使用操作质量标准

设施设备使用操作质量标准即正确合理地使用设施设备，达到减轻损耗，保持良好的性能，延长使用寿命，安全运行，防止设备与人身事故，符合正常运行技术指标和操作规程。要针对设施设备特点，合理地制定安全运行技术指标和操作规程，便于掌握和使用。

3. 设施设备的维修保养质量标准

在掌握设施设备运行和故障规律的基础上，合理地制定设施设备检查、维护、保养和修理的周期和作业内容，以及应该达到的技术指标，包括设备完好率、故障率。凡在用设备的完好率应趋于100%，故障率应减至最低程度。

4. 设施设备更新改造质量标准

设施设备更新改造质量标准是指在有计划、有重点地对原有设施设备进行更新改造中，经过技术经济论证后制定的改造和更新设施设备的规划目标、技术标准等。以此作为更新改造后验收检查的依据。

5. 设施设备技术经济指标

企业设施设备管理和使用的效果，与其技术经济性能的发挥程度有着直接关系，因此，应加强对设施设备管理状况和使用效果的技术经济指标的考核分析，以利于管好、用好各种设施设备，提高利用率和经济效益。如设施设备完好率、故障率、维修的经济性、有效工作度等。

（二）产品质量标准

旅游业中提供物质产品的行业主要以饮食产品为主，通常包括四项内容：标准菜肴规格、标准烹饪方法、标准出料量、标准进货规定。

1. 标准菜肴规格

标准菜肴规格是指事先规定好的向客人提供的菜肴的分量，包括菜肴的形状、口味、色泽、重量等指标。

2. 标准烹饪方法

标准烹饪方法通常以“标准烹饪法明细书”形式表述，它是指制作菜肴需要的各种原材料的分量，以及如何制作的详细规定。

3. 标准出料量

标准出料量是指单位重量的食品原材料，经过加工烹饪后能立即向客人提供的成品菜肴的重量。

4. 标准进货规定

标准进货规定包括采购要求和分供方选择的规定。可采用 GB/T 19001-ISO 9001，GB/T 19002-ISO 9002 或 GB/T 19003-ISO 9003 等三个质量保证模式标准。

（三）商品质量标准

商品虽然是非流通企业制造，但经流通企业转移给用户使用。商品质量优劣是顾客和社会衡量酒店服务质量的重要组成部分。分析顾客对商品不满意的诸因素中，因商品质量不符合消费者要求而造成的不满占 50%～70%。商品质量标准的主要内容包括适用性、安全性、经济性、耐用性、维修性、感观性、交货期、售后保证等。

（四）环境质量标准

环境质量不同于服务设施设备质量，主要指服务场所的美化，商品陈列的艺术性，环境卫生状况，设施设备摆放布局，灯光音响，色彩调节，温度、湿度与空气的清新程度，以及噪声的控制等。良好的服务环境能使旅游者轻松、愉快，置身于美的享受中。

（五）劳务质量标准

劳务即服务，劳务质量一般是指客人享用服务时获得的感受和满意程度，它是以设施、产品、环境质量为依托提供服务，达到适合满足宾客需要的最终表现。劳务质量标准的主要内容可分为以下几个方面。

1. 服务态度

服务态度是劳务质量的基础，是“宾客至上，服务第一”思想的具体体现，它反映了人与人之间的互相尊重和友好的关系，以及一个企业乃至国家的文明程度和企业的服务水平。

2. 服务的技术和技巧

服务技术是指服务人员提供服务时表现出来的操作方法和作业技能。服务技术按服务人员的等级技术标准要求能熟练运用。

服务技巧是服务技术在不同场合、不同时间、对不同对象服务时，适应具体情况而灵活恰当地使用，使服务技术在服务过程中取得更佳的效果，即人们常说的应变能力。要具备熟练的服务技巧，必须对业务十分熟悉，对宾客的消费心理有比较清楚的了解，对接待艺术能运用自如。其中包括语言、动作、沟通、推销等多方面的艺术。

3. 服务效率

服务效率是服务工作时间概念，是向宾客提供某种服务的时限，是旅游服务质量特性重要的量化指标。服务效率标准包括三个方面。

1）用工时定额表示的服务效率。如打扫单间客房的工时要求，宴会摆台工作，检修一台设备的工时要求等。

2）用时限来表示的服务效率。如客人呼唤后在几分钟内服务员必须到达的时限，总台为客人办理入住登记手续不得超过 3 分钟，客人点菜后 15 分钟内服务员必须为客人端上第一道菜等。

3）有时间概念，但靠感觉来衡量的服务效率。如报告设备坏了，多少分钟之内即来人修理完毕；衣服多少小时内洗好送回需加收 50%服务费等。

4. 礼节礼貌

礼节礼貌标准包括礼节、礼貌、仪表和仪态标准，礼节礼貌是劳务质量的重要条件。礼节是向他人表示敬意的某种仪式，礼貌是待人谦虚、恭敬的态度，礼节礼貌是服务人员通过一定的语言、行为和方式向客人表示欢迎、热情和感谢。

礼节礼貌表现在外表上，就是旅游业的员工要讲究仪表和仪态。仪表仪态是指人的外表，包括容貌、姿态和风度等。礼节礼貌不仅反映了服务人员的职业道德和精神状态，而且会对服务质量产生重要影响。由于顾客缺少对具体服务项目的专业知识和直接接触的机会，所以当他们评价一项服务是否使自己满意时，在人际关系、服务态度方面比服务项目使用方面有更高和更直接的评判能力。因此，旅游业人员要讲究礼节礼貌，在发型服饰上，要美观大方，给客人一种乐意为其服务的形象；在语言上，要讲究语言艺术，注意语气语调，对客人的问题应对自如得体；在态度上，要不卑不亢，接待中始终以从内心发出的微笑迎送；在行动上，要举止文明，彬彬有礼，坐、立、行、操作都有正确的姿势。

（六）安全卫生标准

安全卫生标准，既是服务质量高低的重要体现，又是旅游业文明程度的标志。

1. 安全标准

安全标准是旅游企业服务质量关键性问题。设想一下，不管企业各方面工作如何好，只要安全一疏忽而出了问题，损害了宾客利益，宾客会满意吗？安全性是顾客和企业运行的首要问题。

1）环境安全。宾客外出旅行游览，吃、住、行、游、购、娱总有一种陌生的感觉。因此，旅游企业在环境上要创造一种安全气氛，如保安人员的设置、各岗位的员工忠于职守、安全设施设备的配置，包括旅游工作中的“说话轻、走路轻、动作轻”，都会给客人一种心理上的安全感。

2）防火防盗防事故。采取各种措施尽可能避免这类事故的发生。

3）疾病的防止。旅游企业中有不少企业居于公共场所，如饭店、餐馆、娱乐场所、汽车、轮船、飞机、旅游景点等，人来客往，传染疾病的机会很多，各企业要对传染病患者的进入进行禁止和控制，采用严格各种消毒制度、认真堵塞病源等多种方式，防止疾病传播，维护宾客和员工的身体健康。

4）侵犯骚扰事件的防止。尊重客人的隐私权，不让宾客受到无故的骚扰和侵犯。例如，无故进房，不适时宜的进房，外来无关人员对宾客的骚扰，餐厅及娱乐场所闹事对宾客的骚扰，电话骚扰等，都是应防止的。

2. 卫生质量标准

清洁卫生工作是旅游企业工作的重点之一，也是服务质量的重要内容。卫生状况不但影响企业的形象，而且直接影响宾客的健康，为企业和宾客所重视。清洁卫生包括环境、食品饮料、用品和个人卫生等四个方面。卫生质量标准可分为以下两个部分。

1）视觉标准。即客人和员工凭视觉或嗅觉等感觉器官感受到的标准。人们所说的窗明几净，一尘不染，即属视觉标准。

2）生化标准。生化标准是指防止生物性污染、化学性污染及放射性污染的标准。一个企业的清洁卫生质量光凭视觉标准来衡量是不够的，例如，一只光亮杯子是否清洁卫生呢？无法加以肯定，还必须用生化标准来衡量，往往由专业卫生防疫人员和企业作定期或突击性抽样测试与检验。

【案例分析】

一个没有冬天的酒店

温特莱酒店位于北京 CBD 商务区，开业 10 年来围绕打造“一个没有冬天的酒店”的理念，管理层和员工做了大量努力。截止到 2007 年 3 月，该酒店是北京唯一一家通过 ISO 9001、ISO 14001 和 OHSAS 18001（职业健康安全体系）认证的酒店，有 8 位中国区国际金钥匙代表。一位台商 10 年来一直住在该酒店，他说是温特莱酒店的细腻打动了他。

总经理贾翠萍介绍说，为了打造温馨的商务酒店，管理层在许多方面进行了创造性探索。所有客房没有带“4”的号码，充分考虑了中国人的文化传统；在客房卫生间，专门制作了一个眼镜托架，为戴眼镜的客人提供方便。考虑到康体中心占地面积大、利用率不高，决定把健身器材发布到各个楼层，供客人免费使用，不仅如此，还提供水果和矿泉水。为增加客房的文化内涵，所有名人住过的客房，都在门口做了明显标志，客房内有名人的照片、签字的饭店浴袍等用品。

2003 年，酒店特别推出了女性客房，在客房配置了女性用品以及女性喜欢的工艺品，投入使用后，受到客人欢迎。为了体现酒店为商务客人服务的特色，酒店在客房进行了一些富有文化味道的布置，比如酒店和附近的社区、学校进行合作，把学生的绘画作品，按照 CBD 主题的要求进行裱装。在公共卫生间，酒店做了许多漫画。酒店下大力推出湘粤菜系，在较短的时间内，获得中国餐饮名店称号，有 2 名厨师获得大师称号，五色豆、金猪手成为招牌菜。为加大宣传力度，酒店在部分楼层布置了一些彩色图片。“我们希望客人出了客房就能闻到菜的香味。”餐饮总监隋立华这样介绍。

温特莱酒店的细腻也表现在对待员工的态度上。员工为酒店获得荣誉称号，酒店报销员工付出的费用。员工的家属生病了，酒店会派人去看望。在总经理的安排下，酒店率先在内部对员工进行职业生涯设计，根据每个员工的实际情况，设计以后的发展道路，大大提高了员工的凝聚力和战斗力。

（资料来源：http://www.canyin168/com/glyy/yg/ygpx/fwzl/201011/25272_4.html，有改动。）

思考：

通过了 ISO 9001、ISO 14001 和 OHSAS 18001（职业健康安全体系）认证，温特莱酒店的管理者为什么还要特别强调细节？

学习任务三　旅游企业服务质量管理控制

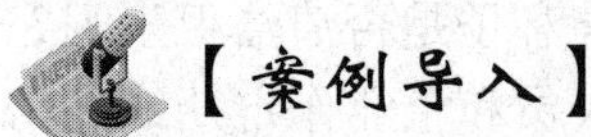

【案例导入】

旅游企业有没有宰客　游客一扫二维码就知道

出门旅游，最怕被宰。不过，在宁波东钱湖市民用手机扫一扫就能了解旅游企业之前的宰客信息。

从 2013 年 5 月起，东钱湖工商分局在全市范围内率先启动了“旅游行业工商信用二维码应用”工作。东钱湖区域内的主要旅游企业都量身订制了二维码标牌。通过手机等工具扫描二维码，企业的工商登记、年检验照、信用等级、行政处罚、日常检查情况等信息一目了然。这些信用信息一方面能够帮助消费者了解企业的信用状况，实现明白消费；另一方面能够有效督促企业增强守信意识。

另外，二维码中心还增加了分局微信平台的网址链接，消费者扫描二维码后，还可以通过关注该微信平台，获取分局推送的消费警示信息、工商执法信息，同时也可以利用微信在线向分局提供视频、录音等信息进行举报投诉。

（资料来源：http://news.163.com/13/1213/01/9FUHRKS400014Q4P.html，有改动。）

启示：

东钱湖通过微信平台，使消费者与行业管理者共同在旅游服务过程中参与服务质量的管理与控制，对旅游服务起到规范作用。

一、旅游服务质量体系

（一）旅游服务质量体系的含义

旅游服务质量体系是指旅游企业通过确定服务质量方针、目标和职责并通过一定的控制、保证和改革使其实现的全部活动。旅游业的服务质量管理工作，应该以保证和提高旅游服务质量为目标，把各部门、各环节的生产经营活动系统组织起来，将质量管理活动标准化、制度化，在组织内部建立和健全服务质量体系。只有建立和健全服务质量体系，并使之有效运作，才能使旅游发展走上质量效益型的良性循环轨道。同时，旅游本身就是一大系统，是服务项目现代化和多样性的行业，它集交通运输、通信、旅游景点、饭店、餐馆、购物、娱乐等于一身，只有建立和健全了服务质量体系，才能真正为游客提供优质服务，使我国早日跻身于世界旅游大国行列。

（二）旅游服务质量体系建立的步骤

在市场经济活动中，服务质量仅由作为市场主体一方的旅游企业本身加以说明显然不够，需要除旅游者以外的第三方加以确认，并确立一定的通用标准。由于国际贸易发展的需要，由第三方进行质量认证的方法和标准逐步得以建立。质量管理科学和方法从产品质量管理发展到建立企业质量管理体系的新阶段以来，国际标准化组织（ISO）通过充分协商和反复修改，提出了关于建立和实施质量管理体系的 ISO 9000 系列国际标准，并被世界各国所采用。ISO 9000 标准第三版的修改定案于 2000 年 12 月正式发布。我国国家标准化管理机构迅速完成ISO 9000系列主要标准2000版的翻译定稿，等同采用为GB/T 19000—2000系列标准，于 2001 年 6 月开始实施。

按照 ISO 9000：2000 国际标准，旅游企业建立服务质量管理体系的方法包括以下步骤：确定旅游者和其他相关利益者的需求和期望；建立组织的质量方针和质量目标；确定实现质量目标必需的过程和职责；确定和提供实现质量目标必需的资源；规定测量每个过程的有效性和效率的方法；应用这些测量方法确定每个过程的有效性和效率；确定防止不合格并消除产生原因的措施；建立和应用持续改进服务质量管理体系的过程。

采用上述方法的组织能对其过程能力和服务质量树立信心，为持续改进提供基础，从而促使旅游者和其他利益相关者满意并使组织成功。这些方法不仅可以用于建立服务质量管理体系，也适用于改进现有的服务质量管理体系。

（三）建立服务质量体系的具体内容

1. 质量体系的关键方面

质量体系是实施质量管理的组织结构、职责、程序、过程和资源。对于旅游服务组织质量体系来讲，管理者的职责、人员和物质资源、质量体系结构是三个关键方面因素。

这三个方面是相互依存、相互制约和协调的有机整体。人员、物质资源是基础，在明确管理者职责的条件下，运用科学和系统的质量体系结构来论证和提高企业的质量管理水平，达到赢利的经营目的。

2. 管理者的职责

管理者的职责是“制定顾客满意的服务质量方针，成功地实施这个方针取决于管理者对质量管理体系的开发和有效运行之责”。要建立一个服务质量体系必须由企业的一把手来承担责任和义务，这种责任和义务是企业内任何其他人不能代替的。管理者的职责主要体现在制定和实施质量方针和目标、建立质量体系结构、定期进行质量体系评审三个方面。

3. 人员

服务组织质量体系正常的和有效的运作，预期质量目标的实现，离不开人员和物质资源作为基础。任何组织，无论是工业、农业、行政、事业，还是服务组织，人员都是最重要的资源。特别是对旅游企业来讲，每一个成员的行为和业绩都更直接地影响着服务的质量。为了提高员工队伍的整体素质，必须从人员的激励、人员的培训与开发、人员间的沟通联络三个方面进行努力以达到最佳的群体效率。

4. 物质资源

服务的运作过程离不开必要的物质资源，它是服务组织提供各种服务的基础。正如《服务指南》所指出的那样：“为了实施质量体系和达到质量目标，管理者应提供足够的和适当的资源。”足够的资源是指为了完成企业全部服务工作和达到质量目标所必需的人力和物力资源；适当的资源是指应根据质量目标，相对于服务需要来提供必要的资源；不是一味地追求高档次、高标准，而是考虑到经济合理、不无谓地增加服务成本。上星级、上档次要看有无市场。

【阅读小品】

高星级饭店人力资源成本控制

《旅游服务质量提升纲要》提出完善旅游服务质量体系任务。

1. 提升旅游目的地质量

（1）完善旅游基础设施

按照旅游目的地建设的要求，加大旅游基础设施的投入，同时大力推动相关部门提升航空、铁路、公路、水路和景区交通设施水平，完善旅游目的地交通网络，增强通达性。

引导推动旅游服务接待设施的建设，完善旅游服务接待功能。严格执行环境优先的原则，强调可持续发展，推动旅游卫生设施、医疗设施、安全设施和环保设施更加完善。

（2）加强旅游公共服务

进一步完善旅游公共信息、咨询服务、投诉处理、应急处置、紧急救援、旅游保险等旅游公共服务体系，以满足旅游者需求为导向，推进旅游咨询中心和旅游集散中心建设，规范道路、景区等设施的标识系统和景区解说系统，增强旅游公共服务能力，提高旅游公共服务水平。

（3）提升旅游形象

按照整体提升中国旅游国家形象的要求，确定鲜明的旅游目的地形象，以明确的主题、鲜明的标识和简洁、个性化的口号及系列策划活动和营销的多元组合，增强旅游目的地形象的影响力。完善中国旅游目的地网络体系。

（4）优化旅游环境

维护良好的社会治安秩序，建设安全有序的旅游目的地；增强城乡居民的旅游参与意识，自觉维护旅游环境，发扬热情、好客的民族传统，建设友好型旅游目的地；丰富适应旅游者的服务语言，优化语言服务环境；进一步加强旅游诚信体系建设和诚信旅游网建设，引导旅游企业规范经营，打造良好的诚信经营环境。

倡导人与自然和谐相处的生态文明和绿色旅游，制定并推广符合可持续发展要求的产品标准、服务标准和管理标准，推动环境保护型开发、资源节约型经营、环境友好型消费；加大节能减排力度，创建绿色饭店和生态景区，建立完善污水与垃圾处理系统，减少污染物排放，稳步提升旅游环境质量。

（5）完善产品体系

根据旅游市场需求，推动旅游产品的多元化发展。在巩固观光产品基础性地位的同时，切实提升旅游产品的文化内涵和科技含量，促进旅游产品的提档升级，打造一批旅游精品和名品。不断优化旅游产品结构，充分发挥地方资源优势，积极发展休闲度假旅游产品、特色旅游产品和专项旅游产品。

2. 提升旅游企业服务质量

（1）制定质量方针

旅游企业要增强质量意识和社会责任意识，充分认识质量是企业的生命。质量方针是企业总的质量宗旨和方向，是企业开展质量活动必须遵循的指导思想和行动指南。制定质量方针要体现企业对服务质量管理的总的目标，体现对旅游者的承诺。

（2）完善质量标准

旅游企业要制定完善的旅游产品和服务质量标准，编制质量手册，强化产品特色，完善服务流程，倡导差异化、个性化服务，提升服务水平。积极探索建立旅游产品说明书制度，为旅游产品开发者、旅游产品经营者和旅游产品提供者提高旅游服务质量提供依据。

（3）加强质量控制

旅游企业要加强质量管理和控制，坚持预防为主，建立符合本企业特征的旅游服务质量信息收集、处理、反馈体系，加强服务质量的评估和改进。逐步完善明察和暗访相结合、内部检查和外部检查相结合、专职检查员和兼职检查员相结合的旅游服务质量检查机制。

（4）强化质量保证

旅游企业要建立内部质量保证和外部质量保证相结合的质量保证机制。从内部看，要从组织、人员、措施和制度等方面保证良好服务质量的形成，研究制定对员工服务监督和质量评估公布的指导意见。从外部看，要研究制定旅游产品承诺制度，明确旅游服务质量责任制，及时处理旅游者投诉。

（5）提高队伍素质

建立包括岗前培训、在岗培训和脱产培训相结合的培训体系，整体提升旅游企业从业人员队伍素质；建立和完善旅游企业员工薪酬机制、保障机制、激励机制和进出机制，保障员工合法权益，稳定人才队伍；大力加强骨干人才和后备人才的培养。

3. 提升旅游行业自律水平

（1）完善行业自律机制

加快完善旅游要素行业组织体系，推动旅游行业协会建设，鼓励、支持、督促旅游各级各类行业协会更好地发挥行业自律、区域自律功能，推进旅游产业的健康运行和旅游服务质量的提高。

（2）提升行业自律能力

充分发挥旅游行业协会的桥梁和纽带作用。依据国家的法律法规，建立完善行规行约，加强行业自律，规范企业行为，指导企业建立健全服务质量管理制度；组织开展行业诚信建设、质量评议等活动，营造行业自律氛围，促进行业规范经营；维护旅游市场正常秩序，保护守信企业和从业人员及旅游者的合法权益。

（3）建立多渠道协调机制

建立旅游产业链之间、旅游平行部门之间的规范协调机制和协商制度，实现全行业的协调互动。

4. 提升国民旅游素质

（1）增强旅游质量意识

旅游已成为国民的一种重要生活方式。积极引导国民增强旅游质量意识，在旅游中进一步树立“优质优价”的消费观念。引导发挥各类游客组织的作用，使之成为旅游服务质量提升的促进力量。

（2）明确权利与义务

通过沙龙、讲座等各种方式，普及旅游常识和法规知识，引导旅游者进一步明确旅游消费的权利和义务，促进旅游的理性消费和合理维权。

（3）加强国民旅游宣传

编制、发布《国民旅游指导手册》，指导国民合理地进行旅游消费；借助于媒体，让旅游走进社区，走进学校，走进企业，对国民进行广泛的宣传，整体提升国民旅游素质。

（资料来源：http://travel.sohu.com/20090317/n262844625_1.shtml，有改动。）

二、旅游服务质量控制

（一）旅游服务质量控制的含义

所谓旅游服务质量控制，就是为了充分发挥旅游服务功能确保质量标准，对服务质量管理过程中发生的问题、偏差所进行的监督和指导工作。旅游服务质量是由服务人员、服务对象和一定物质条件三种因素共同决定的。服务人员、服务对象即旅游者都是有思想、有感情的人。物质条件是由服务对象的要求和服务人员的操作来决定的。三者在服务现场中随时处于变化之中，由此必然带来服务质量的波动性。旅游服务质量控制的目的就是要保持质量标准在实际操作中的相对稳定性，为客人提供满意的服务。

（二）旅游服务质量控制的内容

旅游服务质量控制的重点是做好三个方面的工作。

1. 事前质量控制

事前质量控制主要工作包括拟定服务质量管理标准和贯彻“预防为主”方针两个方面。

1）拟定服务质量管理标准。服务质量管理与控制都必须有客观标准。它是判断、评价质量管理好坏和进行质量管理控制的依据。旅游服务质量标准分为国家标准、行业标准、地方标准、团体标准和企业标准。

2）贯彻“预防为主”方针。在拟定服务质量标准的基础上，坚持“预防为主”的方针，把可能发生的质量问题、偏差尽可能消灭在萌芽状况。这就要在服务人员的素质要求、设施设备、物资供应、服务环境、服务程序安排、质量管理制度、安全事故防患、清洁卫生等各个方面事先做好充分的准备工作，保证旅游企业在有形服务和无形服务两个方面都没有影响服务质量的问题存在。因此，这一阶段旅游服务质量控制的重点是做好质量问题的防患工作，以确保服务质量标准能够得到切实贯彻。

2. 服务过程质量控制

所谓服务过程质量控制，即对接待服务过程中的实际操作、质量动态、存在问题和偏差所采取的控制措施。其基本目的是将实际达到服务质量水平同质量标准比较，保证质量标准在接待服务过程中切实得到贯彻实施。如果出现问题和偏差，则及时采取措施。旅游接待服务过程中的质量控制重点是做好三个方向的工作。

1）层级控制。即对接待服务过程中的质量问题所进行的逐级控制。逐级控制服务质量，主要包括三个层次。一是总经理质量控制，重点是提出质量管理的方针政策、管理制度、重大措施，掌握企业质量管理动态，如宾客满意率、设备完好率、卫生达标率、质量事故率等，并针对存在的问题、偏差，特别是带倾向性的问题，及时提出改进措施。二是部门质量控制，重点是贯彻总经理的决策方针，结合本部门质量管理的实际问题，采取控制措施。其中企业质量管理办公室或质管处等专职质量管理部门的主要工作是协调各部门的关系，开展质量检查、评比、统计、计量等工作。三是基层主管质量控制，重点是组织服务人员按照质量标准的要求提供具体服务，解决实际操作中存在的问题，纠正偏差。

2）现场控制。即对接待服务过程中发生的质量问题和偏差所采取的就地解决措施。旅游服务质量以活劳动消耗为主，其产品是无形的，且显现时间短，大量服务质量方面的问题往往不容易层层向上反映，而应迅速就地控制解决，如着装仪表、礼节礼貌、语言动作、站立服务、微笑服务和清洁卫生等方面的问题和偏差都应以现场控制为主，及时解决。

3）反馈控制。主要运用质量信息收集整理、统计、计量等手段，将服务质量管理动态、存在的问题、数量，根据上级的有关政策、措施、要求等质量信息向上和向下反馈，以便加强沟通和联系，及时处理接待服务过程中的质量问题。

3. 事后质量控制

事后质量控制即对接待服务后的质量问题所采取的控制措施。其主要工作一是处理服务过程中的遗留问题，如设备维修、物品供应、环境质量、客人遗留物品、质量事故、客人投诉的遗留问题等；二是处理质量信息方面的问题，如原始记录收集汇总、质量信息统计、质量调查统计、旅客流量、质量标准贯彻的统计等；三是总结经验教训，发现问题，提出改进措施。事后质量控制的最终目的是不断总结提高，防患于未然，使旅游服务质量管理工作实现良性循环。

【阅读小品】

餐饮服务质量控制三要点

餐饮服务质量可以说是餐饮行业的生命，餐饮服务质量的高低直接关系到餐厅的经营业绩，任何一家成功的餐饮企业都有一个共同的特点，那就是高质量的服务。那么，如何保证餐饮服务质量呢？要保证餐饮服务质量就必须做到做好预先控制、现场控制和反馈控制。

1. 预先控制

所谓预先控制，就是为使服务结果达到预定的目标，在开餐前所做的一切管理上的努力。其目的是防止开餐服务中各种资源在质和量上产生偏差。预先控制的主要内容如下。

1）人力资源的预先控制。

2）物资资源的预先控制。

3）卫生质量的预先控制。

4）事故的预先控制。

2. 现场控制

现场控制指现场监督正在进行的餐饮服务，使其规范化、程序化，并迅速妥善处理意外事件。现场控制的内容主要如下。

1）服务程序的控制。

2）上菜时机的控制。根据宾客用餐的速度、菜肴的烹制时间，掌握好上菜节奏。

3）意外事件的控制。餐饮服务是面对面的直接服务，容易引起宾客的投诉。一旦引起投诉，主管一定要迅速采取弥补措施，以防止事态扩大，影响其他宾客的用餐情绪。

4）人力控制。开餐期间，服务员虽然实行分区看台责任制，在固定区域服务（一般是按每个服务员每小时能接待 20 名散客的工作量来安排服务区域），但是主管应根据客情变化，进行二次分工，做到人员的合理运作。

3. 反馈控制

反馈控制就是通过质量信息的反馈，找出服务工作的不足，采取措施加强预先控制和现场控制，提高服务质量。餐饮服务质量的控制和监督检查是餐饮管理工作的重要内容之一。在餐饮服务系统中，部门和班组是执行系统的支柱，岗位责任制和各项操作程序是保证，其共同的目的是为顾客提供优良的服务。

（资料来源：http://www.yw456.com/ch/CanYinFuWuZhiLiangKongZhiSanYaoDian.740.html，有改动。）

思考：

为什么要做好旅游服务质量控制？

（三）旅游服务质量控制的方法

服务质量的过程控制可看成是一种反馈系统，在该系统中，把输出的服务结果与服务标准相比较，发现偏差，找出问题的症结所在，以便及时地改进。旅游服务生产与消费的同时性，使服务过程的监控变得非常困难，管理者很难介入服务的过程对服务质量进行控制，这也自然会产生服务质量的波动。

1. 标准化服务

旅游企业是以提供服务进行赢利的经济实体，其中存在大量重复性的劳动，对它们进行标准化的设计可以保证服务质量的稳定。科学化、规范化、制度化、程序化是标准化服务的核心。例如，酒店客房的清扫过程可以通过一定的标准化程序设定，使每一间客房的品质保持一致。标准化服务不仅可以有效降低企业的运营成本，而且使消费者的权益得到了保证。

2. 全面质量管理小组

随着人们对旅游消费需求不断增长，对商品质量和服务质量的要求将会更高。但是，要根据顾客的要求，有针对性地做好服务工作，企业的领导就必须发动企业的全体职工都参加管理。在企业内部成立多个不同形式的小组，开展质量管理活动，共同找问题，想办法，千方百计地去提高服务质量，使服务工作做得更好。

质量管理小组的工作是旅游企业开展质量管理活动的一个很重要的组成部分。它是把全面质量管理的基本思想、基本观点、基本方法运用到企业的各种具体的工作当中去的一种群众性活动。

从旅游企业开展质量管理小组活动的实践证明，它是开发职工智力，调动职工积极性的有效方法；是劳动、智慧、科学的结合；是提高企业经济效益和社会效益的重要手段；是企业不断推行现代化科学管理方法的有效途径。

（四）旅游服务质量分析的统计工具

统计过程的控制是用较为精确的统计方法对服务过程进行间接的控制，由于管理人员很难介入服务过程进行监控，因此统计过程控制就成为有效的管理手段。

1. ABC 分析法

ABC 分析法是意大利经济学家帕累托在研究社会财富分配时采用的图表，后美国质量管理学家将其运用于质量管理中。

ABC 分析法以“关键是少数，次要是多数”这一原则为基本思想，通过对质量的各方面的分析，以质量问题的个数和发生问题的频率为两个相关的标志进行定量分析，先计算出每个质量问题在问题总体中所占的比重，然后按照一定的标准把质量问题分为 A、B、C 三类，以便找出对质量影响较大的一至两个关键性的质量问题，并把它们纳入服务质量的 PDCA 循环中去，从而实现有效的服务质量管理。ABC 分析法既保证解决了重点服务质量问题，又照顾了一般质量问题的解决。

ABC 分析法的步骤如下。

1）确定分析对象，如原始记录、宾客意见、质量检查表等如实反映质量问题的数据。

2）根据质量问题分类画出帕累托图（排列图）。

3）通过各类问题所占比例找出主要问题。

4）将分析结果得出的问题纳入 PDCA 循环计划并解决之。

帕累托图是一个直角坐标图，它的左纵坐标为问题发生频数，右纵坐标为频率（用百分数表示），横坐标表示影响质量的各种因素，按照发生次数的高低，从左到右依次画出长柱形排列图，然后将各因素频率逐项相加并用曲线表示。累计频率在 80%以内的为 A 类因素，即是亟待解决的质量问题。

例：华风餐厅服务质量检查小组根据日常检查评分，全月发现“差”的项目共有 200 项，结果为：服务态度差的有 76 次，占 38%；清洁卫生差的有 52 次，占 26%；菜肴质量差的有 42 次，占 21%；工作效率差的有 16 次，占 8%；设备故障 14 次，占 7%。

根据上述数据画出排列图，如图 11.4 所示。

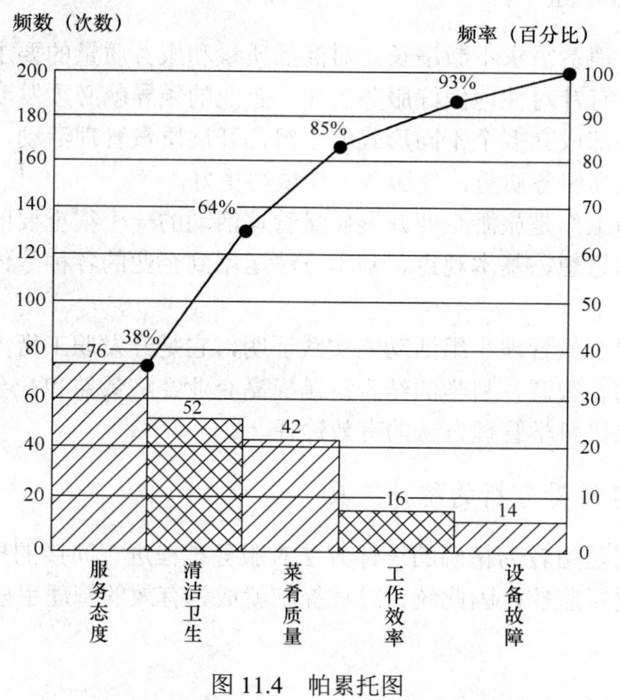

图 11.4 帕累托图

2. 因果图法

因果图是一种表示质量问题与产生的原因之关系的图形。在服务过程中，一旦发现了问题即要进一步地寻找产生问题的原因，采用开“诸葛亮会”的办法，让有关人员充分发表意见，集思广益，然后把大家分析的意见，按其相互间的因果关系，用特定的方式描绘在一张图上，用这张图来分析和寻找产生质量问题的主要原因。因果图的基本格式如图 11.5 所示。这种图是 1953 年由日本质量管理专家石川馨提出来的，所以又称石川图。从图形上看，又如鱼骨、树枝，所以又称鱼骨图或树枝图。

因果图分析问题的原则是根据反映出来的质量问题（在这里是结果），找出影响它的大原因、中原因、小原因、更小的原因，然后分析它们与质量问题的因果关系，再寻找出具体的原因，采取措施予以解决。

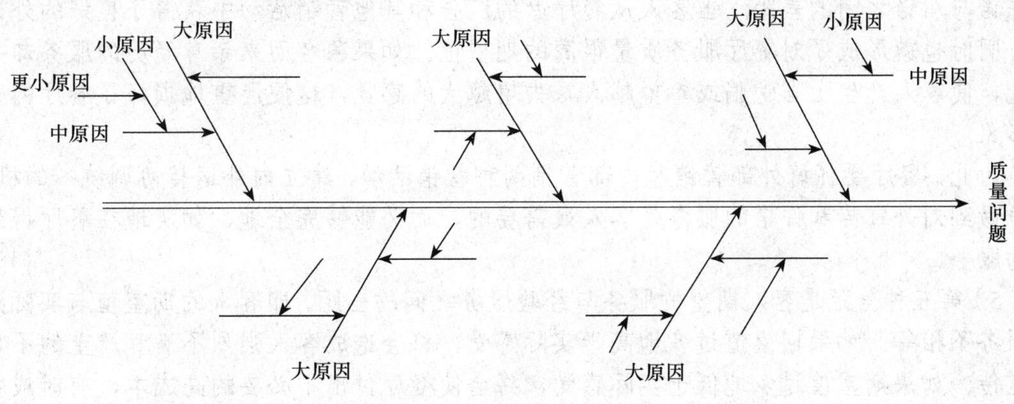

图 11.5 因果分析示意图

3. 调查表法

调查表又称检查表、核对表、统计分析表，它是收集和记录数据的一种形式，便于按统一的方式收集数据并进行分析。

调查表法的作用是系统地收集资料、积累数据、确认事实并可对数据进行粗略的整理和分析。它在质量管理和质量控制小组活动、质量分析和质量改进活动中得到广泛的应用。调查表的形式多种多样，一般根据所调查的质量特性的要求不同而自行设计。

【知识链接】

“服务质量管理的差距分析模型”在餐饮服务质量管理中的运用

随着世界经济中服务因素的急剧增加，服务行业的迅速扩大，人类正在进入一个服务的社会，各路学者和服务行业的经营管理者们越来越重视对服务这门科学的研究和探讨，提出了一些新的服务理论和服务质量管理模式，“服务质量管理的差距分析模型”就是其中之一。

服务质量管理的差距存在五种主要形式。这些差距的缩小就能提高服务的质量。

1）第一种差距是客人对餐厅服务的需求和期望，与餐厅管理者对客人需求和期望感知判断之间的差距。即餐厅管理者不了解客人需要什么、期望什么或对客人的需求和期望错误地理解、缺乏理解。

2）第二种差距是制定的餐厅服务质量管理规格标准，与餐厅管理者对客人需求和期望感知判断之间的差距。这种差距有两种情况：一是对客人需求期望判断有误，制定的服务质量规格标准必然不能适合客人的要求和口味；二是判断是正确的，但制定规格标准时出现了错误。

3）第三种差距是餐厅制定的服务质量规格标准，与实际提供给客人的服务之间的差距。即餐厅的员工提供服务时没有按照餐厅所制定的服务质量规格标准去做，使各项服务规格标准成为一纸空文，这是目前餐厅经营管理中最常见、最严重的问题。

4）第四种差距是餐厅的市场宣传促销活动与实际提供给客人的服务之间的差距，也称为许诺与承诺之间的差距。当客人从餐厅做的广告和其他营销活动中获得了良好的外部信息，同时也就形成了对餐厅服务质量很高的期望值。如果慕名而来亲身经历的服务却并非如此，使客人产生上当受骗或希望越大、失望越大的感觉，这便严重地损坏了餐厅的声誉和形象。

为此，餐厅要抓好外部营销和内部营销两种营销活动，建立内外运转协调统一的机制。力争做到对外宣传和许诺的服务是客人最需要的，而又能够完全地、如实地在餐厅得到落实的服务。

5）第五种差距是客人期望的服务与经验服务之间的差距。即客人的期望值与实际感受的服务不相等。如果期望值过多地高于实际感受，将会造成客人强烈不满和严重的不良口头宣传；如果期望值过多地低于实际感受，将会使餐厅付出不必要的高成本，有时成本、利益指数会出现负值。

产生这种差距的原因与前四种差距密切相关，如果餐厅的管理者能够正确判断客人的期望、需求，制定合理的服务规格和标准，按照规格标准提供给客人适当、满意的服务，并实事求是地做好市场宣传促销，即使存在着一定的客人主观因素，这种差距也能大大地缩小。

（资料来源：http://www.canyin168.com/glyy/yg/ygpx/fwzl/200708/7682-3.html，有改动。）

参 考 文 献

陈肖静，2012．旅游企业战略管理[M]．合肥：合肥工业大学出版社．

董观志，白晓亮，2005．旅游管理原理与方法[M]．北京：中国旅游出版社．

冯国珍，2011．管理学[M]．2版．上海：复旦大学出版社．

焦强，罗哲，2005．管理学[M]．成都：四川大学出版社．

李凡，2013．春秋集团经营案例[M]．北京：经管理济出版社．

黎洁，赵文红，2000．旅游企业经营战略管理[M]．北京：中国旅游出版社．

罗明义，2006．旅游管理研究[M]．北京：科学出版社．

刘兴倍，刘雪梅，何忠保，等，2004．管理学原理[M]．北京：清华大学出版社．

刘永中，金才兵，何乔，2008．管理培训游戏全案[M]．广州：广东经济出版社．

宋振春，张友臣，1998．现代旅游管理学[M]．青岛：青岛出版社．

田里，2001．旅游管理学[M]．昆明：云南大学出版社．

王龙，李佑珍，黄海兰，2005．管理学概论[M]．北京：人民出版社．

王凤彬，李东，2004．管理学[M]．北京：中国人民大学出版社．

王福胜，2010．管理学基础[M]．上海：上海交通大学出版社．

王绪君，2001．管理学基础[M]．北京：中央广播电视大学出版社．

魏小安，蔡万坤，钟海生，等，1995．中国旅游服务质量等级管理全书[M]．北京：经济管理出版社．

杨想生，刘文华，2004．管理学原理[M]．北京：科学出版社．

杨友庭，1994．现代旅游管理[M]．厦门：厦门大学出版社．

于云波，2009．管理基础实务[M]．北京：北京交通大学出版社．

禹贡，等，2010．旅游景区景点经营案例解析[M]．2版．北京：旅游教育出版社．

喻晓航，齐善鸿，1999．管理学原理：旅游专业用[M]．天津：南开大学出版社．

张文建，王晖，2001．旅游服务管理[M]．广州：广东旅游出版社．

周三多，陈传明，鲁明泓，2000．管理学原理与方法[M]．上海：复旦大学出版社．

HEIZER J，RENDER B，1999．生产与作业管理教程[M]．4版．潘洁夫，余远征，刘知颖，译．北京：华夏出版社．